铃木大拙禅论集之 一

自 性 自 见

[日] 铃木大拙 / 著

徐进夫 / 译

海南出版社

Essays In Zen Buddhism（Vols 1）
by D. T. Suzuki
First Series: Copyright © The Estate of D. T. Suzuki, 1927
Simplified Chinese translation Copyright © 2017 Hainan Publishing House Co. Ltd., China

版权所有　不得翻印

版权合同登记号：图字：30-2011-173
图书在版编目（CIP）数据
铃木大拙禅论集之一 /（日）铃木大拙著；徐进夫译 . -- 海口：海南出版社，2017.2（2020.1 重印）
书名原文：Essays In Zen Buddhism（Vols 1）
ISBN 978-7-5443-6627-4
Ⅰ.①铃… Ⅱ.①铃… ②徐… Ⅲ.①禅宗 – 文集 Ⅳ.① B946.5-53
中国版本图书馆 CIP 数据核字 (2016) 第 320606 号

铃木大拙禅论集之一
LINGMUDAZHUO CHANLUNJI ZHIYI

作　　者：	［日］铃木大拙
译　　者：	徐进夫
监　　制：	冉子健
责任编辑：	李秋云　孙　芳
执行编辑：	张　雪
责任印制：	杨　程
印刷装订：	三河市祥达印刷包装有限公司
读者服务：	武　铠
出版发行：	海南出版社
总社地址：	海口市金盘开发区建设三横路 2 号　邮编：570216
北京地址：	北京市朝阳区黄厂路 3 号院 7 号楼 102 室
电　　话：	0898-66830929　010-87336670
电子邮箱：	hnbook@263.net
经　　销：	全国新华书店经销
出版日期：	2017 年 2 月第 1 版　2020 年 1 月第 3 次印刷
开　　本：	787mm×1092mm　1/16
印　　张：	19
字　　数：	271 千
书　　号：	ISBN 978-7-5443-6627-4
定　　价：	42.80 元

【版权所有　请勿翻印、转载，违者必究】
如有缺页、破损、倒装等印装质量问题，请寄回本社更换

目录

译序　001

编序　005

序说　007

前言　027

第一篇　禅——中国人对于开悟之说所做的解释

一、引言　003

二、佛教的生命与精神　004

三、佛教的一些重要问题　014

四、禅与开悟　018

五、开悟与精神解脱　029

六、禅与禅那　034

七、禅与《楞伽经》　039

八、中国禅的开悟之说　046

第二篇　悟与迷

一、开悟的经验　065

二、从无明到开悟的精神之旅　074

三、用意志之力驱除自我　079

四、佛教是一种极端的经验主义　082

五、习禅是为了使心灵成熟　087

六、开悟是返璞归真　092

七、以觉悟避开厄难　095

第三篇　禅的历史——从初祖达摩到六祖慧能

一、禅是佛教的最内心髓　104

二、初祖达摩　111

三、慧可、僧璨及弘忍的接棒　121

四、慧能成为衣钵传人　130

五、禅宗的南北两派　135

六、慧能的主要思想　139

七、曹洞宗与临济宗　145

第四篇　谈悟——禅对一种新的真理所做的启示

一、悟是禅的一切　149

二、开悟——视透佛教的内在精神　151

三、开悟是件平常的事　155

四、直指其道的开悟　　159
　　五、开悟是人生的转折点　　162
　　六、投机偈　　163
　　七、开悟的内省记述　　165
　　八、打破"大疑"的状态　　171
　　九、开悟经验的办法　　172

第五篇　禅的实际教学方法

　　一、禅是一切哲学和宗教的究极事实　　182
　　二、生动的背理之言　　185
　　三、对立的否定　　187
　　四、抵触法　　190
　　五、禅的独特道路　　192
　　六、复述法　　196
　　七、直接指陈的直观之道　　200
　　八、禅宗的特点　　205
　　九、看待万法的新观点　　212

第六篇　禅堂与僧训的理想目标

　　一、禅堂——禅宗特有的教育制度　　219

二、简朴和守贫原则的内在意念　224

三、僧侣的饮食仪式　226

四、劳动精神　228

五、修行的功课　231

六、接心——严肃的课程　235

七、参禅——入室叩见老师　238

八、长养圣胎——过一种"行解相应"的生活　240

九、阴德——禅修的最大特色　242

十、自我与思念对象彻底合一　244

十一、一切意识形迹悉皆扫除　246

十二、中文——最宜于表现禅道的文字　249

十三、上堂示众之种种　253

附录三则　259
铃木大拙年谱　263

译序

　　本书作者铃木大拙博士,他是什么人?对世界文化的影响如何?对人类精神的启导怎样?大凡读过一些新书的现代人,对他都有一个大概的认识,这里就不必再歌颂了;此处要介绍的,是他赢得"世界禅者"之誉的主要著述——被世界各国学者、专家视为权威而加以援引的《禅学论丛》(*Essays in Zen Buddhism*),可说是他的禅学著作中的"重镇"。

　　这套《禅学论丛》共分三个系列(序文中说要出第四系列,但未见于出版书目,似未印行):第一个系列,主要从历史源流析论禅的根本精神和发展,因此我们称它为《自见自性》,可说是后面两个系列的基础;第二个系列,以开悟为主要目标,纵述公案的参究,因此我们称它为《开悟之旅》,可说是现代禅的实践指导;第三个系列,从《华严》和《般若》(包括《心经》)两部大经谈到菩萨的理想和行处,因此我们称它为《菩萨行处》,所究的内容,主要是学者的归趣(详见目录)。

　　但这三个系列,既可各自独立,亦可彼此连环而相辅相成;因为它们不仅各有历史的陈述和指归,而且皆以趣悟为第一目标,只是着眼点不同而已——可说处处指向这个目标,句句直指这个目标!这是这套"禅学论丛"不同于一般禅学论著的地方(不说题外话)。此外,值得在此一提的是:本书作者铃木大拙有一个特别的优点——能以现代的学术用语解说本来不可解说的禅悟历程和经验，以便连门也摸不着的我们得以进而叩之，乃至登堂入室，可说为我们设了一座通达彼岸的桥梁；而其苦口婆心、横说竖说，从各种不同角度为我们指点迷津的精神，可说是一副菩萨的慈悲心肠！

为了分配上的便利，我们将第一系列后面所附的"十牛图、颂"移至第二系列之末；第二系列后面所附的"祖师西来密意——禅悟经验的内容"移至第三系列之末，而将第三系列后面所附的"佛教，尤其是禅，对日本文化的影响"略去，因作者已有详备之专书《禅及其对日本文化的影响》（Zen and Its Influences on Japanese Culture）出版，俟有机会即译。又，第二、第三两个系列中所附若干插图，因印刷欠佳，无法全部采用，只好另拣较佳者加以补充——非敢擅作主张，而是事非得已，尚祈读者谅之！

至于这套"禅学论丛"的分量和价值，世界各地的学者早有定评，这里不必再加推重了——唯一可说的，只是一个希望：让我们大家期待它们尽快与我国的读者见面！（我们已经期待很久了！）

值得在此介绍的，是本书的编者——英国佛教协会会长韩福瑞（Christmas Humphreys, President of the Buddhist Society, London），他自从接触铃木大拙博士的禅学以来，就像我国古德接受菩提达摩之道，或如日本学者接受中国禅德的禅学之后一样，一直努力从事吸收、同化而至发扬、传播禅的精神。时至今日，单就其见于国际书志中的相关著作而言，已是相当丰富，可谓"著作等身"了——编的不算，写的亦有下列多种：

（一）《佛教在英国的发展》（The Development of Buddhism in England, 1937, repr. 1973）；

（二）《英国佛教六十年》（Sixty Years of Buddhism in England, 1968）；

（三）《如是我闻》（Thus I Heard）；

（四）《禅：一种生活之道》（Zen: A Way of Life, 1971）；

（五）《探究佛教》（Exploring Buddhism, 1975）；

（六）《禅到西方了：禅佛教在西方社会中的现在与未来》（Zen Comes West: the Present and Future of Zen Buddhism in Western Society, Zed ed 1977）；

（七）《西人参禅门径》（A Western Approach to Zen, 1972）；

（八）《佛教学生手册》（Manual for Buddhist Student）；

（九）《韩福瑞自传》（The Autobiography of Christmas Humphreys, 1978）；

（十）《佛教徒的行为规范》（Buddhist Ways of Action, 1978）；

（十一）《佛教的智慧》（The Wisdom of Buddhism, 1979）；

（十二）《前进！》（Walk On！, 1980）；

（十三）《教你自己参禅：一种生活之道》（Teach Yourself Zen: a Way of Life, 1980）；

（十四）《佛教徒的生活之道》（Buddhist Way of Life, 1980）；

（十五）《一体两面》（Both Sides of the Circle, 1978）；

（十六）《实用佛教思想中道研究》（Studies in the Middle Way Being Thoughts on Buddhism Applied, 1982）等。

上列各书，译者虽然尚未有缘一睹真容，但从书名所暗示的内容及其作者在书志中所占的地位看来，可见不但涵盖很广，而且具有权威性——至少在欧美已是卓然一家了；又从韩氏为《禅天禅地》一书所写的"编序"和"铃木大拙博士行传"以及《禅的世界》（以上二书皆由志文出版社印行）中所收他的《禅到西方了》一文看来，我们亦可约略窥见他与铃木博士之间的亲密关系及其禅学思想的一斑。但愿能有机缘向国人译介他的一些力作！

译者述于听风楼

编序

现任日本大谷大学佛教哲学教授的文学博士铃木大拙先生，生于1870年，或可称为当今佛教哲学的最大权威，不用说，也是禅学的最大权威。他的重要佛学著作，单就以英文所写者而言，有一打以上；用日文写成而不为西方人所知者，亦至少有18本之多（译者按：此系1926年的估计，据最近资料所示，除英文著述约有30余本之外，日文著述，如以《铃木大拙全集》为总数的话，计有全书30大册，外加别卷两大册，共计32大册）。尤甚于此的是，正如一份英文禅学著作年表所清晰显示的一样，他可以说是西方禅学的开山祖师——除了忽滑谷快天教授的《武士的宗教》（*Religion of the Samurai*, Luzac and Co., 1913）之外，直到1927年这本《禅学论丛》第一系列出版，几乎没有一篇文章告诉人禅是一种生命的体悟——除了《东方佛徒》（*The Eastern Buddhist*, 1921～1939）这份英文佛教刊物之外。

铃木博士系以权威的身份写作。他不但研究了用梵文、巴利文、中文以及日文写成的佛学原典，而且对于用德文、法文以及英文表现的西方思想，亦有一种最新的认识，至于用英文讲述和写作，更是十分清晰和流畅。尤甚于此的是，他不只是一位书生学者，同时也是一位真正的佛徒。他虽不是佛教任何一宗的传教士或讲经师，但日本各寺庙对他无不十分尊敬。因为，他对精神事物所得的认识，正如他的座下听众所可作证的一样，不但直接，而且深切。当他谈到高深的意境时，他便以安于其中的人发言，而他使得进入他的心灵边缘的人所得的印象则是：他是一个不断寻求智慧象征、用以描述"非知所及"的一种悟境的人。

对于无法在他座下亲聆教言的人而言，他的著述就是他的一种替身了。可惜的是，所有这些著述，于1940年，便在英国售罄了，而在日本的全部存书，亦在1945年波及东京四分之三的一场大火中被烧毁了。因此，当我于1946年抵达日本时，便偕同内人代表伦敦佛社与这位作者商妥，开始出版他的文集。一方面重刊旧有的好书，一方面尽快印行许多新书的译本——这位教授在战时闭关京都家中所写的东西。

但是，因为这个工作非伦敦佛社本身的能力所及，于是，我们便求助于"骑士出版公司"（Rider and Co.）。因为该公司经济实力雄厚，可以供应这样一项重大工作所需的资金。

关于禅的本身，无须我在这里多言，但要在此强调的是，关于这个科目的书籍，例如阿伦·瓦兹（Alan Watts）所著的《禅的精神》（*The Spirit of Zen*），以及本社出版的一系列中文禅籍及其他著述的原典译本，其销售日渐看好的情形，足以证明西方人对禅的兴趣正在急速上升之中。但是，因为禅是一种极易引起误解的东西，故而我们想到，印行一位合格大师的著述，乃是一件刻不容缓的事情。

伦敦佛社社长韩福瑞

序说①

　　禅，就其本质而言，乃是吾人自见自性的一种艺术，故其所指的，乃是摆脱束缚、争取自由的大道。它使我们直接饮用生命的泉源，将我们受制的众生从世间的系缚之中解脱出来。我们不妨说，禅可以使所有一切贮存在我们每一个人里面的能力得到正当而又自然地释放，因为，在一般的环境下，此等能力都受到了不当的钳制和扭曲，以致找不到适当的空间和出路。

　　我们这个身体犹如一种电瓶，里面潜存着不可思议的电力。这种电力如果不能发挥适当的作用，它不是发霉而逐渐衰竭，便是反常而有不当的表现。由此可知，禅的目标就是挽救我们，以免我们发疯或变成心志残缺的人。这就是我们所说的"自由"的意思：自由自在、毫无拘束地发挥潜存于吾人心中的一切创造之力和善愿之力。一般而言，我们都盲于这样一个事实：我们每一个人都有种种必要的能力，不但可使我们本身快乐逍遥，而且可使我们互相敬爱。我们眼前所见的种种挣扎和斗争，莫不皆由此种无知或无明而起。因此，禅要我们睁开佛教徒所说的"第三只眼睛"，看清这个直到现在由于我们的无知而未能梦见

---

① 本文原是作者于1911年为佛教学者所做的一篇通俗讲稿，曾以"作为人生净化与解脱之器的禅宗"(Zen Buddhism as Purifier and Liberator of Life)为题刊于《东方佛徒》杂志上，因其所述为禅的大概面貌，故而决定用在此处作为本书的开场白。

的境界。无知或无明的云翳一旦消除之后,无尽的苍穹即行呈现,而在这当中,我们将是有生以来第一次见到我们的自性。那时,我们就会明白生命的真意——我们就会明白,生命的意义既不是盲目的斗争,亦不纯是兽力的展示,而是在我们不知生命的究竟意义为何时候,明白到它的里面有一种东西,使我们感到生活在它的里面有无限的幸福,尽管它不断地发展,但我们对它却仍然十分满足,既不会提出任何问题,也不会生起观的疑虑。

当我们生命充沛但尚未觉醒到认识生命的真相时,我们便体会不到内在的冲突是多么的严重。虽然从表面看来,这些矛盾显然平静无波,但那也只是暂时如此而已。要不了多久,我们就得一丝不苟地面对生命,并尝试解开那些令人极为困扰、极为纳闷的哑谜了。孔子说:"吾十有五而志于学,三十而立,四十而不惑,五十而知天命,六十而耳顺,七十而从心所欲,不踰矩。"这"吾十有五而志于学,三十而立",实是这位中国圣人最有智慧的言语之一。心理学家都会同意他的这种陈述。因为,一般而言,15岁正是青年人认真地观察周遭环境和追求生命意义的年纪;所有一直安然潜伏在心灵之中的精神力量,到了此时,都会不约而同地挣脱出来。而当此种挣脱的势力过于猛烈之时,心灵也许会因受不住它的冲击而失却多少某些永久性的平衡;实在说来,据报,少年时期所发生的许多神经衰弱病例,主要就是由于丧失此种心灵的平衡所致。以多数情形而言,此种影响并不十分严重,而这种危机亦可顺利通过而不致留下深切的形迹。但对某些人而言,由于先天的倾向,或因环境的影响,精神的觉醒可以震动到他们人格的深处。到了此时,他们会要你在"永恒的否定"与"永恒的肯定"之间做一个抉择。这个所谓的"抉择",就是孔子所说的"学";而这个"学"所指的,并不是研究古典著作,而是深切地探究生命的奥秘。

一般而言,挣扎的结果,不是"永恒的肯定",就是"让你完蛋",毕竟说来,生活总是一种肯定的方式——不论悲观论者的想象是多么消极。但是,我们无法否认的一个事实是:世间有许许多多的事物,可使我们这种过于敏感的心灵转向另一个方面,并使我们跟着在《人类的生命》(*The Life of Man*)中大吼的安德瑞夫(Andreyev)一齐大叫:"我诅咒你所给我的一切。我诅咒我出生的那个日子。我诅咒我将死的那一天。我诅咒我的整个生命。我将一切掷回你那残酷的面孔,没有意义的命运!该诅咒,永远该诅咒!我以诅咒征服你。你还能对我怎么样?……我将以最后一念对着你的驴耳大吼:该诅咒,该诅咒!"这是一种可怕的生命告状,是生命的一种彻底否定,是世间最令人沮丧的景象。"不留余迹"这句话十分正确,因为,我们对于自己的前途一无所知,除了:我们都将逝去,包括我们所生长的这块大地。不用说,悲观论是有其可以言之成理的东西的。

人生是苦——正如我们大多数人在生活中所体验的一样。这是无可否认的事实。只要人生是一种奋斗和挣扎,那它就只有是苦。所谓奋斗、挣扎乃至斗争,其间不是含有两个互不相容的势力互相争胜的冲突么?争斗如果失败了,其结果便是死亡,而死亡乃是世间最为可畏的事情。纵使你把死神征服了,但你也孤独了,而孤独有时却使你感到比斗争本身还要难以忍受。一个人也许不会感觉到这一切而继续沉湎于那些无常的感官快乐之中,但如此不知不觉,并不能改变生命的事实。盲目的人们,不论如何坚定地否认太阳的存在,他们也不能将太阳从众人的眼中消除。热带的阳光会毫不留情地烧灼他们,如果他们不做适当的遮蔽,就会被迫从人间消失。

佛陀是很对的,他所说的"四圣谛",其中第一项就是:人生是苦。我们每一个人在来到这个世上时,岂非都曾发出一种抗议的叫声?从一个柔软而又温暖的母胎之中来到这个冷酷而又多忌的世间,当然是一件痛苦的事情了。成长也是一个痛苦重重的过程。出牙多少有些不太好受,青春驿动通常都随着身心的紊乱而来。所谓"社会"这种组织的成长,亦都离不开痛苦的动乱,而我们当前正目击它的一次阵痛。我们也许可以镇定地从理智上来说:这是不可避免的事情,建设新的社会,必须把旧有的朝代推翻,自然无法避免一次痛苦的手术。但是,这种冷静的知性分析并不能减轻我们所受的痛苦。如此无情地伤害我们神经的痛苦,是没法磨灭掉的。说来说去,说到最后,结论还是:人生是一种痛苦的挣扎。

但毕竟说来,这一切毋宁说是一种天惠。因为,你所受的痛苦愈多,性灵的成长亦愈深切,而你一旦有了深切的性灵,也就更能透视生命的奥秘。

所有一切的伟大艺术家，所有一切的伟大宗教领袖以及所有一切的伟大社会改革家，莫不出于极其勇敢而又剧烈的挣扎，往往痛心疾首、血泪俱洒。除非你在艰辛的情形下吞咽你的面包，否则便尝不出真正的人生滋味。孟子说得很对，他说上天要完善一个伟人时，它就以种种方式磨砺他，直到他从一切痛苦的经历之中抬起头来。（这句话也许是取意于如下的一节文字："天将降大任于斯人也，必先苦其心志，劳其筋骨，饿其体肤，空乏其身，行拂乱其所为，所以动心忍性，增益其所不能。"——译者。）

在我看来，王尔德似乎总是炫示或力求写作上的效果；尽管他是一位伟大的艺术家，但他的作品里却有着某种使我掉头而去的东西。然而，他却在他的《狱中记》(De Profundis)里发出了如下的呐喊："在最近几个月间，经过了种种可怕的困扰和挣扎之后，我终于能够体会到隐藏于痛苦心灵之中的若干教训。说话不用智慧的敌士和俗人，往往把受苦说成一种神秘的事情，这真是一种启示。一个人看清了以前从未看清的事情。一个人从另一个不同的立足点接近了整个的史实。"由此可见，他的监牢生活对他的性情产生了多么神圣的影响。假如他在开始写作之初就曾受过一次类似的试练的话，他也许可以写出更伟大的作品。

我们实在太自我中心了。我们居住并生活其中的这个自我外壳，可说是最难突破的东西。我们似乎终身背负着这个坚固的自我硬壳，自幼而壮，直到老死。不过，我们也有不少可以突破这副外壳的机会，其中最早最大的一次，是我们到达少年的时期。这是有生以来第一次真的明白到自我以外还有"他人"，我指的是性爱的觉醒。一个完整的自我，到了此时，便开始感到它的本身里面有了某种分裂的迹象。一直沉睡在心中的爱情由此抬起头来，进而在它的里面引起一阵大大的骚动。因为，这个被唤起的爱情如今一方面要求维护自我的主权，一方面又要消灭它自己。爱情一方面要使自我本身消失于它所爱慕的对象里面，同时又要它所爱慕的对象归它自己所有。这不仅是一种矛盾，也是生命的一大悲剧。此种基本情感乃是神圣动力的一种，可以策励人类向上的意志。上帝要完全现身说法，要完全演出悲剧。自古以来，人间所造的文学作品，绝大部分是反复述说爱情的，虽然是老生常谈，但我们似乎是永不厌倦。不过，这不是我们这里所要讨论的问题。关于此点，我所要强调的是：吾人由于爱的觉醒而得一瞥万事万物的无限之性，而此一瞥不是将青年人推向浪漫主义，就是将他引向理性主义，结果如何，端视他的先天气质、后天环境以及所受的教育如何而定。

当此自我的外壳一旦突破而那个"他"一旦进入到它的本身里面之时，我们不妨说，这个自我已经否定了它自己，或者，已向无限跨出了第一步。从宗教上来说，这里产生了一种剧烈的冲突——在有限与无限之间，在知性与灵性之间，明白一点说：在肉体与精神之间。这是问题中的问题，已使不知多少青年落入了撒旦的魔掌。一个成年人一旦忆起了这种青春的时期，心里总会情不自禁感到一阵贯穿全身的寒颤。这种炽热的冲突，也许继续增进，一直持续达到30岁的年纪，亦即孔子说他知道如何自立的"而立"之年。宗教意义至此完全觉醒，于是到处寻求种种方法，试图避开或结束此种矛盾和冲突；于是永无餍足地博览群书，听人讲经说法，并尝试种种练习方法或修行，不用说，禅也是受到探究的法门之一。

那么，禅如何解决这些问题中的问题呢？

首先，禅提出解决办法，系从运用亲身的经验着手，而非诉之于书本的知识。显然是在有限与无限之间挣扎的个人自性，需有一种高于理智的能力，始可体会。因为禅说，最先引起问题而不能自行提出解决办法的，就是理智，因此，我们必须将它放在一旁，以便让位于比它更高的启悟能力。因为，在这种理智里面含有一种特殊的扰乱性质。尽管它会引发种种足以骚扰心地澄明的问题，但它往往不能拿出让人满意的答案。它推翻了无知的安和，但却拿不出别的办法重建原有的境界。由于它能指出无知的地方，故而往往被人认为富于启示性，但实际说来，它是骚扰有分，对它的路线，却不一定能够提出照道之光。它并不能做最后的决定，仍然等候较它为高的能力去解决它所胡乱提出的问题。假使它能使得此种混乱恢复秩序并使其一定江山而一劳永逸的话，那么，自从一位伟大的思想家——一位亚里士多德或黑格尔之类的哲学家——首先予哲学以系统之后，也就不再需要哲学了。但人类的思想史告诉我们：每当一位理智非凡的人建立一种新的思想体系之后，必然会被其后的理智非凡的人加以推翻。此种不息的推翻与建立，就哲学的本身而言，那自然是无可厚非的事情；因为以我的理解来说，理智的固有性质就是需要这样做，因此，我们不能阻止哲学探究的发展，正如我们不能阻止我们的呼吸一样。但当我们碰到生命本身的问题，我们就不能恭候理智来为我们作究竟的解答了，纵使它能这么做，我们也不能期待。对于我们的生命活动，要我们等待哲学揭开它的奥秘，一刻也不能耽搁。此种奥秘可以不管，但我们却不能不活下去。饥饿的人总不能等你把食物彻底分析过，并将每一种成分的营养价值完全确定之后才吃饭呀。对于已经饿死的人而言，有关食物的科学知识是没有任何用处的。因此，禅不仰赖理智为它解决最最深切的问题。

所谓亲身的经验，系指从第一手亲证当下的事实，而非经由任何种类的中间媒介。它的一个常用譬喻是：以指指月，自然需要手指，但如认指为月，那就不痴亦愚了；取鱼回家自然需要鱼篓，但若鱼已安放餐桌的话，我们为何还要为鱼篓操心呢？事实摆在眼前，我们不妨亲手去取，以免让它溜掉——这就是禅提示我们去做的事情。正如大自然不喜真空一样，禅则不喜任何东西插手于事实与吾人之间。依照禅的见解来说，在事实的本身之中，是没有有限与无限、肉体与精神冲突这种事情的。这都是理智为其本身的利益所虚构出来的一些无谓的分别。凡对这些过于认真或将它们当作生命事实看待的人，无疑是认指为月。我们肚子饿了就吃，身体困了就睡，这里面哪有有限与无限之分？我们大家以及每一个人，岂不是个个悉皆圆满，自足而毫无所缺么？如生而活，足矣。只有在这个捣乱的理智插足进来企图谋杀生命时，我们才会停止生活而自以为缺少这样或那样。不要理会理智吧，它在它的固有范围内有它的用处，但不要让它干扰生命之流的流动，无论如何，这个流动的事实是绝不容许受到妨碍或干扰的；你一旦插手进去，它的澄明就会因而受到骚动；它就不再反映你那自有拥有的形象了。

与几乎眼目莲宗的"四箴"（The Four Maxims）一样，禅宗亦有共本身四个规范，那就是：

教外别传；

不立文字；

直指人心；

*见性成佛。*①

这几句话综括了作为宗教的禅所宣称的一切。当然，我们应该知道，这种大胆的宣言，是有它的历史背景的。在禅传入中国之初，绝大多数的佛教徒，不是热衷于玄学问题的讨论，就是满足于佛陀所立的伦理规范，再不然就是过一种冬眠式的生活，静观世事的无常变幻。他们悉皆未能理会生命本身的伟大事实，因为，这个生命的本身完全流动于这些无益的理智或想象的修炼之外。菩提达摩及其继承人看清了这个可悲的事态，因此提出了上面所列的"四大声明"的宣言。简而言之一句话，它们所指的意思是：禅有其直指人心、见性成佛的办法，可使由理智引起的一切矛盾和混乱完全调和于一个更高的统一之中。

职是之故，禅只指陈而不解析，既不婉转陈述，更不综合归纳；它总是指陈具体而又明白的事实。从逻辑的观点来看，禅也许充满矛盾和反复，但因它立足于一切万法之上，故能独来独往而沉着从容，不乱步骤。正如一位禅师所说的一样："榔（楖）横檐不顾人，直入千峰万峰去！"至为恰当。它并不向逻辑挑战，只是走它实事求是的道路，让其余的一切听命于它们的命运。只有在逻辑疏忽其本身的职责并企图闯入禅的轨道时，它才大声宣布它的原则并将这个闯入者赶出它的天地。它没有理由反对理智，因为理智有时亦可为禅的本身效力。为了表明禅的直陈根本的存在事实，特选下引数例，以为举示：

*临济禅师*②一日上堂说："赤肉团上有一无位真人，常从汝等诸人面门出入，未证据者，看！看！"有一位僧人出来问道："如何是无位真人？"临济

---

① 另见本书"禅的历史"一文。
② 临济宗的创立者，圆寂于公元867年。

走下禅床,一把抓住那僧叫道:"道!道!"那僧支支吾吾,无从作答,而这位大师则将他推开说道:"无位真人,是什么干屎橛!"说罢便回方丈室去了。

临济一向以他的"粗鲁"或"峻烈"以及直接接引门人的作风闻名于世。他从来不喜欢温和派所用的那种转弯抹角、拖泥带水的办法。他的这种劲捷手腕,也许得自他的老师黄檗,因为他曾三度问他佛法大意而三度挨打。不用说,禅与纯粹的狠打或粗待参问者并无直接的关系。如果你把此点视为禅的精神所在,那就跟认指为月一样,犯了严重的错误,正如对于其他一切事物一样,我们绝不可将它们所表现的外形或表象视为究竟的根本,而对于禅尤应如此。所有这一切,只是指陈事实的手段而已。但这些手段非常重要,不可或缺。不过,它们亦如纠缠不清的葛藤一样,吾人一旦陷入其中,便会很惨;因为禅是不能由理解而得证人的。有人认为,禅总是想用逻辑的圈套或语言的罗网诱捕学者;你一旦失足落入其中,就永远脱不了身,就永远别想获得你所心向往之的自由。为了这个缘故,临济这才以赤手空拳抓住呈现在我们大家眼前的事实。我们如能睁开锐利的顶门眼,定可看出临济如此驱使我们的宗旨所在而毫无谬误。首先,我们必须进入这位大师的心灵之中,并在其中与那个内在的人面面相觑才行。不论你用多少语言文字来做说明,都无法将我们带入我们自己的自性境界之中。你解释得愈多,与它的距离拉得愈远;这事犹如一个人捕捉自己的影子一样,徒劳无益。你以多快的速度追它,它就以多快的速度逃避。你一旦明白了它,你就会深知临济或黄檗的心意,就会感激他们的真正婆心所在。

云门①是唐代末叶的另一位伟大禅师。他为了一窥包括他自己在内的整个宇宙生成的生命原理,不惜使自己折损一足。他去参拜他的老师陆州和尚(陆州道明和尚,与临济同师黄檗,但年纪较长),一连去了三次,才获准参见。当他叩门求见时,陆州问道:"谁?"云门答道:"文偃。"(文偃是他的本名,而云门则是他后来定居的山寺之名。)当这位追求真理的僧人获

---

① 云门宗的创立者,圆寂于公元996年。

准进入时,陆州便一把将他抓住道:"道!道!"云门拟议,陆州便一下将他推出道:"没有用的东西!"①说着便将门掩上,结果折损了云门的一只脚。由此而起的剧烈疼痛,却使这个可怜的家伙顿悟了生命的最大事实。自此以后,他不再是个摇尾乞怜的僧侣了;如今所得的悟境,已经足以补偿他所受到的损失了。不过,以此而言,他并不是唯一的例子,禅史中像他这样愿意牺牲部分肢体而求悟道的人不知凡几。孔子说:"朝闻道,夕死可矣!"实在说来,有些人觉得,比之仅仅活着——比之像植物或动物一样地活着,"闻道"的价值不知要大多少倍哩!然而,令人慨叹的是,世间多的是醉生梦死、在无知与愁乐的泥沼里打滚的活尸哩!

这便是禅最难理解的地方。何以要这样讽刺挖苦?为何要显得这么残忍?云门有什么过错要折他一足?他是一位志求真理的僧人,等不及地要从他老师那里求得开悟。这位老师,在他的学生三度敲门后,在他刚刚把门打开一半后,真的有必要那样猛烈、那样无情地立即把门掩上吗?云门所欲急切获得的,难道就是这种佛教的真理吗?但是,所有由这一切所造成的结果,却是他们俩所共同奢求的。就老师的一方而言,他很高兴见到他的弟子澈见了他本身生命的奥秘;而就弟子的一面来说,他对他的老师为他们所做的这一切更是感激不尽。显而易见,禅是世间最难理解,最难想象的东西。而这便是我在前面所说的禅何以不受逻辑分析、不受理智处置的原因。我们每一个人,都必须在他自己的内在灵性中加以亲身的体验才行;正如两面没有尘垢的明镜互相映照一样,此一事实与我自己的内在性灵必须面面相觑而无任何干扰介于其间才行。我们如此做了,便可直接掌握到活生生的事实本身了。

在你未到这个地步之前,所谓自由,只是一句空言而已。吾人所要达到的第一个目的,是逃避一切有限造物所受的束缚,但是,如果我们不把捆手缚脚的无明之链切断的话,我们又从何去求解脱呢?而这个无明之链并不是由什么别的东西所组成;只是理智和情欲的迷恋,紧紧地系着于吾人可能所起的每一个念头,以及吾人可能所喜的每一个感觉。这些东西很难去除,正

---

① 原语为"秦时镀铄钻",意为一种不中用的"老古锥"。

如禅师们所说的一样，它们是"贴体汗衫"。"吾人生而自由平等"这句话，且不论它所指陈的社会或政治意义为何，但从禅的观点来说，它在精神的领域中可说绝对真实，而我们之所以似乎有着这些手铐脚镣，乃是由于后来不明人生的真谛才戴上的。所有这些，有时只是言语，有时却是行动的做法或手段，莫不皆是慈悲宽大的禅师们，为了将向外追求的灵魂拉回本来自由的境地而慈悲施与的。但这个本来自由的境界，除非我们一度经由自己的努力而不仰赖任何观念的说明加以亲身的体验，否则便永远没有真正达到的时刻。由此可见，禅的究极观点乃是：我们已被无明带入了岔路，以致我们的自性里面产生了分裂的现象；自始以来，就没有在有限与无限之间斗争的必要；吾人如今所急切追求的宁静一直都在那里，从未丧失。著名的中国诗人兼政治家苏东坡居士，在下面所引的一首诗中表达了这个意旨：

庐山烟雨浙江潮，未至千般恨不消。
到得还来别无事，庐山烟雨浙江潮。

这也是青原维信禅师所主张的一点，因为，他在上堂时曾说："未参禅时，见山是山，见水是水；及至后来亲见知识，有个入处，觅山不是山，见水不是水；而今得个休息处，依前见山只是山，见水只是水。"

活在9世纪下半叶的陆州和尚，某次有人问他："我们天天需要穿衣吃饭，如何得免？"这位大师答道："穿衣吃饭。"问者复云："举人不懂。"这位大师答道："既然不懂，那就穿你的衣吃你的饭吧！"

禅所面对的总是具体的事实，而非沉湎于理念的活动之中。因此我不想在这里画蛇添足。不过，假如我要对陆州妄作哲理评述的话，我不妨这样说：我们都是有限的造物，无法生活于时空之外；因为我们都是大地所造，因而没有办法掌握无限，又怎能使我们自己摆脱生存的限制呢？这也许就是来僧在第一句问话中所指的意思，而这位大师对于这个问题所做的答复则是：解脱或得救这个目标，须在有限的本身之中寻求，除开有限的东西，便无无限的东西可得；假使你寻求超越的东西，此种追求的本身便会将你割离这个相对的世界,而这无异使你自己消灭。你总不能以牺牲自己的生命去寻求你的解脱或得救。既然如此,那就饥餐渴饮吧,就在这种饮食当中寻求你的自由大道吧。这对问话的人未免过分了一些,因此他坦承他不懂这位大师的意思,是以后者继续说道:不论你懂与不懂,在有限之中面对有限继续生活下去,总是一样的;因为,如果你为了追求无限而不吃饭不穿衣,那你就会被饿毙或冻死。不论你如何努力,涅槃总得在生死之中求得。无论是一位开悟的禅师还是一名头号的痴人,都不能避开所谓自然法则的支配。不论是谁,肚子饿了就得用餐;寒风来了,就得穿上衣服。这倒不是说他们两者都是物质的存在,而是说他们本来如此——不论他们的精神发展如何。正如佛经上面所说,山洞中的黑暗本身,只要燃起精神的智慧火把,即可化为光明。这并不是先将一个名叫黑暗的东西去掉,而后再将一个名叫光明的东西拿进去,而是光明与黑暗本来自始就是同一种东西;其所以有由此变彼的情形,只是内心或主观的事情。因此,有限即是无限,反之亦然。这些并不是两件各别的东西——尽管在理智上我们不得不作如是观。以逻辑的解释来说,这也许就是陆州答话中的意念。错误在于我们将真正绝对是一的东西分割为二。被我们用理智的外科凶刀割成碎片的生命岂非一个?岂不是像我们一样是一个完整的生命?

百丈涅槃和尚,因众僧要请他说法,他对大家说道:"汝等与我开田,我与汝说大意。"众僧照他的话到田里去工作了,事后请他说佛法大意,而他只对大家展开两手,一句话也没有说。毕竟说来,禅的里面根本没有什么神秘之处;一切的一切,悉皆毫无隐藏地展现在你的眼前。你只要吃你的饭,穿上干净的衣服,到田里去种你的谷子或蔬菜,你就是在做你在世间所要去做的一切了,而无限也就在你的心中得到体会了,如何体会的呢?有人问陆州:"如何是禅?"他念了一部经中的一个梵文片语:"摩诃般若波罗蜜多!"问者坦承不懂这句话里的含意,这位大师加了一个注解说:

抖擞多年穿破衲,

褴毵一半逐云飞!

难道无限就是这样一个贫穷的乞士么？

暂且不管这是什么，这里面有一样东西，是我们绝对不可看岔的——这也就是说，"安"或"贫"（因为"安"只有在"贫"中才有求得的可能）必须以全心全力去打一场硬仗才能得到。由于懒散或放任而起的那种自满，是最为令人不齿的一种心态。这里面没有禅，只是怠惰，只是植物的生长而已。这场战斗非以全副精神和勇气去打不可。不经这一场战斗，不论你所得到的是怎样的"安"，都是没有深厚基础的空中楼阁，不消一阵台风就完全吹垮了。禅颇强调这点。不用说，禅里面的道德勇气，除了它那神秘的隐逸之外，完全出于这种勇敢无畏的生死之战。

是以，从修身的观点来说，禅也许可以被视为一种以重建个性为目的的训练。吾人的通常生活只可触及心性的边缘，不足以在灵魂的深处形成一种震撼。我们之中的绝大多数人，纵使是在宗教意识被唤起的时候，亦都只是轻轻让它溜过，以致不能在灵魂上留下苦战的史迹。我们生性如此，只能活在事物的表层。我们也许显得聪明伶俐乃至机智，但是，我们所做的一切缺乏深度和热度，故而不能引发内在的共鸣。有些人毫无创造力，除了苟且混混或人云亦云足以显示其性情浮泛之外，没有任何精神上的体验。尽管禅是一种宗教的法门，但它亦可陶铸吾人的精神性格。一个比较合适的说法也许是：深刻的精神体验必然可使个人的精神气质产生一种变化。

何以如此呢？

禅的真理是这样的：我们如想将它彻底参透，就得经过一番大大的奋斗，这往往需要很长的时间和不断的警策才行。从事禅的锻炼，不是一件容易的事情。有位禅师曾经说过，出家修行是大丈夫的事，非将相之所能为。（且让我们在此说明一下：在中国，"出将入相"被视为人生在世可望达到的最大成就。）这倒不是说出家需要实施严格的头陀苦行，而是说这事需将一个人的精神力提升到最高的限度。所有伟大禅师的一切言语或行为，悉皆打从这种精神的提升而来。他们并不是存心要跟我们打哑谜，也不是故意要使我们摸不着头脑。他们的言行乃是一种充满内在经验的灵魂的自然流露。因此，除非我们将自己提升到与他们同等的高度，否则对生命便得不到与他们同等的见地。罗斯金（Ruskin）有言："此外还可确定的是，假使作者果然不同凡响，你便无法一下看出他的整个意义——岂止如此，纵使你费很久的时间也看不出他的整个意义。这倒不是他不说他要说的话，也不是他不运用有力的字眼，而是他无法将他要说的话完全说出。而说来尤为奇怪的是，他不得不用一种隐藏的方式和譬喻的办法说出，以使他可以确信你需要如此。我既看不出这事的道理究竟何在，亦不会分析智者心中那种残忍的沉默，那种沉默总是使他们隐藏他们的内在思想。他们只可用奖励的办法而不能用帮助的方式将它交付于你，而他们亦将使他们自己相信你当之无愧——在他们尚未让你得到它之前。"因此，这把开启智慧宝库的钥匙，只有在我们经过一番耐心而又艰苦的精神奋斗之后，才会交给我们。

我们的心中通常都塞满各式各样的知识渣滓和情感垃圾。不用说，这些东西在我们的日常生活中，莫不皆有其本身的用处。这是无可否认的事实。但是，我们之所以被弄得焦头烂额，以致在束缚的感觉之下痛苦呻吟，主要就是因为这些东西的累积。每当我们想要前进时，它们就拘束我们、阻碍我们，并在我们的精神天地间撒下一道厚重的障幕。我们感到好像经常生活在限制之下一般。我们渴求自由自在的生活，但似乎总是求而不得。禅师们深知此点，因为他们是过来人，已经有过这样的生活经验。他们要使我们摆脱所有这一切沉重的负担，唯有如此，我们才能有真实而又晴朗的生活。因此，他们这才对我们说上一言半句，并以行动加以举示，对于这些，我们如果得到正确的体会，即可摆脱这些知识累积物的压迫和控制。但这种体悟却不那么容易得到。由于久已习惯于这种压迫的关系，心灵的惯性也变成难改的积习了。实在说来，它已深入吾人的生活根本之中，使得整个人的性格结构都被推翻了。因此，这种重建的历程可说是血泪斑斑的。但是，若不如此的话，伟大禅师们所达到的高度，也就无法达到了；禅的真理，除非你用全副的力量去参究，否则便无参透的时期，路上布满了荆棘和藤蔓，同时却又奇滑无比。这并不是一件打发时间的事情，而是一件严肃的人生工作，非行为懒散的人才敢于尝试。这真是一种精神上的铁砧，是你应将你的性情放在上面加以反复锤炼的利器。"什么是禅？"对于这个问题，有位禅师做了这样一句答话："热火熬油。"我们必须经过这种烧烤的过程，而后禅才会对我们点头微笑着说："你到家了"。

在禅师们所说的这类话中，可在我们的心中引发一次大革命的一句原是儒者的庞蕴居士问马祖云："不与万法为侣者是什么人？"马祖答云："待你一口吸尽西江水即向你道！"对于人类思想史中这个极端严肃的问题所做的这个答话，是多么的不相关联！这简直可以说是一种亵渎，是一种大不敬——假如我们知道世上有多少心灵被这个沉重的问题压得抬不起头来的话。但是，正如所有的禅者都熟知的一样，马祖的笃实真切是无可置疑的。实在说来，禅在六祖慧能（638—713）以后的崛起，可说就是由于马祖的解行出众，他的手下出了80多位完全合格的禅师。而身为杰出居士禅者之一的庞蕴，则有中国佛教维摩诘的盛誉，可谓名不虚传。这两位禅门巨将之间的对谈，绝不会是一场懒散的游戏。不论外表上显得多么轻松甚至多么逍遥，但这里面却藏着一颗极其尊贵的珠宝，为禅林文学所罕见，我们真不知道有多少禅人曾因马祖这句难解的话而汗流浃背乃至涕泪交流！

下面另举一个例子，僧问长沙景岑禅师："南泉迁化后到哪里去了？"这位禅师答道："石头当沙弥时曾见六祖。"僧云："我问的不是石头当沙弥的事。我想知道的是：南泉死后到哪里去了？"禅师答云："这真叫人费思量。"（原语为"教伊寻思去"。——译者）

灵魂的不灭是另一个大问题。我们几乎可以说，宗教的历史就是建立在这个问题上面。人人都想知道死后的生命真相。吾人离开这个世间之后到哪里去呢？是不是真有来生呢？或者，是不是此生完了就是一切都完了呢？尽管有许多人不理"不与万法为侣者"究竟何指，但没有一个人不自问死后的命运如何——至少一生中要问一次。石头当沙弥时是否曾见六祖，与南泉的迁化似乎没有任何关联。南泉是长沙的老师，来僧问他他的老师死后到哪里去了，是很自然的事情。从一般的逻辑规则来看，长沙的答话不是答话。故又复问一次，但这位禅师的答话仍然是闪烁其词。那么，这个"这真叫人费思量"（教伊寻思）究竟作何解呢？由此可见，禅是一样东西而逻辑则是另一回事情。我们如果不明此点，乃至指望禅给我们一个合乎逻辑而又可用理智举示的答案,那我们就是完全误解了禅的意义。一开头我不就说过禅所面对的是事实而非推理吗?而这便是禅直达心性基础的根本要点。理智通常都不能将我们带到那里,因为我们并不是活在理智里面,而是活在意志之中。劳伦斯修士(Brother Lawrence)道出了此中的真意,他(在"天主显示的实际"中)说:"我们应该明白理解的事实与意志的事实大为不同:比较起来,前者毫无价值,而后者则是一切。"

禅林文学中随处皆是这类的语句,看来好似信口说出的一样,非常自然,非常天真,但对禅有真实认识的人可以证明,所有这些禅师们随口说出的语句,莫不皆如要命的毒药一般,一经吞入,就会造成比九度绞肠还要厉害的痛苦。但只有经过这样的痛苦和烦闷之后,所有一切内部的污秽才能荡除净尽;而只有如此,一个人才能用一双新的眼睛看待人生。说来奇怪的是,一个人一旦通过了这些内心的挣扎之后,禅也就变得明白易解了。然而事实却是:禅是一种实际的亲身经验,而不是由分析或比较得来的一种认识。"不是诗人莫论诗;只有病人了解病。"这两句话说明了整个的情形。我们的心要如此纯熟,才能与禅师的心合调。如此,则一弦既响而他弦即应,这是必然的事情。谐和的音调总是出自二弦或多弦的共鸣。因此,禅要为我们去做的事情,就是调节我们的心弦,使之成为顺从和领略老师意旨的利器。换个方式,借用心理学的用语来说,禅可释放吾人可能贮存,但在通常情况下有所不知的任何种类的能力。

有人说,禅是一种自我暗示作用(self-suggestion)。但这句话什么也不能说明。"大和魂"(Yamato-damashi)这三个字一经提出之后,似乎立即可以在绝大多数的日本人心中引发一种狂热的爱国感情。日本人教他们的子女尊敬国旗,因此,当兵士们一旦来到军旗的前面,他们便会自动自发地举手敬礼。当一个男孩被指行为不像一个小武士而有辱祖先的名声时,他就会立刻鼓起勇气,抗拒任何诱惑。对于日本人而言,所有这些观念,皆是释放能力的观念,而这种能力的释放,据某些心理学家说,就是自我暗示的作用。社会的习俗和想象的本能,亦可视为自我暗示的作用;道德或精神的训练亦然。师者往往提出一个范例教学生去追随或仿效,由于暗示的作用，这个观念便在他们的心中逐渐生根，乃至使他们终于依之而行，好像出自他们自己的意愿一般。自我暗示是一种无益的学说，因为它什么也不能说明。当他们说禅是一种自我暗示作用时，我们对于禅是不是就有了更为清楚的认识呢？有些人认为，用一种新近流行的术语指称某些现象，是一种合乎科学的办法，并以此为满足，好似他们已以一种富于启示的方式处理了那些现象一般。禅的研究工作非由比较专业的心理学家承担不可。

有人认为，吾人的意识之中仍有一个未知的境域，尚未做过彻底而有系统的探测。这个境域有时被称为"下意识"（the Subconscious），有时被称为"潜意识"或"无意识"（the Unconscious）。这是一个充满朦胧形象的国度，不用说，绝大多数的科学家都怕涉足其中。我们绝不可因为如此便否定这个国度的存在。正如吾人的意识中通常充满着种种可能的形象一样——有益的形象与有害的形象，有系统的形象与紊乱的形象，明晰的形象与含混的形象，强盛的形象与衰颓的形象；我们的下意识境域亦然，也是一种堆着各式各样神秘能力的仓库——顾名思义，所有一切被称为潜在的能力、非常的能力、心灵的能力或者精神的能力。可以用来澈见吾人本身自性的能力，亦可潜在其中，而禅要在吾人的意识之中唤起的，也许就是那个。不论如何，禅师们常用譬喻的方式谈到打开一只顶门眼或第三眼的事。"开悟"一词就是用于此种"开眼"的一个常用俗语。

这到底是怎样生效的呢？

冥想或观想那些由有知性或想象照明的内在境域之中直接发出的那些语句或动作以及预计，可以成功地消灭一切由无明和混淆所引动的那些语句和动作。[1]说到此处，介绍读者认识禅师们为学者开眼所用的一些方法[2]，也许不无趣味。禅师们上堂（课）时频频使用各种宗教标志，比如佛

---

[1] 禅有其本身的所谓"习禅"之道，因为禅的法门不同于一般俗称的或小乘所谓的"禅定"。禅与纯粹的清静无为或"冥于禅寂"不相为谋。关于此点，我也许可有另一个讨论的机会。
[2] 另见本书"禅的实际教学方法"。

子（hossu）①、竹篦（shippe）②、如意（nyoi）③或拄杖（shujvo）等等东西，是非常自然的事情。上列最后一项，似乎是在举示禅的真理时最为流行的一种道具，且让我在此略举几个使用之例吧。

据长庆慧棱禅师说："识得拄杖子，一生参禅事毕。"这使我们想到了丁尼生的墙缝中的小花。因为，我们只要明白有关手杖的道理，也就明白"上帝与人是啥"了；这也就是说，我们也就澈见了我们自己的自性了，而这种澈见的功夫最后将可截断所有一切破坏吾人心灵清净的疑惑和迷执。由此可见，拄杖子在禅里的意义是不难理解的。

芭蕉慧清禅师（大约10世纪时的人）某次上堂拈起拄杖云："你有拄杖子，我给你拄杖子；你无拄杖子，我夺却你拄杖子。"说罢，便靠拄杖下座。这是最具特色的禅语之一。但是，后来大沩慕喆却以与此直接相反的话提出相当大胆的挑战说："大沩即不然：你有拄杖子，我夺却你拄杖子；你无拄杖子，我与你拄杖子。大沩即如是，诸人还用得也未？若用得，德山先锋，临济后令；若也用不得，且还本主！"

有一位僧人走近陆州说："如何是超佛越祖之谈？"他忽然抬起拄杖示众云："我唤作拄杖，你唤作什么？"其僧无语，他又以拄杖示之云："超佛越祖之谈，是你问的么？"

对于陆州这几句话，粗心看过的人也许会以为它们是十足的无意味语。这根拄杖是否称作拄杖，就超越吾人知识限域的圣智而言，似乎都没有太大的关系。不过，另一位伟大禅师云门所说的一番话，也许比较容易接近一些。某次，他亦在大众面前举起拄杖说："凡夫实谓之有；二乘析谓之无；缘觉谓之幻有；菩萨当体即空。"但是，他接着说道："衲僧家见拄杖便唤作

---

① 原是印度人用以驱除蚊虫的一种用具。
② 一种长约数尺的竹板。
③ 亦为一种棒子，刻成种种奇妙的形状，其制作的材料可有多种。直译的意思是"如君之意"。梵文称为 cinta。

拄杖；行但行，坐但坐。不得动着！"

虽然仍是那一根微不足道的旧手杖，但云门禅师这回却为它做了远为神秘的陈述："拄杖子化为龙，吞却乾坤了也。山河大地甚处得来？"又一次，有僧引用一位古德（古代的佛学大德）的话问云："敲空作响，击木无声，如何？"他拈起拄杖敲空中云："啊呀！啊呀！"又敲板头云："有声么？"僧云："有声。"① 至此，这位大师叫道："你这个俗汉！"

此例甚多，不胜枚举，姑且打住，但我希望你们中能有人问我如下的问题："这些语句与一个人的自见自性有何关系呢？在这些显然没有意义的关于手杖的胡扯与无限重要的关于人生真相的问题之间，究竟有什么意义呢？"

我用下列两节文字作答，一出慈明禅师，一出圆悟禅师。慈明在他的语录里面说道："一尘才起，大地全收。一毛头狮子百亿毛头现，百亿毛头狮子一毛头现。千头万头，但识取一头。"慈明竖起拄杖子云："这个是我的拄杖，那个是一头？"喝一喝，卓拄杖一下，下座。

圆悟在《碧岩录》②中为俱胝"一指头禅"③所做的引介里亦表达了这个意思："一尘举，大地收；一花开，世界起。只如尘未举、花未开

---

① 这使我们想到了保福从展禅师的一段公案：这位禅师见有一僧来参，拈起拄杖敲一下柱子，又敲一下来僧，来僧呼痛，他问："这个为什么不痛？"
② 《碧岩录》是由一百则禅门公案加上雪窦禅师的诗偈、圆悟禅师之解说与评唱编印而成的集录。此书传入东瀛后即成为禅门尤其是临济派下最重要的教科书，有"宗门第一书"之称。
③ 俱胝是天龙禅师的得法弟子，大概为唐末时代的人。他刚住庵不久，有一位名叫实际的行脚尼师来访。这位尼师直入庵中，斗笠也不脱下，就持锡（杖）绕着他坐的禅榻转了三匝，说道："道得即下笠！"如是问了三次，俱胝皆无言以对，尼师便欲起去。俱胝对他说道："天势稍晚，且留一宿！"尼师答云："道得即宿！"俱胝仍然无言以对，这位尼师便走了。

这对俱胝自然是很大的打击，因此他自怜自艾地叹气说："我虽处丈夫之形，而无丈夫之气！"遂发愤要努力参禅悟道，因此准备弃庵外出行脚，参访明师。但当夜有山神托梦给他说："不须离此，来日有肉身菩萨为你说法，不须远去！"次日果有一位天龙禅师来到，俱胝遂乃迎接，并将昨日受窘之事说了一遍，天龙只竖一指示之，并没有对他说什么大道理，但这已经足以立即使得俱胝开了法眼而彻悟了禅的根本要意。据说自此以后，凡是有人来向他请教禅的问题，不论来人问的究竟是什么，俱胝悉皆竖起一指作答。

他的庵中有一童子，因见师父以竖指头答复人家的问话，也就仿效师父的做法，凡有人问他关于师父说法的事，也以竖指作答，并以此报告师父。俱胝见他也竖一指，立即以刀斩断童子的手指。童子呼痛奔出，俱胝叫他一声，童子回首，俱胝却竖起他的指头，童子忽然启悟，体会了天龙和俱胝和尚的"一指头禅"的真意。

时，如何着眼？所以道，如斩一线丝，一斩一切斩；如染一线丝，一染一切染。只如今便将葛藤截断，运出自己家珍。高低普绝，前后无差，各个现成……"

　　以上所做的简介，希望能使读者对于禅的现状及其千余年来在远东地区的传授情形，有一个大体认识，虽难免有些模糊。下面，我首先想要探求的，是禅在佛陀的灵悟本身方面的发源；因为禅一直被人认为偏离一般所知的佛教，尤其是阿含或尼柯耶集经（The Āgamas or Nikāyas）所传的教义太远，而不时受到批评。毫无疑问的是，尽管禅是中国人心中的土产，但究其发展的路线，则需返溯到它的印度祖师的亲身体验上面。关于此点，除非能够明白禅与民族心理特性的关系，否则，禅在中国佛教徒之间的成长情况便难以理解。毕竟说来，禅终究是脱了印度外衣的大乘佛教宗派之一。其次我想要谈到的是禅自它的真正始祖菩提达摩以后在中国的发展历史。禅自它的这位印度开山祖师圆寂以后，便由继其衣钵的五位祖师悄悄助其成熟而传承下来。到了六祖慧能开始传播禅的福音时，它已不再是印度禅而是纯粹的中国禅了，而我们今日所说的禅，就是始自六祖的禅。六祖给中国禅宗发展所定的此种明确路线，由于有其继嗣的得力处理，不仅是在容量方面，同时在内涵方面亦得到了它的力量。因此，中国禅史的第一部分自然也就与他同时告一段落了。至于禅的中心事实，当然是在达到开悟或开眼的境界，这是我接着所要谈到的主题。叙述的方式有些通俗，因为，这里的主要意念，不仅在于展示人间确有一种直悟真理的事情，同时亦在举示禅者所证悟境有其独特的地方。只有明白了禅悟的意义之后，我们才能以逻辑的方式认识禅师们用以引发此种革命性悟境所采取的手段——在学者看来多少有些理智的方法。我已将禅师们所取的部分实用禅法分成了若干项目，但在此处，我对这种分类办法并无求全之意。禅堂是禅宗的一种特有的设施，想对禅宗及其教育制度有所认识的人，不可忽视。但禅宗的此种独特组织，在此之前，从来未曾有人描述过。希望读者能在这里读到一个有趣的问题，足以使他得到透彻的认识。尽管禅宣称它是佛教的"顿超"

的一翼，但在走向它的究极目标方面，亦有其层次分明的进阶存在其间，故而最后一章便是介绍此种层次的"十牛图"。

在习禅的过程当中，还有其他许多问题应当有所认识，而在这些问题之中，亦有作者认为更为重要的地方，一并留待这部论丛的第二系列加以评论。

前言

佛教在远东所得的最大成就,是禅宗与真宗(日本净土宗的一派)的发展。禅宗开花结果于中国,而真宗则成熟于日本。我们只要接触佛教的这两个宗派,对于至今已有两千余年历史的佛教何以仍有如此的活力和生命力,即可获得适当的认识。禅宗诉诸人类潜在的宗教意识,而真宗则触及东方心灵的智慧和实际方面;而这个所谓的东方心灵,又是直观胜于推理,神秘胜于逻辑的。假如说,禅宗是佛教的"自力"的一翼的话,那么,真宗便是佛教的"他力"的一翼了,而这两个极端却综合于大觉佛陀的一心之中。

自从我于1907年用英文在《巴利文经典研究会会刊》(The Journal of the Pāli Text Society)上发表过一篇关于禅宗的短论之后,对于这个论题一直没有刊过重要的文章——除了忽滑谷快天教授在1913年所写的《武士的宗教》(Religion of the Samurai)。实际说来,佛教的这个宗派,纵使是在日文或中文著述方面,亦未得到现代佛学作家的注意,有亦甚少。其所以如此,在于禅的研究竟有其特殊的困难。"语录"(The Goroku)是表现禅学本身的唯一文体;而要想读懂这种东西,对禅必须做过若干特殊的实际训练才行。因为,仅仅懂得一些中文的古籍和历史,是绝对不够的;就算你读懂了一般的佛教哲理,对于禅仍然是不得其门而入。尽管有些学者有时尝试解释禅的真理与发展，但他们对于这个题目总是力不从心，甚为可悲。

另一方面，如今所谓的禅师，又不能以现代思想的方式介绍他们对于禅的认识。他们的智慧成长岁月多半是在禅堂之中度过，而当他们自禅堂毕业之后，又被人们视为精通公案的能手了。这并没有什么不妥之处，但不幸的是，从学术的观点来说，他们却颇为满足，对于禅的心理与哲理没有任何积极的兴趣。如此，禅便被无声无息地封闭在大师们的语句之中和公案的专究里面，并没有机会走出修道院的隐遁之所。

如果我们认为禅的真意可从哲理的说明或从心理的描述而得精通的话，那将是一种大错特错的想法；但这话的意思并不是说，禅不可以用通常的推理方式求得知识上的接近或使其稍稍可以接近一些。我在这本书中所尝试的工作，除了对于这个论题作推理的处理之外，可以说也是一无是处。不过，就其作为一种尝试性的实验，从吾人的常识观点介绍禅的内涵以及作为一种直接的系统介绍佛陀最先宣布或体悟的佛教信仰而言，我希望我所做的工作能够解除吾人攻究禅宗思想所常面临的若干困难。我究竟得到了怎样的成功，或者我究竟遭遇了多么彻底的失败，这自然得留待读者加以审断了。

这是一本论文集，其中文字都曾在《东方佛徒》(*The Eastern Buddhist*)上发表过，只有《禅宗的历史》一篇，系特地为本书而写。书中各篇，不但皆已作了彻底的修正，且有若干部分做了完全的改写，此外，还加入了一些新的篇章。本书出版之后不久，将有一本第二系列的"论丛"跟进，借以处理另一些与禅的体制有关的重要论点。

这些论文之所以以书的形式出版，主要是出于安宅弥吉先生（**Mr. Yakichi Ataka**）在物质与精神两方面的慷慨鼓励，他是作者的一位老友，曾在我们年轻时半真半梦地发下这个誓愿，至今未忘。此外，本书原稿的制备和修正，作者的内人也尽了很大的力量，如果没有她的帮忙，现在的这本书定有不少遗漏与缺陷。

最后，作者在将这本非以本国文字写成的卑微著作送到世人的面前时，情不自禁地忆起了先师——镰仓圆觉寺的释宗演禅师。遗憾的是，不仅是为了日本的佛教，同时还为了他的许多难友，他的寿命短了几年。枫树将红叶散布在他的墓上，如今已是第七个秋天了，但愿他的精神不止一次从深三昧中醒来批评这本此刻已在读者眼前的书！

1926 年 10 月　铃木大拙识于京都

第一篇

禅

—— 中国人对于开悟之说所做的解释

禅

　　若要了解开悟或自觉之说如何在中国被翻造成禅的佛教，首先我们必须看清中国人的心窍与印度人的心灵大体上有一些什么不同之处。我们一旦看清此点之后，就会明白禅何以是在佛教遭遇种种横逆，但终于移植成功的中国土壤之中长成的自然产物了。

一、引言

　　在开始讨论本文的主要意旨之前，亦即在考索中国人将开悟之说用于实际生活方面的禅道之前，我想先将某些禅学批评家对禅所取的态度做一些基本的说明，借以阐明禅在整个佛教之中的地位。据此等批评家说，禅的佛教不是佛教；它是与佛教精神颇不相合的一种东西，可以说是任何宗教史中都可常常见到的一种偏差。因此，他们认为禅是一种畸形，常见于思想与感情的流动河道不同于佛教思想主流的民族之中。此种说法是否属实，一方面，我们只要明白佛教的真正精神究竟是什么，即可得一决定；另一方面，我们只要知道禅的学理在被远东承认的佛教主要观念中究竟占怎样的位置，亦可得一决定。此外，我们对于一般宗教经验的开发情形如果能有一些认识，亦颇理想。对于这些问题，倘使我们不想从宗教历史与哲学的见地求得一个彻底认识的话，我们就会因为禅表面上不像对佛教有先入之见的人所想的那样，而武断地断定禅不是佛教。因此，我对这些问题所做的陈述，将可为这一主要论题的展开做一个铺路的工作。

诚然，从表面上看来，禅的里面的确是有一些十分奇异，乃至极不合理的东西，足以使得所谓原始佛教的虔诚佛徒大吃一惊而遽下结论：禅不是佛教，只是佛教的一个中国具形或变体而已。举例言之，对于下面所引的一篇陈述，他们究将作何解释呢？在南泉语录中，我们读到：池州崔使君问五祖弘忍大师："徒众五百，何以能大师独受衣传信，余人为什么不得？"五祖云："四百九十九人尽会佛法，唯有能大师是过量人，所以传衣信。"南泉对此评述说："空劫之时无一切名字，佛才出世来便有名字，所以取相……只为今时执着文字，限量不等，大道一切实无凡圣。若有名字，皆属限量。所以江西老宿云：'不是心，不是佛，不是物。'且教后人这么行履。今时尽拟将心体会大道。道若与么学，直至弥勒佛出世（等于说直到世界末日）还须发心始得。有什么自由分？只如五祖会下四百九十九人尽会佛法，唯有卢行者一人不会佛法[①]；只会道，不会别事。"

上引各语，在禅籍里面并不是什么非常奇特的语句，只是在大多数禅学批评者看来，显得有些刺耳。佛教受到了平白的否定，而有关佛教的知识，亦被认为不是学禅所不可或缺的要件，但与此正好相反的是，这个禅的大道与佛教的遮遣的办法或多或少是一致的。此话怎讲？下面且为这个问题做一个尝试性的解答。

二、佛教的生命与精神

为了说明这点，并证明禅所宣称的传承佛教的心髓，而不是传承它的系统化或公式的文字典籍为正当，我们必须直探佛教的根本精神。直探佛教的根本精神，则须剥去它的一切外在及其他附加物。因为，此等外在及

---

① 试以此点与六祖本人所说的话做一比较：有人问他怎会继承五祖的衣钵时，他说："因为我不会佛法。"且让我再从《凯那奥义书》（*The Kena-Upanishad*）引出一节做个对比，因为，在这部奥义书中，读者可以看到那位婆罗门先知与那些禅师之间的一个十足的巧合，而这个巧合不仅是在思想方面，在表现的方式上亦然：不想的人想到；想的人不知道。理解的人不解；不理解的人明了。
道家神秘主义的始神老子，也有这样的精神，他说："知者不言，言者不知。"

其他附加物，不仅妨碍它的固有生命的作用，同时亦可使我们把次要的东西视为它的根本。我们知道，橡子与橡树大为不同，但橡子只要继续生长下去，它们之间的同一便是必然的结论了。若要实实在在地透视橡子的真性，必须透过它的每个历史阶段，去追踪一种没有中断的发展情形。假如种子仍是种子而除此之外别无其他的话，则其中便无生命可言；尽管它是一种已经完成的作品，但是，除了作为一件历史古玩之外，对于吾人的宗教经验毫无价值。同样的，若要确定佛教的性质如何，我们必须纵观它的整个发展路线，它里面究竟有哪些最为健康、最有活力的胚种，将它导入如今的这种成熟之境。我们只要这样做了，不但可看出禅到底是怎样被视为佛教的一个方面的，而且，实在说来，更可看出禅到底是如何被视为佛教里面的一个最最重要的因子了。

由此可知，我们若要充分了解历史悠久的现存宗教的特性，最好的办法，是将它的始祖与它的教义分离开来，因为前者是后者发展的一个最为有力的决定因素。我说这话的意思有数层，其一，这里所谓的始祖，当初并没有想到要做后来以他的名义成长起来的任何宗教系统的开山祖师；其次，对他的门人而言，在他仍然健在的时候，他的人格并不是独立于他的教义之外的一种东西——至少，就他们所知的事实而言；第三，原本不知不觉地在他们的心中作用着的，他们的老师的人格特性，在老师过世之后，在他们心中潜滋暗长而成的最大强度出而进入了前景之中；最后，始祖的人格在其门人的心中日渐增长，力量非常之大，乃至成了他的教义的根本核心；这也就是说，后者已经成了阐释前者的解说。

假如我们认为，任何现存的宗教系统，都是由它的教祖作为他的心灵的完全成熟的产品传授而来，因而以为，弟子对他们的教祖及其教义两者，皆须作为一种神圣遗产加以抱持，不可被他们的个别宗教经验内容所亵渎，那将是一种大大的误解。因为，这种看法由于未能想到吾人的精神生命究竟是什么而使宗教变成彻底的顽石。但是，这种静态的保守论总是受到从发展的观点看待宗教体系的进步派的反对。而这两个在人类任何其他活动范围之中互相冲突的势力，亦如在其他各种活动范围之内所见的一样，交织而成今日的宗教历史。实在说来，历史就是此种冲突的记录，任何方面都是一样。但宗教里面有此冲突的这个事实却也显示出：这种冲突并非没有意义；宗教乃是一种活的能力；因为，它们不但可以逐渐揭示原始信仰的潜在含意，而且可以以一种当初做梦也没想到的方式使它更为充实。这种情形的发生，不仅与教祖的人格有关，与他的教义亦有关系，而其结果则是一种令人惊异的复杂甚至混乱，往往使我们无法看清一种活的宗教体系的特质究竟是什么。

教主仍在他的信徒与弟子之间活动时，后者对他们的领袖其人及其言是不分彼此的；因为言教要由其人而得实现，而其人则是对他的言教所做的一种活的解释。信奉他的言教就是追随他的脚步——这也就是说，敬信他本人。单是他在他们之间出现这一点，就足以启示他们、鼓舞他们，使他们信仰他所教导的真理了。尽管他们对他的言教也许不甚了然，但他阐释的那种权威神情，却使他们深信他所说的真理及其永恒的价值，心里不会存有任何疑影。只要他继续活在他们当中并对他们讲述他的教义，其人本身便会作为一种个别的统一对他们产生吸引力。纵使是在他们退隐山林、思维他所教示的真理（这是一种精神或灵的修炼）时，其人的形象仍然不离他们的心眼之前。

但是，当他那种庄严而又感人的人格不再以肉身显现时，情形就不同了。他所说的言教仍存人间，他的信徒亦可口诵心维，但它与它的创造者之间的人的关系已经失去了；曾经将他本人与他的言教紧紧连在一起的那条链子已经断了。当他们想到他的教义真理时，他们会情不自禁地将他们的导师视为一个比他们本身远为深刻、远为高贵的灵魂。在有意或无意之间被看出以种种方式存在于师徒之间的那些相似之处逐渐消失，而在这些相似之处逐渐消失的当儿，另外一面——使他与他的弟子大为不同的另一面——便以更为显著、更为不可抗拒的形势反抬起头来。其结果是使他们深信他是出自一个颇为独特的精神或灵的根源。神化的历程或作用就这样持续不断地进行着，直到这位大师去世数百年后，成为最高存在本身的一种直接显示——实在说来，他就是曾以肉身存在的最高神明，曾有一种神圣的人性在他身上得到完美的体现。他曾是神子或佛陀，故而也是世人的救护者。自此而后，他本人将被视为独立于他的言教之外的一种存在；他在他的信徒眼中占据着一个中心的位置。不用说，他的教说十分重要，但此种言教主要出自一位如此高贵的心灵之中，不一定含有慈爱或启悟的真理。实在说来，这种言教要用这位导师的神圣人格加以解说。到了此时，后者已经统御整个系统了，他成了放射启悟之光的核心，只有将他当作救主加以信奉，才有得救的可能[①]。

到了此时，这种人格或神性的周围，将有各种各样的哲学体系产生出来，而这些哲学体系精神上虽以他自己的言教为基础，但亦可因弟子们的精神或灵的感受不同而有或多或少的修正。这种情形，倘非教主的人格在信徒心中激起深切的宗教情感的话，也许就不会发生了。这话的意思是说，使得信徒对言教最感兴趣的，根本上并不是言教的本身，而是赋予言教以生命的那个，没有那个，也就没有言教可言了。我们深信一种宗教的真理，并不因为它总是以十分合乎逻辑的方式提出，而是因为它的里面有一种发人深省的生命脉动贯穿其间。我们最初对它感到讶异，而后尝试证明它的真理。理解固然不可或缺，但单是理解不足以感动我们去拿本身的灵魂来作冒险的。

在日本，最伟大的宗教灵魂之一，某次坦率地说道[②]："我不在乎我入地狱还是到什么别的地方去，只因为我的老师教我念佛，我就修行念佛法门。"这倒不是盲目地接受老师的指示，而是老师身上有着某种令人向往的东西，

---

① 佛陀肉身之外的法身观念，原是逻辑上的必然结果。且看《增一阿含经》(*Ekottara-Āgama*)一卷第四十四经："我释迦文佛寿命极长。所以然者：肉身虽取灭度，法身存在。"但法身实在太抽象、太超越了，无法对受苦的众生发生直接的作用；众生需有较为具体而又明白的东西，才能有亲切的感应。因此，故需有另一种佛身，亦即报身的观念，始能完成佛陀三身的教义。
② 亲鸾对法然的教学所抱的绝对信心，可从此处所引的文字看出，真宗（日本的净土宗）系由亲鸾的内证经验而来，并非出于哲学的推理。他先有内证经验，而在向他自己解释并传达他人时，则以各种经典作为证明。由他如此写下来的言教、修行、信心以及证入，使得真宗的信仰奠立了一种知性和精神的基础。在宗教中，正如在其他人生事务上一样，是信仰先于推理。要紧的是，当我们追溯观念的发展形迹时，不可忘了这个事实。

使得弟子情不自禁、全心全意去信奉那个东西。单是逻辑论理是不会感动我们的，其间需有某种超于理智的东西才行。保罗坚持说："假使基督不能复活，你的信心便是枉然，而你的罪过也就不能解脱了。"他这么说并不是诉诸吾人的逻辑观念，而是诉诸我们的精神渴慕。事物是否曾像年代记的历史事实一般存在过，那是无关紧要的；我们最关心的事，是吾人内在灵感的圆成；纵使是所谓的客观事实，亦可加以适当的陶铸，以使吾人的精神生活要求获得最佳的结果。大凡经过许多世纪的成长而得留传下来的宗教，它的创立者的人格必然有完全合乎此等精神要求的一切优点。他本人一旦逝世之后，其人及其言教亦在其信徒的宗教意识之中分开，他就会立即占据他们的精神趋向的核心，而他的所有一切言教也就以种种不同的方式来说明这个事实——假如他曾有过足够伟大的过人之处的话。

更加具体一点地举例来说，吾人今日所知的基督教，究竟有多少是基督本人的言教？有多少是保罗、约翰、彼得、奥古斯丁乃至亚里士多德的贡献？基督教教理的堂皇结构，乃是曾得它的历代领导人物亲身体验过的基督教的信仰之作；它并不是某一个人的作品，甚至也不是基督的作品。因为，教理神学不一定总须关心历史的事实；因为，比起基督教的宗教真理来，教理神学只是一种相当次要的东西，因为宗教真理应该不只是如今或过去的样子。它的目标在于建立天下皆准的东西，而天下皆准的东西，正如基督教教理神学的若干现代代表所主张的一样，是不会受到历史的事实或非事实因素的伤害的。基督是否真的自称过弥赛亚，这在基督教神学家之间至今仍是一个未决的重要历史论题。有人说，就基督教的信仰而言，基督是否曾经自称弥赛亚，这都没有什么关系。尽管神学上有着诸如此类的重大难题，但基督仍不失为基督教的核心。基督教的建筑是以耶稣其人为中心而建立起来。佛教徒不但可以接受他的某些言教，对他的宗教经验内容亦可产生某种共鸣，但只要不把基督当作"基督"或"我主"加以信奉，他们就不是基督教徒。

由此可知，基督教不仅由耶稣本身的言教所构成，同时还有从他死后所逐渐累积而成的、后人对他的人格与学说所做的一切教理上和冥想上的解说，存在其间。换言之，基督本人并未用他自己的名字创立这种宗教体系，而是被他的信徒或追随者们奉为这个宗教的创始人。假使他仍活在他们之间的话，他会同意或承认如今加在自称基督徒身上所有这一切学说、信仰以及修为，那是很难讲得通的。如果有人问他，所有这些渊博的教义神学，是否就是他的宗教时，他也许会不知如何回答。很可能的是，他也许会坦白承认，他对现代基督教神学所有这一切哲理上的玄微奥义全然无知。但从现代基督徒的观点来说，他们会极其明白地向我们保证，说他们的宗教出自"一个不二的起点和一个原始的基本人物"，亦即作为救主的耶稣；而他们的宗教团体所经验的多重建设和转变，并未影响到他们的特有基督信仰。他们之为基督教徒，正如他们是原始社团之中的兄弟一样；因为，除了历史的延续之外，尚有合乎内在需要的成长与发展，与之齐头并进。将某一时代的文化形态视为神圣的东西并以这种理由传承下去，无疑是压制吾人追求永恒实情的精神渴望。我想，这就是进步的现代基督教徒所采取的立场。

那么，进步的现代佛教徒对于作为佛教精髓的佛教信仰所采取的态度如何呢？佛陀的弟子所想的佛陀又是怎样的呢？佛教的性质和价值是什么呢？如果我们只将佛教解释为佛陀的言教的话，如此做能不能说明顺着历史的进程发展的佛教生命呢？佛教的生命难道不是佛陀本身内在精神生命的展开，而是他对他的内在生命所做的说明，亦即被作为佛教三藏中的法藏记录下来的言教么？佛陀的言教之中难道没有赋予佛教以生命，并支持整个亚洲佛教史中所特有的一切论证和论战的东西么？这种生命就是进步的佛教徒所要努力掌握的东西。

由此可见，只将佛教视为佛陀本人所建立的一系列说教与修为，是与佛陀的生命和言教颇不相符的一种看法；因为，除了这些之外，尚有佛弟子所有的一切经验和论述，尤其上述论及佛陀的人格及与他本身学说有关的部分，作为它的最为重要的组成要素，存在其间。佛教并不是完全武装好了才从佛陀的心中出发，就像主司智慧、学问以及战争的罗马女神密涅瓦（Minerva）从主神朱庇特（Jupiter）那里出发一样。一种完全的佛教学说，自始就是对佛教所做的一种静观，将它从继续不断的成长中分离出来。我们的宗教经验超越时间的限制，故其不断扩展的内涵需有一种更有生气的表现方式，使其继续成长而不致自相矛盾或伤害自己。只要佛教是一种有生命的宗教，而不是一种用没有生机的材料填充起来的历史木乃伊，它就能够吸收、同化一切有助生长的东西。对于任何一种富于生命的有机物而言，这是极其自然的事情。而这种生命是可以从种种不同的形式和结构方面加以追踪的。

据巴利佛教与阿含佛典学者表明，佛陀所教导的一切，就其有系统的言教来看，似乎综结于"四圣谛""十二因缘""八正道"以及"无我"与"涅槃"之学中。假使此说不虚的话，则我们所称的原始佛教，单就教理的一面而言，可说是一种相当单纯的东西，其中没有任何颇有前途乃至建立包括名为小乘与大乘佛教两者的堂皇组织。如欲彻底了解佛教，我们必须潜入它的底部，探测它的活的精神。大凡以略窥敔（yǔ，古代打击乐器——编辑添足）理的浅处为满足的人，多半会看不清真正可以解释佛教内在生命的根本精神。佛陀言教中较深的东西，不是未能引发某些亲炙弟子的兴味，就是他们未能意识到驱使他们亲近这位导师的那种真正精神力量。假如我们想要触及佛教成长不息的生命动力，就必须到它的下面去看才行。无论佛陀有多伟大，他既不能使一头豺狼变成狮子，更没有办法使一头豺狼去领悟高于兽性的佛性。正如其后的佛教徒所说的一样，"唯佛知佛"；假使吾人的主观生命尚未提升到与佛等齐的地步，构成他的内在生命的那许多要素，便非我们所可得而了解；我们只能生活在我们本身的世界之中，超出这个世界的任何其他世界，便非我们所可得而知之了①。因此，假使原始佛徒读尽了他

---

① 对于此点，佛陀本人最为清楚；他在开悟之初就已明白，他所悟得的境界无法传授别人，就是传授了，别人也不会懂得。这就是他在展开他的宗教事业之初，想要直入涅槃而不转法轮的原因。我们在一部属于《阿含经》类的《过去现在因果经》中读到："我在此处，尽一切漏，所作已竟，本愿成满。我所得法，甚深难解；唯佛与佛，乃能知之。一切众生，于五浊世，为贪欲，嗔恚，愚痴，邪见，憍慢，谄曲之所覆障，薄福钝根，无有智慧，云何能解我所得法？今我若为转法轮者，彼必迷惑，不能信受，而生诽谤，当堕恶道，受诸苦痛！我宁默然入般涅槃！"在被认为是上举一经的早期译本的《修行本起经》(The Sūtra on the Story of the Discipline——由一位名叫大力的印度佛教学者与一位西藏佛教学者孟详译于公元197年）中，并没有提到佛陀决定入寂而不说法的事，只是表示他所悟得的一切智，非理解可得而知，亦无法加以解说，因其高不可攀，深不可测，"大包天地，细入无间"。参见《大本缘经》(The Mahāpadāna Suttanta Digha Nikāya, XIV) 及《罗摩经》(The Ariyapariyesana Suttam, Majjhima, XXVI).

们所记录的有关导师的生活经文,而除此之外别无其他的话,那也不能证明所有一切属于佛陀的东西至此已经竭尽无余了。在这当中,也许还有其他一些佛徒,由于他们本身的内在意识具有一种更为繁复的内涵,以至能够更深一层地透入他的内在生命,亦非不可能之事。如此,则宗教的历史就成了吾人本身的精神开展史了。不妨说,我们必须以生物学的方式而非机概论的办法观待佛教。我们一旦采取了这种态度,纵使是"四圣谛"那样简单的教说,也就可以蕴涵更深的真理了。

佛陀既然不是一位形而上学家,自然不会讨论此类与得证涅槃境界没有实际关系的纯粹学理项目。对于当时印度人所讨论的那些哲学问题,他也许曾经有他自己的看法,但他跟其他宗教领袖一样,主要兴趣在于此等思维的实际结果而不在于此种思维的本身。他急欲拔除深入肌肉的毒箭,哪有闲情去研究那些箭的历史、目标以及性质?因为,生命实在太短了,没有时间去做那样的事情。因此,他以这个世界的本来样子观待这个世界;这也就是说,他以他的宗教内省所见和他自己的评价来解释这个世界。除了这些以外,他没有更进一步的意欲。他将他的这种观待世界与人生的方式称为"法"(Dharma),这是一个含意颇广而且极富弹性的术语——虽然并非佛陀最先采用,因为,在他之前已经流行了,但佛陀给了它一个更深的意义。

佛陀注重实际而不尚空论,这可从他的对手对他所做的攻击性批评看出端倪:"由于瞿昙常在空室独坐,故而他已失去他的智慧了……就是他那智慧第一的弟子舍利弗,也像婴儿一样愚痴得无话可说了。"[①] 然虽如此,但一种未来发展的种子却也含藏其中了。假使佛陀屈从理论的建立,他的言教也没有成长的指望可言了。思维冥想虽然深妙,但如果没有精神生命贯穿其间的话,它的潜能不久就消耗殆尽了。佛法一直在臻于成熟之中,因为它有一种不可思议的创造力。

显而易见的是,佛陀对于理智具有一种颇为实用的想法,故将许许多多的哲学问题置而不论,因其对于求得人生的终极目标没有必要。对他而

---

① 参见中译《杂阿含经》(*Samyukta Āgama*)第三十二卷。

言，这是非常自然的事情。在他活在他的弟子之间时，就是一个活生生的例子，所有他的一切理悉皆隐含其中。佛法以及种种重要的方面在他身上显示出来，自然没有耽于懒散思维的必要，至于达摩（法），涅槃，自我，羯磨（业），菩提（悟）等等观念的终极意义，佛陀其人的本身即是解答所有这些问题的钥匙。弟子们并未完全明了这一事实的意义。当他们自以为已经明白佛法时，他们并不知道这种明白已在佛陀的身上找到了真正的庇护之所。佛陀的出现，对于他们所有的任何精神上的痛苦具有一种安抚和满足的效用；他们感到自己犹如已经投入一位安详而又可靠的慈母怀中；对他们而言，佛陀确是这样一位人物①。因此他们没有必要紧迫盯人，坚持恳求佛陀为他们可能意识到的许多哲学问题加以开示。关于此点，他们对于佛陀不愿将他们带入玄学的深处，是不难予以调和适应的。但在另一方面，这也给后来的佛教徒留了不少余地，使他们得以开展本身的学理——不仅是与佛陀的言教有关的学理，还有与佛陀的言教与他的人格之间的关系有关的学说。

　　佛陀之入涅槃，对他的弟子而言，无疑是丧失了世界之光②，因为，他们曾经透过他而得明见世间的万法。佛法仍在世间，而他们亦如佛陀所说

---

① 我们说佛陀其人是一个敬慕和崇拜的对象，就像他的特别理智是一种敬慕和崇拜对象一样，是可以在《阿含经》中随处找到例子的。"瑜伽长者饮酒大醉，遥见世尊在林树间：端正肤好，犹星中月；光耀暐晔，晃若金山；相好具是，威神巍巍；诸根寂定，无有蔽碍；成就调御，息心静默。"（见《中阿含经》第三十八经。）此种人身的敬慕，后来竟至发展而成精神的神化，乃至人们只要一想到他或他的德性，就可相信所有一切精神上和肉体上的罪恶当即消失。"众生以身、口、意行恶，彼若命终，忆念如来功德，离三思恶疑，得生天上；正使极恶之人，得生天上。"（见《增一阿含经》卷第三十二经。）"沙门瞿昙所至之处，众邪恶鬼不得娆近。若当如来至此者，此诸鬼神各自驰散。"（同上。）由此可见，其后的佛教使得佛陀作为忆念的第一个对象，自是再自然不过的事，因为他们相信，这样做不但可使他们不再心猿意马，而且可使他实现佛徒生活的终极目标。上引各节，明白地指出：一方面，佛陀的言教不但被他的信徒作为初、中、后善的佛法加以信受；另一方面，佛陀的本身亦被他的信徒视为充满神力和圣德而加以崇拜，以至认为，只要他一出现，就足以造成一种吉祥如意的气氛——不仅是精神上如此，物质亦然。

② 佛陀涅槃时，比丘们哭叫道："如来灭度，何其驶哉！世尊灭度，何其疾哉！大法沦翳，何其速哉！群生长衰，世间眼灭！"他们的悲伤难以言喻；他们犹如大树扑倒在地，根茎枝叶悉皆粉碎；他们辗转蠕动，犹如被斩之蛇。如此过度的哀伤表现，对于心仪佛陀其人甚于敬佩他那健全教理的人而言，可说是非常自然的事。参见巴利文的《游行经》（*Parinibbāna-suttanta*）。

的一样努力从这当中去见佛，但它对他们已经没有像以前那样富于生发的效应了；由种种规则构成的道德规范仍然得到僧团的适度遵守，但这些规则的权威性似乎已经消失了。他们退避静处思考导师的言教，但这种思考却已不再那么富于生趣和令人满意了，而其自然的结果便是他们的知性作用又恢复活动。至此，所有一切的一切，都用最大的推理功能加以解释了。这种玄学家或形而上学家开始提出自己的主张，反对弟子以单纯的心地皈敬了。从前曾以出自佛陀金口的权威令住受奉行的东西，如今都被当作一种哲学问题加以探讨了。两个派系准备彼此分家，而激进主义则与保守主义互相对垒，而在这两翼当中又出现了具有种种倾向的种种部派。上座部反对大众部，于是又有了20多个代表种种不同层次的支派[①]。

但是，我们不能把所有这些观待佛陀及其言教的看法视为不属于佛教的构成元素而将它们排除于佛教的大门之外。这些看法正是支持佛教架构的东西，如果没有它们，这个架构本身也就完全成了没有实质意义的东西了。绝大多数的评者对于任何具有悠久发展史的宗教所犯的错误，在于将它想作一个完成的思想体系，本来就是这个样子，而事实却是：大凡有机体、有精神的东西——我们认为宗教就是这样的东西——都是没有任何可以让人用规尺在纸上描出几何学的轮廓的。它不让人作客观的界定，因为如此做，无异为它的精神发展设下一种限制。由此可知，要知什么是佛教，就得钻入佛教的生命之中，从它里面去了解它在历史中作客观展现的内幕。因此，佛教的定义必须是促进名叫佛教的精神运动的那种生命力的意思。自从佛陀圆寂以后，所有这一切与佛陀其人、他的生活以及言教有关的学理、争谕、建立以及解说，本质上都是构成佛教生命的要件，如果没有这些，也就没有名为佛教的精神活动可言了。

简而言之一句话：构成佛陀生命和精神的东西非他，只是佛陀本人的内在生命与精神；佛教就是以其教主的内在意识为中心而建立的建筑。尽管外

[①] 关于佛后数百年间出现的各派佛教，读者欲知其详，可以参见婆苏密多罗（古友）所造的"异部宗轮论"（Samayabhedo-paracana-cakra）。

在组织的格局与材料可以随着历史的进展而有所变,但是支持整个大厦的这种内在意义不但没有改变,而且依旧存活下去。佛陀在世之时,曾经按照随侍弟子的能力尝试使它明白易解;这也就是说,他的弟子们曾经尽力体会他的各种言教的内在意义,以便踏上他所指出的究竟解脱之道。据说,佛陀以"一音演说"①,而听众则"随类得解"。这是不可避免的事情,因为,我们每一个人莫不皆有自身的内在感受,须用各人自造的用语加以解释,故而在深度与广度方面自然也就有种种不同的层次了。不过,以绝大多数情形而言,此处所谓的个别内在感受,也许并没有深切而又强烈到需用绝对原创用语的程度;给一位古代精神领袖曾经创用的古老术语做一番新的解释,也许就很够了。而这便是每一个伟大历史宗教使其内容或观念日渐丰富的情形。对某些情况而言,也许意味着上层建筑的过度成长在完全埋葬原创精神当中寿终正寝。这就是需要批评的地方了,但反过来说,我们也不要忘了看个清楚:那个活的原理仍在活动之中。就以佛教而言,我们必须认取的是佛陀本身的内在生命,因为,在以他的名字为名的一种宗教体系史中,那是它显露本身的所在。禅家所宣称的"传佛心印",即是建基在他们的一个信念上面:禅所掌握的,是剥去了一切历史和教理外衣的活生生的佛陀精神。

三、佛教的一些重要问题

对于早期的佛教徒而言,这方面的问题尚未出现;这也就是说,他们尚未明白到,他们的整个教理与争论的重心,在于究明佛陀的真正内在生命,因为这是使他们积极信仰佛陀及其言教的根本所在。佛陀圆寂之后,不知究竟为何,他们第一次有了一种强烈的欲望,想要思索佛陀其人的本性。他们对于这种充溢整个内心、时时显露而又历久不衰的欲望难以抑制。佛

---

① 参见马克斯·墨勒(Max Muller)所编的《无量寿经》(*The Sukhāvati-vyūha*)第七页,该处有"佛声无量"之语。又见《妙法莲华经》第一二八页,该处有"一音说法"主语。百草一味的比喻,为大乘佛教学者众所周知。

性究由什么构成？它的本质究竟是什么？诸如此类的问题接二连三地向他们袭来。而在这些问题当中，又有由于关系较为重大而显得更为突出的一些，例如佛陀的开悟，他的进入涅槃，他的菩萨前身（亦即作为一个能够求悟的人），以及他的言教——从认识佛陀所见的言教。因此，他们便不再单从言教思考他的宗教，而要兼及它的作者了，因为，此种言教的真理与佛陀其人具有不可分割的有机关系，佛法之所以受到信奉，乃因为它就是佛性的具体化身，而不是因为它具有十足的逻辑条理或哲学上的言之成理。佛陀乃是开启佛教真理的钥匙。

注意力一旦集中于佛法的作者佛陀其人身上之后，与他那名为"觉悟"的内在经验有关的问题，也就成了最为重要的问题了。如果没有这种觉悟的经验，佛陀也就不成其为佛陀了；实在说来，意为"觉者"的"佛陀"一词，原是他自己用来表示他的这种经验的。一个人一旦明白了觉悟究竟是什么，或者脚踏实地亲自证悟一番之后，他就不但会知道佛陀超于常人的整个秘密，同时亦可解开有关生命与人世的哑谜了。由此可见，佛教的精髓就在圆满觉悟的学理之中了。在佛陀的这个已悟之心中，有着许多许多的东西，是他没有也无法向他的弟子吐露的。他之所以拒绝答复玄学或形而上学的问题，乃因为问者的心灵尚未发展到足以充分领会整个问题含意的程度。但是，这种佛徒如果真的想要认识他们的导师及其言教的话，他们不妨研究开悟的秘密。如今，他们既然没有了活的导师指导他们，也就只有自行设法解决这些问题了，而这便是他们所以永不厌倦地竭尽他们的智能的原因。于是，种种不同的学理被推了出来，而佛教的内容也跟着愈来愈丰富了，除了反映一个人的亲身言教之外，同时也想到了某种永远有效的东西。至此，佛教不再只是一种纯然历史的东西，同时也是一种永远活着、永远成长以及永远产生力量的体系了。各式各样的大乘经论被造了出来，用以开展佛陀亲身证得的觉悟内容的种种方面。其中有些是思维的，有些是神秘的，还有一些是伦理和实际的。所有一切的佛教思想，就这样成为以觉悟为其中心的意念了。

跟着，作为佛徒生活理想境界的涅槃受到了佛教哲人的真正注意。涅槃究竟是存在的消灭还是情欲的消除？是无明的驱散？抑或是一种无我的状态？佛陀是否真的进入了一种全然灭绝的境界而置一切有情众生的命运于不顾呢？他对他的随身弟子所展示的那种慈爱是否已随他的入灭而灭了呢？他不会再回到他们中间指导他们、开示他们、谛听他们的精神苦闷了么？像佛陀这样一位伟大人物的价值，不可能随着他的肉身而消失；它应该作为一种有永恒适当性的东西永远与我们并存才是。此种观念怎能与流行于佛陀亲教弟子之间的涅槃寂灭论互相调和呢？当历史与我们的价值观念相冲突时，难道就不可以做满足我们宗教渴望的解释么？"事实"如果没有一个有内在基础的根据支持着的话，它的客观依据又是什么呢？于是，"原始"佛教里面常见的涅槃以及与此相类的其他观念之中所含的意义，在大乘经典里面展开了各式各样的解释①。

觉悟与涅槃之间的关系是什么呢？佛徒如何得证罗汉果呢？究竟是什么使他们相信他们已经证得呢？罗汉的觉悟与佛陀的觉悟是否一样呢？解答这些以及其他许多与此密切相关的问题的工作，便落到了小乘和大乘佛教的各宗各派的身上。尽管他们争论纷纭，但他们从未忘记他们全部都是佛教的教徒，而不论他们对这些问题究竟作何种解释，都忠于他们的佛教经验。他们全都依恋他们的教主，只想对佛陀当初宣布的信仰与言教求得透彻而又亲切的认识。不用说，他们之中有的比较保守，故而希望服从正统和传统的识法之道；而其他的一些，则如人类生活中的各个方面所显示的一样，由于较为重视他们的内证经验而充分运用形而上学的关系，便想与传统的权威加以调和。不用说，他们所做的努力是诚实而又恳切的，因此，当他们认为他们已经解决了此种难题或矛盾时，他们便得到了理智以及内在的满足。实在说来，除此之外，他们也没有其他的办法可以走出这种精神的绝路，因为那是他们在他们的内在生命自然而又不可避免的成长之中所碰到的困境。这就是佛教必须发展的样子——假如它的里面曾有任何生

---

① 在此，我们看到了任何宗教圣书的"秘"解之所以均有其适当理由的原因，而绥登堡的感应说亦由此得到了说明。华严宗的神秘哲学亦有感应说的意味——虽然，不用说，它是以另一套哲学观念为其建立的基础。任何事物莫不有种种不同的解释，这并不仅是因为每一种判断的当中皆有主观的成分，同时它的里面亦可有无限客观关系的联系。

命需要成长的话。

尽管觉悟和涅槃与佛性这个观念的本身皆有密切的关系，但此外尚有另一个观念，虽对佛教的发展具有重大的意义，但与佛陀其人显然没有直接的关联——虽然，这并不是究竟意义的说法。不用说，这个观念跟觉悟和涅槃之说一样，在佛教教义神学文上亦已有了极大的收获。我所指的这个观念，就是否定吾人生命中有一个"我"的实体的"无我"之说。当这个"我"（Ātman）的观念统治整个印度人心的时候，佛陀指出它是无明与生死的根源，实是一种大胆的宣布。因此，似为构成佛陀言敬教基础的"缘起论"(the theory of pratitya-samutpāda)，终于发现了一个为害多端的"阴谋者"躲在吾人的精神错乱后面指挥一切。且不论早期佛教为这个"无我"之说究竟做了什么样的解释，这个观念的本身终于亦扩及了没有生命的东西。不仅是吾人的心灵生活的后面没有"我"的实体，就连物理世界的里面也没"我"这个东西可得；这也就是说，实际上我们既然无法将行为与行为者分离开来，亦无法将能量从物质分离开来，更无法将生命从它的作用分离开来。就思维而言，我们可以使得这两个概念互相限制，但在实际事物中它们却不得不成为一体，因为我们无法将吾人的逻辑思维方式强加于具体的实在之上。如果我们将这种分离工作从思想化为实在，我们便会遭遇许多不仅是理智上，同时也是道德与精神上的难题，使得我们遭受难以言喻的痛苦。佛陀曾感到了此点，并称之为混乱的无明（avidyā）。大乘的"性空"（śūnyatā）之说，是一个自然的结论。但我无须在此详述的是，此种性空之说并不是一种虚无主义或无宇宙论（acosmism），而是有着支持它并赋予它以生命的积极背景的。

对于佛徒而言，尽其知识的能力从精神体悟的观点，在无我论或性空说的当中为觉悟与涅槃寻得一种哲理的解释，并没有超出自然的思维顺序。他们终于发现，觉悟并不是佛陀独有的一种东西，我们之中的每一个人，只要放弃二元论的人生观与世界观，去除这种愚痴无明之见，莫不皆可证入觉悟的境界；他们更进而由此得到一个结论，涅槃并不是消失于一种绝对空无或断绝的境地之中。因为，只要我们不得不承认生命的实际事实，那就是一种不可能的事情，因此认为，就其究极的意义而言，涅槃乃是一种肯定——超于一切矛盾对立的大肯定。对于佛教的此一根本问题所得的这个形而上学的认识，便成了大乘佛教哲学的特色之一。至于性空之论与开悟之说互相调和而在生活之中得到体现的实际方面，或者，佛徒以证入佛陀曾在菩提树下证入的那种内在意识为目的的修行方面，待到下节再加论列。

在日本，几乎全部的佛教学者悉皆同意的一点是：大乘佛教所有的这些特殊观念，都可在小乘文献之中找到清楚的形迹；所有一切被认为由大乘佛教加在原始佛教上面的那些重建和转变，实在并不是什么别的东西，只是原始佛教精神和生命的一种不断延续而已。并且，纵使是所谓的"原始佛陀"，就像巴利文经典和中华大藏经中的阿含经文所说的一样，也是早期佛弟子们的一种努力结果。假如说，大乘不是佛教的本体，那小乘也就不是了，因为，从历史的观点看来，两者之间谁也不足以代表佛陀亲自讲述的言教。除非吾人以非常狭窄的含意限制"佛教"一词的用法，使其只用于某一类型的佛教，否则的话，谁也不能理直气壮地拒绝将大乘与小乘两者容纳于同一个名目之下。并且，在我看来，体制与经验之间既有一种有机的关系，而佛陀本身的精神亦皆呈现于所有这一切建设之中，因此，以一种广泛的、内在的意义使用"佛教"一词，并无不当之处。

此处不宜详述小乘与大乘佛教之间的有机关系；因为本文的主要目的在于描述禅宗在达到现在的状态之前所走的发展路线。上面已依我的看法将通称的佛教和大乘作为佛徒生活与思想甚或佛陀本身的内在经验做了一个大概的论列，下面就要看看禅的根源究竟出自何处以及何以成为佛陀精神的合法继承者和传灯者之一的原因了。

四、禅与开悟

禅宗的起源，正如佛教其他各宗一样，始自佛陀在迦耶附近的菩提树下证得无上正等正觉（anuttara-samyak-sambodhi），亦即大悟。假使此种大悟对于佛教的发展没有价值和意义的话，则禅与佛教便毫无关系可说了。那它就是在公元六世纪之初从印度前往中国的菩提达摩的天才所创造的另一种东西了。但是，假如大悟是佛教之所以为佛教的话——这也就是说，假如佛教是以佛陀所得的正觉为其坚固基础所建立的一栋大厦的话——禅便是支持这整个大厦的主要台柱了，它便是从佛陀的悟心之中直接引出的一条延续线了。依照圣传的说法，禅系由佛陀传给他的首席弟子摩诃迦叶，据说佛陀当时在由百万人组成的大会上举起一枝花，迦叶当下会意，随即微笑领旨。这件事情的历史性虽已有了适当的评述，但我们只要明白大悟的价值，我们就不会将禅的这种威权只是归于这样一个插曲而已。实在说来，禅被传了下来，并不只是传给摩诃迦叶而已，同时还传给所有一切步武大觉世尊的众生。

　　正如一个真正的印度人一样，佛陀苦修禅定的目的，在于求得解脱（vimoksha or simply moksha），解除生死轮回的束缚。达到这个目的，有好几条道路可走。据当时的婆罗门哲学家表示，此种解脱的大果，既可由信奉宗教的真理而得，亦可由修习苦行或梵行而致，更可由学习或解除个人的烦恼而使之成熟。每一种手段的本身莫不皆是优良的工具，如果修习数种或各种俱修，也许可以获得某种的解脱。但是，这些哲学家只是谈论修行的方法，对于实际的精神体悟却没有提出任何可信的报告，而佛陀所欲办到的，便是这种自我实践，便是一种亲身的体验，实实在在地洞视真理的本身，而不只是讨论方法或摆弄观念而已[1]。他憎恶所有这一切的哲学推理，旁之为"情见"（drishti or darśana），因为这些东西既不能将他带到他的目的地，又不能使他的精神生活得到实际的结果。他知非便舍、永不满足，直到从内部体会到作为真理的菩提当下显示于他的超越意识之上，而它的

---

[1] 参见《长部尼柯耶集经》（The Digha Nikāya）中的《三明经》（Tevijja）、《摩诃力经》（Mahāli）、以及《梵网经》（Brahmajāla-sutta）等等经典，并见《经集》（The Sutta Nipāta），尤其是《义品》（The Atthakavagga），它是现存最古佛典之一，我们可在这里读到 Ajjhattasa nti 一词，是为哲学、传统乃至善行所不能达到的境界。

绝对性是那样的深切，那样地让他感到自信，以致使他对它的普遍性绝对没有任何疑问。

此种觉悟的内容被佛陀解释为必须直观（sanditthika）、超于时限（akalika）、亲身经验（ehipassika）、完全悦服（opanayika）以及智者各得（paccattam veditabbo viññuhi）的佛法（the dharma）。这句话的意思是说，佛法必须直观，非概念的分析所能达到。佛陀之所以频频拒绝答复玄学的问题，部分的原因就是由于他深切相信：究极的真理必须经由亲身的努力在个人自己身上体验而得[①]；因为，所有一切可由推论而得的认识，只是事物的浮表之面，而不是事物的本身；概念的知识永远不能完全满足吾人的宗教渴望。菩提智慧的证得不可能由累积辩证的微义而致。而这便是禅宗对被视为究竟实相的那个所持的立场。以此而言，禅是忠实遵守佛陀这位导师的此种指示的。

我们说佛陀对于万法的自性有着比用一般的逻辑推理可得的认识为高的洞视，甚至可在所谓的小乘经典中随处找到证据。下面且从《梵网经》（*Brahmajāla-sutta*）中引取一例，因为在这部经中，他曾对付流行于当时的各派外道，每当将他们一一批驳之后，他总要申述如来的深切认识超于他们那种像"鳝鱼一般蠕动"的思维。他们除开为讨论而讨论之外，便是在灵魂、来生、永匠以及其他重要的精神问题方面展示他们的分析官能的锐利，对于吾人的内在福利并无任何实际的益处。佛陀不但明见此等推理的最后归向，而且知道他们根本残缺不全。因此我们在《梵网经》里读到："善男子，在这些当中，如来知道，如此达到，如此坚持的这些思维，对于信者的未来情况，将会产生如此如此的结果，发生如此如此的影响。他不但知道这些，而且知道远甚于此的事；且有此知识而不自满，故而未受污染，故而心知避离之道，故而了知觉受的消长、甜

[①] 佛陀苦口婆心，总是要他的弟子明白，究极的真理，必须由各人亲自证得，这可从《阿含经》中找到许多证据——随处皆可读到这一类的语句："不仰赖他人，但相信，思虑，或解决疑惑，或在法中得到自信。"由这种自决而来的意识便是：止住自己的邪漏，以得阿罗汉果为其顶点——这就是佛教徒的人生目标。

美、危险以及不可信赖的所以,而如来既无任何执着,也就十分自在了。"①罗汉的理想目标是入无余涅槃(anupādisesa),这是毫无疑问的,但不论此语的含意为何,它都没有忽视"觉悟"的意义;无视觉悟而不损及涅槃本身的存在理由,是不可能的事情。因为就其本质而言,涅槃并不是开悟以外的东西,两者的内涵并无不同之处。觉悟就是以肉身达到的涅槃;未能开悟而得涅槃,是不可能的事情。比之觉悟,涅槃也许有一种较富理智的意味,因为那是由觉悟而得的一种心理状态。在所谓的原始佛教中,跟涅槃一样经常述及的是"菩提"。作为一个佛教徒,如果烦恼尚未克制,心灵仍为无明所蔽,即使做梦也别想得到涅槃的解脱,而无明与烦恼的解除,便是觉悟的作用。一般而言,所谓的涅槃,通常多从它的消极面解释为身心悉皆寂灭,但在实际的生活中,这样的否定观念是行不通的,故而,佛陀也从来没有要人如此解释涅槃的意思。假使涅槃里面没有任何肯定的东西的话,大乘学者后来也就无法为它开展积极的观念了。尽管佛陀的随身弟子没有意识到此点,但觉悟的思想一直总是含在其中。佛陀在菩提树下坐禅七天所证得的大悟境界,对他的罗汉弟子不可能没有影响——不论后者以多么消极的态度企图用这个原则去达到他们的人生目标。

大乘学者颇为有效地将觉悟的真意揭示了出来,而这不仅是对它的理智含意而已,对它的道德与宗教关系亦然。其结果便是与"罗汉"对比的"菩萨"这个观念。罗汉与菩萨在本质上并没有什么不同。但大乘学者不仅对于觉悟的意义有更深的体认,将它视为达到佛教的究极目标,亦即《尼柯耶集经》(The Nikāyas)所说的精神自由(ceto-vimutti)所需的最大要件,而且,不单是只求自己大悟成佛而已,还要使得每一个有情众生乃至无情造物悉皆悟佛菩提。这不但是他们的主观渴望,而且还有一个客观的依据,可使这个渴望得以成立和实现。这就是每一个人心中都有一种被大乘学者

---

① 见《佛徒圣书》(Sacred Books of Buddhists)第二册第二十九页《佛陀对话录》(The Dialogues of the Buddha)。

称为"般若"(prajñā)的智能①。这就是可使我们达到佛陀觉悟的那种本然的能力。如果没有般若，就没有觉悟可言，它是吾人所具有的最高精神力量。理智或佛教学者通常所称的"意识"(vijñāna)，它的活动或作用，属于相对的一面，无法体会就是觉悟的究竟真理。而我们之所以得以超于物质与精神、超于无明与智慧、超于烦恼与无著之上的，就是体悟这个究竟的真理。觉悟就是亲身体会这种究极而又绝对且可得到大肯定的真理。如此一来，我们都是菩萨了，都是觉悟的众生了，纵使尚未进入实际的觉悟之境，也有觉悟的可能了。如此，菩提菩萨（Bodhi-sattvas）也就是"般若菩萨"(Prajñā-sattvas)了，因为，我们每一个人悉皆赋有般若之智，而这个般若之智一旦发生充分而又真实的作用，即可使我们深入觉悟的境地，而在理智上（以其最高的意义而言），使我们超越一切表面的现象之上，这便是《尼柯耶集经》佛教学者所指的"慧解脱"或"理解脱"(pañña-vimutti or sammad-aññvimutti)。

假如佛陀是由大悟而成佛的话，假如一切众生皆有般若之智而能觉悟的话——这也就是说，假如众生因此皆是菩萨的话——那么，合乎逻辑的结论便是：菩萨皆是佛陀或一旦时机成熟就必皆成佛了。因此，大乘佛教的学理便是：一切众生，不论有情无情，悉皆赋有佛性；因此，我们的心便是佛心，而我们的身亦是佛身。佛陀在未悟之前是普通的凡夫，而我们一般凡夫一旦因悟而开心眼②，便皆成佛。如上所述，我们还不能清楚地看出道向禅的主要改理，就是这种极其自然而又极合逻辑的规则，就像其后在中国和日本展开的一般么？

关于觉悟的观念影响大乘佛教的发展，究竟有多深多广，可从《妙法

---

① 实际说来，"般若"(prajña or paña)一词，并非大乘学者所专有，与他们对立的小乘佛弟子亦完全采用。所不同的是，后者对于开悟的要义及其在佛教本身之中的最高意义，未曾予以任何特别的重视，结果是"般若"受到了小乘学者的相当忽视。与此相反的是，大乘佛教则特别重视"般若"，甚至将它神圣化而给予热切的崇拜，故而可以称之为"般若教"(the religion of prajna)。
② 这只是《阿含经》中所述得罗汉果时的"远尘离垢"或"开净法眼"(virajam vitamalam dhamma-cakkhum udapādi)。

莲华经》(Saddharmapundarika)的创作见出端倪,这部经可说是大乘佛教对小乘所取的佛陀觉悟观所做的最为深切的抗议。依照后者的说法,佛陀是在迦耶城附近的菩提树下静坐而得开悟,因为他们把佛陀视为一个跟他们一样的凡夫,不出历史和生理条件的限制。但大乘学者对把佛陀其人作这种现实常识性的解释不能满意;他们不但在这里面见到了某种深入自心的东西,并且还要与它作直接的接触。他们所求的不但终于证得了,而且发现,认为佛陀是个常人这种想法乃是一种谬想;如果早在"无量无边百千万亿那由他劫"以前就证无上正等正觉了,记载于《阿含经》或《尼柯耶集经》中的那些历史"事实",只是他引导众生臻于成熟之境乃至走上佛道所用的一种"善巧方便"(upāya-kauśalya)罢了①。换句话说,觉悟乃是绝对的宇宙之理与佛性的本质,因此,开悟就是在一个人的内在意识之中体会常恒不变的究极真理。

前述《妙法莲华经》所强调的是觉悟的佛性方面,而禅则直指佛性的觉悟方面。当我们从知性方面考索佛性的一面时,这便有了佛教教义神学的哲理,而这便是天台宗、华严宗、法相宗以及其他各宗所究的东西。禅之进叩觉悟的一面,是从实际的生活方面着手——这也就是说,在生活的本身当中求得开悟。

如上所述,我们已经看出,觉悟这个观念在大乘佛教的发展历程上扮演了一个十分重要的角色。那么,所悟的内容究竟是什么呢?我们可否以一种明白易晓的办法加以描述,以使吾人的分析智能可以理会而使之作为一种思考的对象呢?"四圣谛"不是觉悟的内容,"八正道"也不是,而"十二因缘"亦非。透过佛陀的意识而得闪现的那个真理,并不是这样一种可以用推演的方式得而知之的思想。当他在做如下的宣称时:

  我今多生来,觅此造屋者,
  觅而曾未见,生生苦难挨!

---

① 关于此点,试阅《如来的寿命》(Duration of Life of the Tathāgata)一书第十五章。

> 我今已见汝，汝将勿造再！
> 梁栈既已毁，台阁亦摧折！
> 此心既寂然，诸欲亦寝息！①

　　他必然已经掌握了比纯然的辩证远为深入的东西。这里面必然曾有某种最最根本而又究竟的东西，当下使他的各种疑虑悉皆消除——不仅是消除了理智上的疑惑而已，同时也去除了精神上的苦闷。诚然，佛陀大悟之后，曾以49年的时光去阐释那个东西，但不仅是他自己未能将它的内容说个透彻，就连其后的龙树、马鸣、世亲以及无著等大士所做的思维推论，也没有将它解释明白。因此，《楞伽经》（The LanKāvatāra Sūtra）的作者这才在经中使得佛陀向大众承认：自从大悟直到涅槃，他一个字也没有说着②。

　　因此，就是博闻强记的阿难尊者，亦未能在佛陀在世时测得佛智的根底。据传阿难得证罗汉之果，是在佛陀涅槃后佛弟子第一次集会之时——尽管他曾给佛陀当了25年的侍者，但因未曾证果而不得入其门。他为此悲伤难过；在一个广场上徘徊了整整一夜的时间，而当他精疲力竭正要躺在一张卧榻上面时，忽然之间体悟了佛教的真理，而这便是他尽了一切知识与理解之力所未能明白的东西。

　　此话怎讲呢？罗汉的果位显然不是一种学位的问题，它是在久经力参苦究之后而于一刹那间忽然契悟的东西。准备的课程也许要占一段很长的时间，但关头的突破只是当下一念之间的事，而一个人一旦突破了此一难关，他便是一位罗汉、一位菩萨甚至一位佛陀了。觉悟的内容性质上尽管非常简单，但效用上却也不小。这也就是说，在理智方面，它必须超越所有一

---

① 见《法句经》第一五三、一五四偈。
② 这节文字的梵文小原文为：Ata etasmātokaransan mahāmate mayedam uktam：yām ca rātrim tathāgato bhisambuddho yām ca rātrim parinirvāsyti atrāntara ekam api aksharam tathāgatena na udāhritam ua ndāharishyati. 见《楞伽经》卷三第一四四页，并见卷七第二四〇页："佛告大慧：我及过去一切诸佛，法界常住，亦复如是。是故说言：我从某夜得最正觉，乃至某夜入般涅槃，于其中间不说一字，亦不已说当说。"

切纠缠不清的语意学的解释；而在心理方面，它必须重建一个人的整个人格。这样的一种根本事实自非语言所可得而描述，只可运用一种直觉作用透过亲身的经验加以体会。这实在是最高意义的佛法。假如说无明是因"一念扰动"而起的话，那么"一念觉悟"便可截断无明而得发悟了[①]。但这里面并没有任何念头作为逻辑意识或经验推理的对象存在其间；因为，念者、思念以及念头三者，皆在开悟的当中融合成一个见自本性的作用了。佛法至此，要想做更进一步的说明就无能为力了，故而也就只有诉诸"庶遭法"或"否定法"（via negativa）的一途了。而这在龙树菩萨依据佛教的般若法门所建立的性空之学中，也就达到最高的顶点了。

　　由此可见，开悟并不是一种理智作用的结果，因为，理智作用系念念相续、终而至于以结论或决定为其结果。开悟的当中既无程序，更无判断，它是一种更为根本的东西，是一种使得判断成为可能的东西，如果没有它，任何种类的判断都无法成立。判断的当中含有一个主辞和一个宾辞；在开悟里面，主辞即是宾辞，而宾辞即是主辞；此二者至此已经合而为一了，但这个"一"并不是有什么东西可以陈述的那个一，而是判断从而产生的那个一。这是绝对的一性，至此我们便无法超越；所有一切的理智作用到此为止，如果勉强再进，那也就只有在这里反复不停地兜圈子了。这是一种知识上的"未知境"（terra incognita），也是适于运用"不合理故我信"（credo quia absurdum est）这句话的所在。然而，这个黑暗的区域，却在你以意志进攻，以全部的身心力量攻击时，向你透露它的秘密。开悟就是照亮这个黑暗的境域，使得整个情境一目了然，使得所有一切的理智探究悉在此处找到它们的理论根据。在此之前，一个人也许可在理智上相信某一前提的真理，但由于这个真理尚未进入他的生命之中，依然没有得到究竟的证实，故而免不了仍有一种隐约的不定和不安之感遗留心中。如今，开悟的经验

[①] 依照马鸣的"大乘起信论"说，所谓"无明"，是指"不觉念起"。此说虽有多种解释，但是，我们只要不将"无明"想作一种需要若干时间的历程，而只将它看作一种当下发生的事情，那么，无明灭而开悟，也就是一种当下发生的事情了。

以一种不可思议的方式毫无预兆地来到了他的身上，所有一切的疑虑和问题都一下解决了，而他也就成了一位罗汉甚至佛陀了。此"龙"经"点睛"之后，就可随意呼风唤雨，而不再是画在纸上那种了无生气的形象了。

显而易见的是，开悟既不是逻辑上的明晰，也不是分析上的透彻，而是某种不止是一种明确的知觉的东西，它里面有着某种统摄整个意识境域的东西，不仅可以照见为了解决人生问题而接的整个链环，而且可以使得骚扰灵魂的一切精神苦闷得到一种彻底的解决。此种逻辑的链环，不论调节得多么准确，不论配合得多么完美，其本身总是无法以最彻底的办法使不安的灵魂得以平静。我们需有某种更为根本或更为直接的东西，才能达到这个目的，因此，我认为，仅仅浏览"四圣谛"或"因缘观"是不能求得无上正等正觉的佛的。佛陀必曾体验到某种较为纯然的知性理解经验的真理更能深入他的最内意识的东西。他必然曾经超越分析推理的限域，他必然曾经接触到使我们的理智作用成为可能的那个东西；实在说来，他必然曾经接触到决定吾人意识生活的存在本身的那个东西。

当舍利弗见到马胜时，发现他不仅神情十分安详，所有的感觉器官悉皆控制得宜，连整个的皮肤色泽都很明亮，因而禁不住问他师事于谁以及所学何法。对于此问，马胜答道："我师释迦牟尼，天人之师，名之曰佛。"对于所学何法，则以偈答云：

诸法从缘生，还从因缘灭。
我师大沙门，常作如是说。

据说，舍利弗听了这个解释，心中立即有了明白的感受：凡是从缘而起者，还是从缘而灭。不久他就证入了没有生死、没有烦恼的境界。

在此，我要唤起注意的一点是：在这一节奇迹般地将舍利弗从他那习惯性的思维方式中唤醒的偈语中，有没有任何在知性上显得卓著、出格而又极具创意的东西呢？就佛陀的教法而言，这四句偈语中并没有什么东西可言。据说，这四句就是佛法的大意；果真如此的话，这个佛法的内容也就颇为空泛了，那么，这又怎能使得舍利弗发现具体而微的真理，而且有效得足以使他舍弃旧辙呢？这个不仅曾使舍利弗而且亦使目犍连皈依佛教的偈子，实在说来，并没有什么强烈到足以产生如此效果、富于佛教思想特色的东西可见。因此，我们若要知道其故安在的话，就得另寻理由才行。这也就是说，关键不在这则偈语所含的有形真理之中，而是在于偶然听见此偈并在心中唤起另一个世界影像的闻者的主观状态里面。这事在于舍利弗的本心敞开了，以致清楚而又明白地悟见了佛法的真意；换句话说，佛法作为某种出于他自己的东西在他自己的心中显示出来，而非作为一种外来的真理从外面注入他的心里。从某一方面来说，这个佛法一向都在他的心中，但直到马胜诵出此偈之后，他才明白它本来就在那里。他并不只是一个纯粹的被动接收器，只让不属于他自己的东西倾入其中。听闻此偈，使他得了一个体验无上瞬间的机会。假如舍利弗的领悟只是知性和推论结果的话，他后来与阿难所做的对话就不可能是那样的了。在《相应部尼柯耶集经》中，我们可以读到：

　　阿难见舍利弗从远处走来，上前对他说道："舍利弗兄，你的脸上显得那样明净光彩，今日的心情毕竟如何？"

　　"我一直在禅定之中，念头一直没有升起。我得到它了！我已得到它了！我已从它里面出来了！"

　　这里，我们可以看出，知识上的理解与精神上的契会是颇不相同的，后者是悟而前者不是。舍利弗说到他那样明净光彩的原因时，他只是照他自己的主观解释陈述那个事实，并没有运用逻辑的方式加以说明，他自己所做的这种解释是否正确，且由心理学家去做判断。我在这里想要阐明的是：舍利弗之领会"因缘所生法"，并不是由他的理智分析而来的结果，而是由他的内在生命作用所得的一种直觉契会。在佛陀所唱的"胜利之歌"

（the Hymn of Victory）里所说的开悟经验，与舍利弗所悟的因缘所生法当中，就他俩的心窍作用方法而言，其间有着一种密切的关联。一个是首先大悟而后表述，一个是先闻正法而后契会。两者的历程恰好相反。但是此处的前因与后果之间的关系不相符合，则无两样。如果从逻辑与理智的理解方面加以考索的话，前因便不足以说明后果了。这种解释只可从开悟的主体的意境本身之中去寻，而不可从因果之说里面所含的客观真理之中去找。否则的话，对于建立这样一种自悟或自救的坚定信心，我们又该怎样加以说明呢？"他已摧毁一切邪恶烦恼；他已得到心解脱与慧解脱；他已在这个世间亲自明白、体会，并掌握了大法；他已深入其中，已经超越疑惑，已经祛除混乱，得到充分的信心；他已过了生活，已经摧毁轮回枷锁，已经彻悟本来的真实大法。"[①]

这就是《楞伽经》那样竭力告诉我们语言完全不宜于作为表现和传达内在悟境工具的原因。虽然，如果没有语言的话，至少我们在实际生活上也许要过得不太方便，但是，我们必须极其小心地避免过分地信赖它，以免让它越过它的合法权利。此经为这点提出了一个重大理由，那就是：语言是因缘倚赖的产品，相互限制、不安多变，以虚妄的判断为其基础，无法表达意识的真正性质。因此，语言不能向我们揭示诸法的究极意义（paramārtha）。著名的指头与月亮之喻最能说明语言与意义、符号与实际之间的关系。

假如佛陀的大悟里面真的含有如此众多的东西，以至于连他本人都无法以他的"广长舌"（prabhūtatanujihva）在他那漫长而又平静的禅修生活中加以阐明的话，那么，能力不如他的人又怎能奢望去体会它而求得精神上的解脱呢？因此，禅所采取的立场便是：为了体会开悟的真理，我们必须运用知性以外的其他某种心力——假如我们具有这样的心力的话。

推理的办法无法达到这个目的，然而，我们却有一种永不满足的欲望，希望能够达到这个不能达到的目的。那么，我们是不是这样生生死死地永远痛苦下去呢？若果如此的话，那么，这便是我们人生在世所遭遇的最最可悲

[①] 此系证明罗汉果的常见公式，为《尼柯耶集经》中随处可见的语句。

的境遇了。佛教徒竭尽所能地用身体力行的办法来解决这个问题，终而至于发现吾人所需要的一切完全都在吾人自己的心里，根本不需向外寻求。这就是吾人精神所具的直观或直觉之力，可使吾人领会精神的真理，让我们看清构成佛陀的大悟内容之中的一切生命奥秘。这并不是一种普通的知识推理作用，而是可在一刹那间以最便捷的办法掌握某种最根本东西的能力。如前所述，般若之智乃是佛教徒给这种能力所起的名称，而禅宗在它与这种开悟之说的关系之间所追求的目标，便是以修禅的办法唤醒这种般若智慧。

在《妙法莲华经》中，我们读到："舍利弗……是法非思量分别之所能解，唯有诸佛乃能知之，所以者何？诸佛世尊唯以一大事因缘故出现于世。舍利弗，云何名诸佛世尊以一大事因缘故出现于世？诸佛世尊，欲令众生开佛知见，使得清净故出现于世；欲示众生佛知见故出现于世；欲令众生悟佛知见故出现于世；欲令众生入佛知见道故出现于世。舍利弗，是为诸佛以一大事因缘出现于世。"[①]假如这就是诸佛世尊出世的一大事因缘的话，我们要怎样才能入佛知见道而证得无上正等正觉呢？并且，假如此法非思量分别之所解的话，那么，不论你用多少哲学的推理，也不能使我们接近目标一步了。那么，我们怎能从世界学到它呢？可以确定的是，我们既不能从他的口边学到它，也不能从他的语录中学到它，更不能从他的苦行里学到它——唯有以禅修的办法从我们自己的内在意识中悟到它。而这便是禅的学理。

五、开悟与精神解脱

当此开悟以佛徒的内在经验为其主体，而其内容必须予以直接体会而无任何概念介于其间之时，他的精神生命中的唯一权威就只有求之于他自己的内心了；那时，所谓传统主义或制度主义，自然也就失去它的整个约束之力了。那时，在他看来，前提都是真实的——这也就是说，都是富于生命的——因为它们与他的精神内景完全一致；而他的行为也就非外在的判断标准所可测

---

① 文见《方便品》。

度了；就它们都是他的内在生命的自然流露而言，它们都是善美的，甚至都是神圣的。与此开悟的解释相关的直接问题，将是以每一种方式支持绝对的精神自由，进而将他的心境作无限地扩展，乃至超越寺院和学者佛教的狭小范围。不过，从大乘佛教的观点来看，这与佛陀的精神并无相违之处。

到了此时，僧团的制度就得改变了。佛教在创始之初，原是出家去过某种苦行生活的僧侣会众。在这当中，佛教乃是少数突出人物独享的社团，而一般大众或接受三归五戒的居士团体，则是正规或专业僧团的一种附属品。古佛教仍在初期发展阶段时，甚至比丘尼亦不许进入这种社团之中；经过再三恳求之后，佛陀才非常勉强地准其所请，但他预言佛教将因此而减损它的一半寿命。我们不难从这个事实看出，佛陀的言教以及开悟的教理原是为了只供少数人士修行和证悟而设。尽管佛陀以完全公平的待遇等对待会众的各种组成分子，对于他们的社会身份或种族地位以及其他各种差别绝无任何偏见，但不可避免的是，他的教说的全部利益却也无法扩展到僧院的界限以外。这里面既然没有任何有益于整个人类的东西可言，此种专制的排他性质也就成了理所当然的事了。但是，有关开悟的教理并不是这样就可囚禁得了的东西，因为它的里面仍有不少东西总是禁不住会溢出到所设的一切限制之外。当有关"菩萨"这个观念得到强调时，这种自动排他的社团也就没法守住它的阵地了，而一种原始僧尼的宗教就成了一种居士的宗教了。原为志求"无余涅槃"而得的一种苦行训练，就得让位于一种要让任何人皆可获得开悟并在日常生活中演示涅槃的真意了。此种开展佛教的整个趋势，在所有一切大乘经典之中，悉皆得到了强烈的主张，使得保守主义与进步主义之间的争胜显得十分热烈。

这种自由精神，乃是促使佛教突破它的寺院外壳，并将开悟的观念活生生地推至大众面前的促进之力，乃是宇宙的生命冲力，乃是不可阻遏的精神作用，因此，凡是干扰它的一切，注定都要遭遇失败的命运。由此可知，佛教的历史，同时也是吾人在精神、知识以及道德生活方面争取自由的一种历史。原始佛教那种道德上的贵族政治和修持上的形式主义，是没有办法长期拘束我们的精神的，随着开悟教理的愈来愈内的解释，我们的精神也逐渐提升，终于超越了佛教修行的形式主义。一个人不一定硬要脱离他的家庭生活，步行脚僧的后尘，才能证得开悟的无上正果。佛教生活所最需要的一点，是内在的清净，而不是外表的虔诚。以此而言，居士跟比丘一样行。这个事实在《维摩诘经》(Vimalakirti-Sūtra) 得到了最富雄辩意味的证明。此经之中的主角维摩诘居士，是位在家修行的哲人，不在僧团的院墙之内。在思想的深度、广度以及不可思议的玄妙方面，佛陀的弟子中没有一个是他的对手，因此，当这位居士卧床示疾以病说法，而佛陀向他们去问疾时，他们之中的每一个人——除了在大乘佛教中代表般若智慧的文殊师利菩萨之外——莫不皆找某种借口加以回避。

　　这些甚至不惜牺牲罗汉借以提出自己主张的在家信徒，亦可从《维摩诘经》以外的出处找到不少例子，其中尤以《胜鬘夫人经》(Śrīmālā)、《华严经》(Gandhavyūha)、《金刚三昧经》(Vajrasamādhi) 以及《月上女经》(Candrottara-dārikā) 等最为突出。在这方面，最为引人注目的一点，是妇女在各种场合扮演了一个重要的角色。妇女不仅富于哲学的才能，同时在立足点上也与男士平等。在善财童子行脚途中所参的五十三位哲人或思想界的领袖之中，有不少是从事各行各业，甚至是身为艺妓的女人。她们每一个人都与这个永不餍足的真理追求者作了智慧的讨论。此情此景，比之初期佛教的勉强允许妇女加入僧团，其间的差别可真有天壤之巨！尽管后期佛教也许丧失了若干激发吾人宗教想象的严格性、超然性乃至神圣性，但它在民主化、生动化，特别是人道化方面，却也有了不少收获。

　　这种逸出僧院围墙的自由精神，如今顺从它的自然结果，开始努力超越小乘学者那些训练的规条和苦行的形式了。由于偶发事故而由佛陀颁给门徒的那些道德规范，或多或少有些注重外在的形式了。在佛陀仍然作为僧团的精神领袖与他的门徒共处一处时，此等规范原是主观生命的直接表现；但佛陀寂灭以后，它们就逐渐僵化，终而至于无法达到创制者的那种内在精神境界了，于是觉悟的信徒起而反对它们，提出"赋予生命的精神"。他们主张绝对的精神自由，甚至采取戒律废弃论者或唯信仰者的办法。只要精神纯洁，身体的行为便无法使它污秽；它可以随意流浪而不致遭受任何污染。为了救度堕落的众生，纵使要入地狱，它也在所不辞——假如有此必要或需作如此方便的话。只要仍有灵魂等待拯救或仍有心灵需要开悟，它会让入涅槃的事情永无限期地延长下去。依照"淫戒"规定，任何佛教徒都不可进入酒家或结识妓女；简而言之，连一念想及任何破戒的事儿都不容许。但对大乘学者而言，任何种类的"方便"或"权宜"之计皆无不可——只要他们已经得到彻底的开悟并使他们的心灵得到彻底的净化。他们悉皆生活在一种超越是非善恶的境界里面，而他们只要处于那种境界当中，他们的行为就不能依照通常的伦理尺度加以分类和批判；他们既非合乎道德标准亦非不合道德准则。此等相对的用语，在一个由超越相对的差别和对立世界之上的自由精神统治的王国之中，是没有用武之地的。

对于大乘学者而言，这是一个极易滑倒的地方。但他们只要真的获得开悟并探测了精神的深处，他们的每一种行为便都是上帝的一种杰作。但在这种极端的唯心论中，既无"客观"立足的余地，那么，又有谁来分别放任主义与唯心主义呢？尽管有此陷阱存在其间，但大乘学者始终不渝地追随开悟教理所含的一切内在意义，是对的。他们与小乘学者意见不合，自然是无可避免的事情。

此种开悟的教理可以将吾人导入内在的精神体验，但这种内在的精神经验是无法用理智的办法加以分析的，否则的话，要想不遭遇若干逻辑上的矛盾，是不可能的。因此，它设法突破每一种可能的理智上的障碍；它希望以每一种方式求得解脱。不仅是在理解方面，同时亦在生活的本身方面。因此，信仰开悟之教的粗心行者，便很容易堕落而成放任主义的信徒。大乘学者如果滞留于此而不更进一步进入般若的真性之中，不用说，他们必然会陷入"自由精神之友"（the Friends of the Free Spirit）的覆辙，他们不但明白开悟之后如何在慈爱众生的当中体会它的真正意义，而且知道自由精神怎样遵循它本身的原则——尽管并无任何外来的东西强加在它的身上。因为自由并非自取毁灭的无法无天，而是以它的内在生命之力创造一切善美的东西。大乘学者称这种创造为"善巧方便"或"方便善巧"，以之使得开悟与慈爱结为和谐的一体（智悲双运）。以理智的办法构想的悟境，不但缺乏生命的动力，而且不能照见慈爱要走的道路。但般若之智并不只是智慧而已，它还可以产生慈悲（爱怜），而与慈悲合作达到伟大的人生目标——将所有一切众生从愚痴无明和烦恼不幸的绝境之中救度出来。它有无量善巧，设计种种法门，发挥它要发挥的功能。

《妙法莲华经》将佛陀的出现于世及其在历史上的一生视为大觉世尊的一种救世的"善巧方便"。但是，这种创作，严格地说，当它的创作者已经意识到它的目的论的含义时，便也就不再是一种创作了①。何以故？因为，创造者此时的意识里面已因有了一种分裂的现象而阻碍了自动自发的精神流动，而自由也就在它的源头失去了。此种"方便"既已意识到了它的目的，也就不再是"善巧"的了，而在佛教徒看来，它就不能反映开悟的完美之境了。

由此可知，这种开悟的教理便需"善巧"加以辅助了，或者我们也许可以说，后者系由前者发展而来——当它被以动力学的方式构想而不只是被视为一种观想的意识境界时。早期的佛教徒显示了一种倾向，往往把开悟视为一种返观或平静的状态。他们使它成了一种了无生气与毫无创意的东西。但这并没有将悟境里面所含的一切完全表达出来。使得佛陀从他的海印三昧（Sāgaramudrā-Samādhi——整个宇宙都反映在他的意识里面，就像月亮反映于海洋之中一样的三昧定境）出来的这种效果或意志的要素，至此已经发展而成为方便的教理了。此盖由于意志较理智更为根本，故而可以成为生命的究极原理。如果没有这种"方便"且可自动调节的意志，生命就只是一种盲目冲动的疯狂展示了。原是一种放任的"自由意志"，经过这样的调节之后，便可在救世的伟大工作之中发挥它的妙用了。它的创

---

① 关于此点，在此一述佛教中所谓的"无功用行"（anābhogacaryā）或"无功用愿"（anābhogapranidhāna），也许不致多余。如果我没有看错的话，此语也许相当于基督教的一个观念：不要让右手知道左手在做的事情。当吾人的精神达到开悟的实相且因此将所有一切理智上与感情上的污染全部净化时，它就因此变得十分的完美乃至凡听作事悉皆纯洁、无私而有助于世人的福利。只要我们意识到我们在克服私欲和烦恼所做的努力，这里面就有一些抑制和做作的成分隐含其间，妨碍精神上的纯真与自由，而作为一个开悟心灵的固有美德的慈爱，就无法发挥其中所含的一切，乃至为了自存而刻意努力。"愿"或"本愿"就是慈爱的内容，因此，只有所得的悟境具有真正的创造力时，才会展开"无功"之功的功用。这是宗教生活不同于一般德行的地方，这就是单单"因缘法"的解脱不足以包含佛徒生活的地方，同时，这也就是禅家不同意小乘所自许的积极主义和般若空宗所自许的虚无主义的存在理由。

造作用将可设计所有一切可能的方便法门，以便惠泽所有一切有情与无情的众生。禅那就是这些方便法门之一，可使吾人的心灵在意志的管制之下保持平衡和稳当。禅便是由修习求悟的禅那而来。

六、禅与禅那

"禅"（日文拼作 Zen，中文读作"chan"）之一词，原是"禅那"（日文拼作 Zenna，中文读作"chan na"）之略称，系由梵文 dhyāna 或巴利文 jhāna 音译而来。由此可知，禅与打从佛陀的早年以来——实在说来，与从印度始有文化以来——即已传习的这种修行法门，具有一种重大的关系。"禅那"通常英译为 meditation（意为冥想、默想、观想、静虑、沉思或思维），而一般说来，它的意思也就是思维或观照宗教上或哲学上的一种真理，以使这种真理得到透彻的契悟，乃至深切地印入个人的内在意识之中。此种法门须在一个远离尘嚣的寂静之处修习。有关此类的指喻之词，印度文献中不胜枚举；而"独坐静处专心习禅"这句话，《阿含经》中更是随处可见。

下引《优昙婆逻经》（*The Udumbarika Sihanada Suttanta*）[1]中所载散陀那居士与尼俱陀苦行所做的一节对话，可对佛陀的习惯做一明白的举示。散陀那说："我师世尊，常乐闲静，不好愦闹，不如汝等与诸弟子处在人中，高声大论，但说遮路无益之言。"对此，苦行梵志答道："沙门瞿昙，颇为与人共言论不？众人何由得知沙门有大智慧？汝师瞿昙好独处边地，犹如瞎牛食草，偏逐所见，汝师瞿昙，亦复如是：偏好独见，乐无人处。"又，我们在《沙门果经》（*Sāmañña—Phala Sutta*）[2]中亦可读到："然后，这位戒体如此优秀，这位定力如此优秀，这位慧力如此优秀，这位内容如此优秀的大师，他在途中选择某个晏息之处——在林中，在树下，在山边，在谷中，在岩穴里面，在藏骨之处或在田野草堆之上。而他于乞食之后，仍然返回彼处，坐下用经，

---

[1] 见《佛陀对话录》第三十五页，第三部分。
[2] 同上第八十二页，第一部分。

食罢，盘起两腿，使他的身体保持挺直，智性警醒，心不散乱。"

还有，在佛陀的时代，行使奇迹和进行诡辩，似乎是苦行者、漫游者以及婆罗门玄学家的主要工作。就这样，佛陀不但也常被怂恿着加入哲学辩论的行列，而且为了使人信奉他的教言，亦常行使奇迹。尼俱陀对于佛陀所做的评述，不但明白地指出了佛陀是一位专心致志于实际工作和讲求效果而不尚空论的伟大实行家，同时也明显地指出了他远离热闹的人世，认真热切地从事于坐禅的功课。当那难陀城富商之子坚固（Chien-ku）要求佛陀下令要他弟子为了市民的利益行使奇迹时，佛陀冷冷地拒绝道："我但教弟子于空闲处静默思道。若有功德,当自复藏；若有过失,当自发露。"①

只是诉诸分析的理解，永远不足以彻底契会内在的真理，尤其是在这个真理是一种宗教的真理时，而只是运用一种外力加以压迫，亦不能使我们发生精神上的转变。我们必须在吾人的最内意识里面体会教理所含的一切——当我们不但可以了解其中的道理，而且可能将它付诸实践时。唯有如此，知识与生活当中才没有矛盾存在其间。佛陀对于此点非常清楚，因此，他从禅定中吸取知识；这也就是说，他从切身的精神体验中培养智慧。因此，佛教的解脱在于戒（śila）、定（samādhi）、慧（prajñā）三学，亦即以戒律指导外在的行为，以三昧求得精神的安定，以般若求得真正的体会。由此可见禅定在佛教里面所占的地位是如何的重要了。

我们说这个"三学"自始就是佛教最显著的特色，是有事实可以证明的。下面所引《大般涅槃经》（The Mahāparinibbāna-Sutta）中的一个法式，不厌其烦地一再申述，好像那是佛陀开导弟子最常谈到的一个论题："如此如此是正当行为（戒），如此如此是勤修禅观（定），如此如此是为正智（慧）。定慧齐修，则成大果，有大利益。心与智泯，则远离诸漏（āśrava）；远离

---

① 与《长阿含经》中的这节中文经文相当的巴利文经典，是《坚固经》（The Kevaddha Sutta），但这里所引的一节经文不见了。见中译《长阿含经》中的《路遮经》（Lohicca or Lou-chê）与《沙门果经》（Sāmañña-Phala Sutta）佛在此中说明了隐居生活对于求得开悟与破除烦恼的重要性。不断地用功、勤勉地坐禅以及警醒的注意——身为佛教徒，如果没有这些，就别指望达到佛徒生活的目标了。

欲（Kāma）漏，远离有（bhāva）漏，远离见（drishti）漏，远离无明（avidyā）。"①三昧与禅那多半是同义语，故可交替使用，但严格地说，三昧是由修习禅那而得的一种心境。后者是手段而前者是目的。佛经中述及的三昧种类很多，而佛陀在讲道之前通常都要进入三昧（入定）②，但我想从未进入禅定。后者是需要练习或修持的。但在中国，禅那与三昧往往合成"禅定"一词，意指由修习观想或禅那而得的一种寂静或清静境界。佛教经典以及印度宗教体系中尚有与此二词相类的一些其他用语，例如三摩钵底（Sampatti——意译为正受、等至，从平等持心而到达定境）、三摩四多（Samāhita——意译为等引，是平等引发或引发平等的意思）、舍摩他（Samatha——意译为止，寂静，能灭）、心一境性（Cittaikāgratā——意译为心志集中），安于见法（Drishta dharma-sukha-vihāra——意译为现法乐住）、陀罗那或陀罗尼（Dhārana or Dhārani——意译为咒，持，总持，能持，能遮），如此等等，不胜枚举。它们皆与禅那的中心意味有关，这也就是说，使得自作主张的烦恼混乱平静下来，以便达到一种绝对同一的境地，乃至从而体悟绝对的真理，亦即一种开悟的境界。哲学家的分析倾向在此亦颇显然——当他们分别四种或八种禅那（四禅八定）时③。

初禅的修习，是使心灵专注一处，直到所有的粗重情识完全自意识之

---

① 此处所引语出于李斯·戴维斯（Rhys Davids），他在附注里说："在此被我译为'勒修禅观'的一个词是《三昧》（*Samādhi*），此字在《五部尼柯耶集经》（*The Five Nikāyas*）所占的地位，颇似'信心'（faith）一词在《新约圣经》中所占的位置；因此，这节文字所显示的意义是，戒、定、慧三学的相对重要性，在早期佛教中扮演了一个重要角色，正如信心、理性以及工作之间的分别，曾在后来的西方禅学中扮演重要的角色。要想找一段文字，以更美的思想或同样简洁的形式陈述佛徒对这些矛盾关系的看法，将是一件很难的事情。"问题是：怎么会有矛盾呢？
② 《摩诃解分经》（*The Mahavyutpatti*）中列有一百零八种三昧，其他地方则常读到"无量三昧"之语。印度人在这方面一向有很多高手，而种种奇妙的精神成就亦时有所闻。
③ 这一系列的禅定亦被佛教徒所采用，尤其是小乘佛教徒。毫无疑问的是，大乘的禅观亦由此等禅那衍化而来或发展而成，究竟与小乘禅观有何不同之处，稍后当可逐渐看出。《阿含经》对于这些禅那有详细的描述，譬如《沙门果经》，就谈到了一位出家人的修行成果。此等心灵锻炼术，并非严格的佛教修法，所有各派印度哲人和僧侣也都有或多或少的传授和修习。但佛陀对于这些禅是不太满意的，因为它们不能使他得到他所急欲得到的结果；这也就是说，它们对于开悟没有助益。这就是他何以要离开他当初出家学道时所拜的阿罗逻与郁陀罗两位老师的原因。

中消失，只剩澄明的喜乐与宁静之感。但此时的理智仍在活动，对于所观的对象仍有分别与反映的作用。待到此等理智作用亦皆寂静而使心灵完全集中于一点之后，那时便可说达到二禅了，但那种喜乐与宁静之感依然存在。到了第三禅时，由于集中程度愈益深入而得完全明净的境相，但最微细的心灵活动不但尚未消失，同时仍有一种喜悦之感存在其间。待到四禅亦即最后一个阶段时，甚至连这种自我愉悦的感觉也消失了，而在意识之中占据优势的东西，至此亦成了一片澄明。到了此时，所有一切容易扰乱精神安定的理智活动与情感因素，悉皆得到了控制，而绝对镇定的心灵则仍专注于禅定之境。在这当中，"舍摩他"（意译为止或寂静）与昆钵舍那（Vipasayana——意译为观或观察）之间便产生一种得到充分调节的"等持"或"均衡"之境。

在所有一切的佛教修行中，此系经常追求的目标。因为，心灵如果倾向一边，它不是变得过于昏沉（styānam），就是变得过于掉举（auddhatyam），这也就是说，心灵不是过于沉滞，就是过于活动。此种精神训练必须善加利导，方才不致由于倾向一侧而受到阻碍——总而言之，应该采取"中道"才是。

此外，还有四个阶段的禅那，名叫无色解脱（Arūpavimoksha），供已登四禅境界的人修习。其一是观空间的无限性，不为物质的多重性所扰动；其次是观意识的无限性，与物质相对；其三更进一步，在于超越空间与心识之间的分别；第四是连这种没有分别的意识亦予消除，以便完全消除任何分析理智的痕迹。除了上述八种所谓的三摩钵底（正受或等持）之外，佛陀有时亦提到另一种被认为是佛教所特有的禅修法门。与上述各种禅观法门比较起来，这种法门或多或少有些特别的地方，因为它并不那么排斥理智活动，而是含有部分的效用，因其以使想（Samjñā）与受（Vedita）、亦即意识的主要成分完全停止作用为目的。那几乎是一种完全消灭的死亡状态——除了行者仍有生命、暖气，而感觉器完全良好之外。但实际说来，要想分出这种"灭度"（Nirodha-vimoksha）与最后一个阶段的无色定（the Arūpa or Arūppa meditation）之间的差别之处，亦非易事，因为，在这两者当中，甚至最单纯、最基本的意识活动，也都停止作用了。

且不管这是什么，显而易见的是，佛陀跟当时的其他印度思想家一样，不惮其烦地运用禅那的法门，努力使他的弟子在他们自己身上体会开悟的内容。就这样，他使他们逐渐进步，从相当简单的修法开始，直到最高的禅定阶段，以使"一"与"多"之类的二元分别完全消失，乃至达到意识作用完全止息的程度。除了此等一般的修持之外，佛陀还在时时处处教他的弟子观想某些项目①，以使他们成为扰人情绪和理智纠葛的主人而不为其所役。

现在，我们可以看出，禅到底是怎样从这种精神修炼当中发展而出了。禅采取了禅那的外在形式，作为实现预定目标的实际手段，但是，关于它的内容，禅却有其本身的办法，解释佛陀的精神。原始佛教徒所修的禅那，与以开悟为原则，并在日常生活中展示出来的佛教目标，并不完全相符。完全消除意识作用（灰心灭智），以免干扰精神安宁，这种做法，对于志在发展佛陀悟心的积极内容的人而言，乃是一种过于消极而不值得追求的心境。心灵的安定并不是禅那的真正目的，而专注于某种三昧亦非佛徒生活的究竟目标。悟心必须求之于生命的本身之中，求之于它的充分而又自在的表现之中，而不是求之于它的停止作用之中。

是什么使得佛陀在布道巡游中度过他的一生的呢？使他为了与他同体的众生而牺牲自己的福利乃至整个一生的，究竟是什么呢？假如禅那只是消除烦恼和沉湎于无意识之中，而无任何积极目标的话，那么，佛陀为什么要离开菩提树下的宝座而回到世间来呢？假如开悟只是一种消极的寂灭状态的话，佛陀也就没有任何冲劲可以促使他去为他人尽心尽力了。批评佛教的人们，在把佛教只作为记述于《阿含经》与巴利文佛典之中的一种言教体系加以理解时，往往忘了此点。如前所述，佛教也是佛弟子们以佛陀其人为基础所建立的一种体制，故而对于这优秀导师的精神亦有更为确

---

① 例如，十目：佛、法、僧、戒、施、天、净、出入息、无常及死。五项：不净、烦恼、呼吸、缘生以及佛陀。四观：观身不净，观受为苦，观心无常，观法无我。

实的肯定。而这便是禅一向以其本身的方式进行的事情——以修习禅那为手段,更为深入地、更为积极地并更为广泛地推展开悟的观念。以与整个的佛教精神取得一致,以净除生命的盲目冲动,并因彻悟人生的真正价值而得圣化的生活。

七、禅与《楞伽经》

在自公元第一世纪传入中国的许多佛经之中,比其他经典,至少是比达摩时代即已出现的其他经典,更能明白而又直接地解释禅的原理的一部——是《楞伽经》。实在说来,正如禅宗信徒所恰当地宣称的一样,禅只是直接诉诸佛陀的悟心,而不以任何书写记录的文献为其建立的权威。它拒绝以其他种种不同的方式去做任何与外向主义有关的事情;甚至连被认为直接出自佛陀之口而被视为神圣的那些经典或文字遗著,亦如我们已在前面提过的一样,以未触及禅的内在事实而受到轻视。因此,它所述及的是世尊拈花与迦叶微笑之间的那段神秘对话。然而,作为中国禅宗初祖的达摩,却把中国当时已有、以讲述禅理为主的唯一文字典籍《楞伽经》这部经书,传给他的第一个中国弟子慧可。

当禅毫无条件地强调个人的直接经验为其建立的根本事实时,它自然可以无视所有一切被认为对它的真理完全无关紧要的经教资源;而它的信徒之所以忽视了对经的研习,也就是基于这个原则。但是,为了向尚未掌握禅的根本,但想知道关于禅的种种的人说明禅的立场,那就不妨引证某个外在的权威或依据,并诉诸它的真理完全合调的概念论证。这就是达摩何以从中国当时已有的许多佛典之中选上《楞伽经》这部经的原因。因此,我们必须以此种心境去接近这部《楞伽经》。

这部经原有四种中文译本,今存三种,其中最后一种已散失了。第一种计有四卷,为刘宋时代的求那跋陀罗(Gunabhadra)所译,名为《楞伽阿跋多罗实经》,又称《四卷楞伽》;第二种计有十卷,为元魏时代的菩提留支(Bodhiruci)所译,称为《入楞伽经》,又称《十卷楞伽》；第三种出于唐代的实叉难陀（śikshānanda）之手，计有七卷，名为《大乘入楞伽经》，又称《七卷楞伽》。上列第三种最易了解，第一种最难明白，而达摩以其含有"心髓"传给他的弟子慧可的一种，就是这最难明白的第一种，亦即《四卷楞伽》。这个译本的内容与形式两方面，都反映出了这部经的最古经文，而以它所著的种种注释，都可在现代的日本找到。

此经与其他大乘经典不同之处，最值得我们注意的约有下列几点：第一，此经的主题并不像其他绝大多数经典一样作有系列的开展，全书只是一系列长短不等的解述；第二，此经里面没有任何超自然的神秘现象，所述的皆是与全经中心教理有关的深切的哲学与宗教观念，由于文字简洁而文意古奥，故而颇难体会；第三，此经完全以佛陀与大慧菩萨之间的对话方式出之，不像其他的大乘经典，除了一一对讲的佛陀本人之外，主要角色通常皆不止一个；最后，此经里面没有真言或神咒，亦即没有被认为具有神力的那些神秘符号与程式。单是上列特性就足以使得这部《楞伽经》在整个大乘学派的经典中占据一个独特的地位了。

关于这部《楞伽经》的特性，我要述及的是求那跋陀罗的第一部中文译著。其后的两部新增了三品：其中作为第三章的一品，是全经的一种序言，叙述经文本身所要讨论的主要问题；其余两品附于全经之末，其一是一个简略的咒文选集，另一品是一个名叫"伽陀"（Gāthā）的结论，是以韵语的方式综述全经的内容。但它没有构成一种"正式结讫"，以便全部听众一起赞美佛德并保证"信受奉行"的那段文字。毫无疑问的，这新增的三品都是后来加上去的。

《楞伽经》的主要论题是开悟的内容，亦即与大乘佛教的伟大宗教真理相关的自内证经验（pratyātmagati）。本经的绝大多数读者都没有看出此点，因而说它所讲的主要是"五法"（the Five Dharmas）、"三自性"（the Three Haracteristics of Reality）、"八识"（the Eight Kinds of Cosciousness）以及"二无我"（the Two Forms of Non Ego）。

诚然，此经反映了无著和世亲所倡导的心理学派（亦即"唯识宗"），譬如，它称阿赖耶识（Ālayavijñāna）为一切业种的储藏室，即是一例；但是，实在说来，此处以及其他引证之处，并未构成本经的中心思想；它们只是被用来解释佛陀的"自觉圣智"或"自证圣智"（pratyāt māryajñāna）而已。由此可见，大慧在楞伽山顶在大众面前赞罢佛德之后，佛陀对于此经所讲的主要主题所做的宣布，说得非常明白。不论如何，且让我们先来引述大慧菩萨所述的那首赞美歌吧，因为，它不但以简洁而又明确的态度综述了大乘佛教的一切要义，并且还举示了我所说到的开悟与慈爱的合一或"智悲双运"。

这首赞佛偈说道：

世间离生灭，犹如虚空华。
智不得有无，而兴大悲心。

一切法如幻，远离于心识。
智不得有无，而兴大悲心。

远离于断常，世间恒如梦。
智不得有无，而兴大悲心。

知人法无我，烦恼及尔焰。
常清净无相，而兴大悲心。

一切无涅槃，无有涅槃佛。
无有佛涅槃，远离觉所觉。
若有若无有，是二悉俱离。

牟尼寂静观，是则远离生。
是名为不取，今世后世静。

接着，佛陀说道："汝等诸佛子，今皆恣所问。我常为汝说自觉之境界(Pratyātmagatigocaram)。"此语非常明白，对于《楞伽经》的主题问题，绝无讨论的余地。所谓"五法""三自性"等等术语，只有在佛陀解释主要问题的时候才被提及。

如前所述，在另外两种含有若干外加品数的译本中，一本正式分为十品，另一本分为八品。而求那跋陀罗的最早译本，全书仅有一品，亦即"一切佛语心品"(The Gist of all the Buddhawords) 为求译所没有的第一个外加品，有一个显著的特色，以佛陀与楞伽岛夜叉王罗婆那对话的方式将全经做了一个概括的说明。佛陀自龙宫出来，看了楞伽城堡之后微笑着表示，该地为过去一切诸佛说法之处，其所说法，为内在意识之妙悟，非逻辑推理之分析知识可到，非外道、声闻、缘觉所得之心境可晓。接着，佛陀表示，为了这个缘故，他将为这位夜叉王罗婆那说这个法。后者听了这话，即以种种贵重贡品献佛，并以偈歌颂佛的见地与功德后云："世尊，导我以即心自性之教，导我以无偏无染的法我之教，导我以在您的最内意识中实现之教。"（此处，《十卷楞伽》的译语是："心具于法藏，离无我见垢，世尊说诸行，内心所知法。"《七卷楞伽》的译语是："心自性法藏，无我离见垢。智证之所知，愿佛与宣说！"）到了此品的结尾之处，佛陀再度肯定他的自内证亦即觉悟之道云："此事如人自见镜中或水中之像，自见月下或灯下之影，自听山谷回响；有如一个人执着于他自己的不实假定，以致错误地判别真幻，而这种错误的判别则使他无法超越互相对立的二元论，实在说来，他怀抱虚幻而不能得到平静。所谓平静就是心一境性，而所谓心一境性就是进入深妙三昧，得证自觉圣智的境界，而这便是如来的容器。"（此节的《十卷楞伽》译意是："譬如镜中像自见像，譬如水中影自见影，如月灯光在反室中。影自见影，如空中响，声自山声，取以为声。若加是取法与非法，皆是虚妄妄想分别，是故不知法及非法，增长虚妄，不得寂灭。寂灭者，名为一心；一心者，名为如来藏，入自内身智慧境界，得无生法忍三昧。"《七卷楞伽》的译语是："譬如有人，于水镜中自见其像，于灯月中自见其影，于山谷中自闻其声，便生分别而起取着。此亦如是，法与非法，唯是分别，由分别故不能舍离，但更增长一切虚妄，不得寂灭。寂灭者，所谓一缘，一缘者，是最胜三昧，从此能生自证圣智，以如来藏而为境界。")

由上面所引各节经文看来，当不难看出达摩独荐此经给他弟子精究的原因。为了更进一步使读者了解此经在印度与中国的历史研究中所占的重要地位，我要再引一些东西，借以显示自证自觉之教在此经之中的发展情形。

依照笔者所见，释迦牟尼成佛时所得的阿耨多罗三藐三菩提（"无上正等正觉"），可从超越有与无的分别（nāsy-asti-vikalpa）之见而得实现。这种有与无的分别之见——抱持二元论的看法——是一种根本的错误，是他在达到自觉境界之前必须首先去除的观念。这种错误出在未能体会到万法皆空（śūnya）、无生（anutpāda）、不二（advaya）、没有不变的自性（nihsvabhāvalakshana）。所谓万法皆空，主要是指它们的存在乃是完全的相互依存，没有自体可得，如经彻底的分析而得一逻辑的结果，其间毕竟没有任何东西可以分彼分此，是故经云：Sva para-ubhaya-abhāvāt.（无自无他无二者。）此是其一。其次，万法非生而有，因为它们既非自生，亦非由某个外在的动力创生。第三，它们的存在既然是互相依存，则二元论的世界观即非究竟，因此，依据这种错误的"分别"（vikalpa）到生死之外去求涅槃，或到涅槃之外求生死，亦属错误的想法。第四，这种相互依存的原理，在于否认个别的自体为绝对的实体，因为世间没有一样东西可以保持它的个体而得超于相对或互变的条件限制之外——实在说来，存在就是变化。

因为这些缘故，我们只有超越理智的第一种作用，亦即本经所说的"分别"（Parikalpa or Vikalpa），才能证得开悟的真理。对于这种分别作用——心灵的分析倾向或意识的根本二元论性向——提出如此的警诫，乃是本经一再反复的迭唱，而从另一方面看来，则本经又不遗余力地强调自证自觉的重要性，而此种自觉自证亦只有克服这种根本的倾向始可实现。

从超越此种理智的作用而证第一义谛（Paramārthasatya），亦即主观上构成"自觉圣智"的究竟真理，同时也是宇宙的常任法则（Paurānasthitidharmatā）。这种内证的真理，从种种不同的关系角度来看，可有种种不同的名称，用以表示人类的种种活动——道德上的、精神上的、理智上的、实际上的以及心理上的活动。菩提（Bodhi）含有觉悟的意思，大乘与小乘经典均用它指称完全净除无明的心灵；真如（Tathatā or Bhūtatā）是形而上学的用语；涅槃（Nirvāna）被视为一种完全消除烦恼的精神境界；如来藏（Tathāgatagarbha）一词的含意是心理学的成分多于本体论的成分；心（Citta）之一字的用处，多半属于心意识系列的术语，例如意识（Manas）、末那识（Manovijñāna）以及其他诸识，故与菩提或自觉圣智并不一定为同义语——除非以清净等类的形容词加以修饰；性空（śūnyatā）是一个消极性的否定用语，显然属于认识论的一类，佛教学者，尤其是般若空宗的学者，都很喜欢采用它，而我们这里亦可看出的是，本经亦不时采用。然而，毋庸赘言的是，所有这些同义语，只有被当作一种指呈自觉内容的路标加以运用时，才有助益。

除了上面所举的用语之外，尚有两三个在此经中一再复述，借以描述大乘经典中心意念的片语。实在说来，这些片语的意义如能与"心"和"识"等等的论述一并掌握的话，本经里面所讲述的禅的整个哲理，也就逐渐明朗了，而与之相通的一般大乘思想倾向，也就跟着了然了。这些片语的梵文原文是："Vāg-viKalpa-ahita" or "Vāg-aKshara-prativikalpanam vinihata" or "śāśvata-uccheda-sad-asad-drishti-vivarjita"。这些都是读者在本经里面所常碰见的片语。其中第一、二个片语所指的意思是：此种圣智的内在内容非文字语言和分析推理所可得而知之，而第三个片语所说的意义则是：究竟的真理无法在永恒论（eternalism）、虚无论（nihilism）、实在论（realism）或非实在论（non-realism）的当中求得。

此经有时甚至说："大慧……诸修多罗（契经）悉随众生希望心故，为分别说，显示其义，而非真实在于言论，如鹿渴想，诳惑群鹿，鹿于彼相计着水性，而彼无水。如是一切修多罗所说诸法，为今愚夫发欢喜故，非实圣智在于言说。是故，当依于义，莫著言说！"[①]

这些形容词和片语所指的意旨是：开悟或自证的境界无法用概念的思

---

① 见南条版《楞伽经》第七十七页。

维加以解释，而它的证得必须从个人自己的内心之中发出，非经典教说或他人的帮助所可达到。因为，可将吾人带上自觉圣智之境所需要的一切，都在吾人心中，而所有这一切，只因无始以来由于错误的分别且染着于心，以至而今处于一种混乱状态而已，故而需要诸佛的肯定或传法。但是，除非我们自己能将本身的精神力量完全集中在自求解脱的工作上面，否则，纵使有了诸佛的肯定或传法，那也不能使我们觉醒到开悟的境地。因此，经中推荐禅那法门，作为得证最内意识真理的工具。

然而，《楞伽经》中所说的禅那，观念上与我们通常所知的小乘经典[①]中所说的禅那，亦即本文此前所说的那些禅那并不相同。本经分禅那为四种：其一是声闻、缘觉以及瑜伽行者等类的愚夫之人（bālopacārika）所行禅。他们"知人无我，见自他身骨锁相连，皆是无常、苦、不净相。如是观察，坚着不舍,渐次增胜,至无想灭定"。第二种名为"观察义"（artha-pravicaya）禅，所谓"观察"，就是对佛教的或非佛教的陈词或前提，例如"知自共相人无我已，亦离外道自作俱作，于法无我诸地相义，随顺观察"如此等等，作知性的检讨；习者将这些主题逐一检讨之后，便将他的思想转向诸法无我（dharmanairātmya）和菩萨修行的种种阶位（Bbūmi），最后与其中所含的意义取得一致。第三种叫作"攀缘如"（tathatālambana）禅，学者以此体悟到，"若分别无我有法二种，是虚妄念"，仍然不出分析的思维，"若如实（yathābhūtam）知,彼念不起"，便知此种分析为不通而得唯一的绝对"一性"（oneness）。第四种名为"如来禅"（Tathāgata-dhyāna），学者在此禅中进入

---

① 但《杂阿含经》第三十三卷（增支部尼柯耶集经 XI, 10）有一部经谈到与强梁马禅（khalunka jhaña）不同的真实禅（ajaniya-jhaña）。前者"如强梁马，系槽枥上，彼马不念我所应作、所不应作，但念谷草。如是丈夫于贪欲缠多修习故，彼以贪欲心思惟，于出离道不如实知，心常驰骋，随贪欲缠而求正受；恚、睡眠、掉悔、疑多修习故，于出离道不如实知，以盖恚心思惟，以求正受。诜陀，若真生马，系槽枥上,不念水草，但作是念驾乘之事。如是丈夫不念贪欲缠住，于出离如实知，不以贪欲缠而求正受；亦不恚、睡眠、掉悔、缠缠多住，于出离恚、睡眠、掉悔、疑缠如实知，不以疑缠而求正受。如是诜陀，比丘如是禅者，不依地修禅，不依水、火、风、空、识、无所有、非想非非想而修禅，不依此世，不依他世，非日、月，非见、闻、觉、识，非得、非求、非随觉、非随观而修禅。"由此可见，这种"真实禅"，正如《尼柯耶集经》中的这部经所描述的一样，可说是大乘的意味多于小乘的禅。

佛的果位,"住自证圣智三种乐,为诸众生作不思议事"。

在上面所述的诸种禅那之中,我们可以看出佛徒生活的逐渐完美,以佛果的究竟精神解脱为其顶点,而这不但不是任何理智条件所可达到,同时也不是相对意识思维所可得知的境界。由这种精神解脱而生的种种不可思议(acintya)的妙行,术语名为"无功用"(anābhogacaryā)或"无所为行",正如已在别处曾提过的一样,指佛徒生命的完成。

《楞伽经》就是这样由达摩祖师传给他的第一个中国弟子慧可,因为它是对禅的教理最具启示性的文献。但是,不用说,禅在中国的发展自然没有依照此经所指的路线进行——也就是说它并没有依照印度的模式发展下来;"楞伽禅"所移植的这块土地,并没有像其原来出生的那个水土气候一样有利于它的成长。禅被注入了如来禅的生命和精神,但它却创造了它自己的表现方式。事实上,它那奇妙的生命力和适应力却也就在此处显示出来。

八、中国禅的开悟之说

若要了解开悟或自觉之说如何在中国被翻造而成禅的佛教,首先我们必须看清中国人的心窍与印度人的心灵大体有一些什么不同之处。我们一旦看清此点之后,就会明白禅何以是在佛教遭遇种种横逆,但终于移植成功的中国土壤之中长成的自然产物了。粗略地说,就其最最显著的特性而言,中国人是一群极为实际的人,而与之相对的印度人,则是富于幻想和冥想的。我们也许不能说中国人缺乏想象力和戏剧感,但与佛陀的故国居民比较起来,他们显得极其严肃、极其实际。

每一个国家的地理特征悉皆反映于它的人民之中。热带的旺盛想象与寒带的实际沉着,恰好成一鲜明的对比。印度人敏于理论的剖析和诗歌的飞扬;中国人是大地的儿女,他们脚踏实地,不作天马行空之想。他们的日常生活在于耕田、播种、除草、引水、做买卖、孝敬父母、遵行社会义务,发展出一套极为精微的礼仪制度。这里所谓"实际",从某方面来看,可说就是富于历史感,观察时代的进展,如实地记述其发展的轨迹。中国人大可以他们的伟大记述家身份自豪,与印度人的缺乏历史观念比对而观,真有天壤之别!并且,中国人有了纸墨印刷的书本尚嫌不够,还要将他们的行迹深深地雕在石头或岩石上面,因而发展出一套特别的石刻艺术。这种记载史实的习惯,发展了他们的文学创作,而他们亦甚爱好文学,一点也不好战,他们喜欢过一种和平的文化生活。他们在这方面的弱点,是为了文学的效果而不惜牺牲事实。优美的修辞之爱,往往盖过他们的实际之感,不过,这也是他们的艺术之一。即使是在这方面,他们也有适度的自制;他们的头脑相当清醒,从来不让他们的想象达到我们在大多数大乘经典中所读到的那种奇想。

中国人有许多伟大的地方,他们的建筑确实伟大,而他们的文学成就亦不逊于世界平均水准,但逻辑和推理则非他们的长处,而哲理和假想亦非他们的优点。当初印度佛教带着它所特具的因明之学和种种形象进入中国之时,必曾使得中国人的心灵因为意外而吓了一跳。看看它那些多头多臂的神明,可说是他们连做梦也没有想到过的东西——实在说来,不仅是中国人没有想到过,凡是印度人以外的人,恐怕也都没有想到过。想想佛教文学赋予众生的那些象征,是多么的繁复!数学上的"无限"观念,菩萨们的救世计划,佛陀说法之前所设的那种舞台布景,不仅是在它们的外在轮廓方面,就连在它们内部细节方面,也都显得极其豪放而又精确,看似天马行空,却又步步踏实——所有这些以及其他许多特色,在崇俭务实的中国人看来,必然都是一些不可思议的奇迹。

关于印度人和中国人的想象力,我们只要从大乘经典中引用一段文字,就足以使读者相信这两个民族的心灵是如何的不同了。《妙法莲华经》中,佛陀欲将他自成无上正等正觉以来的时间之久印入他的弟子心中;他既未说他在迦耶城附近的菩提树下开悟只是若干可数年代之前的事,也未以通常的办法,就像中国人很可能会说的一样,说那是若干年前或很久以前的事,而是以一种极富分析意味的方式形容他的开悟已有多么久远的时间。

"然善男子,我实成佛以来,无量无边百千万亿那由他劫。譬如五百千万亿那由他阿僧祇三千大千世界，假使有人末为微尘，过于东方五百千万亿那由他阿僧祇国，乃下一尘，如是东行，尽是微尘。诸善男子，于意云何？是诸世界，可得思维计较知其数不？"

弥勒菩萨等具白佛言："世尊，是诸世界，无量无边，非算数所知；亦非心力所及；一切声闻、辟支佛、以无漏智，不能思维知其限数；我等住阿惟越致地，于是事中，亦所不达。世尊，如是诸世界，无量无边。"

尔时佛告大菩萨众："诸善男子！今当分明宣语汝等。是诸世界，若着微尘及不着者，尽以为尘，一尘一劫，我成佛以来，复过于此百千万亿那由他阿僧祇劫。"[1]

如上所述的数字观念和描述方法，当是中国人的心灵从未想到的。不用说，他们可以构想久远的时间和伟大的成就，并不逊于任何其他民族；但是，以印度哲人的辩法表现贤阔的观念，就非他们的理解所及了。

当某些东西非概念的描述所可表示，但又可以被拿来传达给别人时，绝大多数人的办法，不是保持沉默，就是宣称它们非言语所可诠释，再不然就是用否定的言辞说它们"非这""非那"，甚或，假如其人为一哲学家的话，就著书立说，说明此等论题如何如何无法用逻辑的办法加以讨论。然而，印度人却发现了一个颇为奇特的办法，用以举示无法用分析推理加以说明的哲学真理。他们运用神通或超自然现象举示通常无法举示的东西。于是，他们使得佛陀成为一位伟大的魔术师；不仅是佛陀本人，几乎在大乘经典中登场的所有主要角色，都变成魔术家了。而从我的观点看来，这正是大乘经典最为吸引人的特色之一——将不可思议的超自然现象与深奥难解的宗教哲理互相关联起来加以描述。也许有人认为，这样做简直是一种儿戏，未免有损身为伟大宗教导师的佛陀的尊严。但这只是一种肤浅的说法。印度的唯心主义者有比这更佳的认识；他们有一种更为透彻的想象

---

[1] 参见堪（Kern）《东方圣书》(*Sacred Books of the East*) 卷二十一，第二九九至三三〇页。

力，每逢知性的能力感到技穷之时，便用这种想象力来解决问题，而结果总是产生不可思议的效果。

我们必须明白大乘学者的动机，他们使得佛陀行使这些魔术特技，目的在于运用此等形象举示一般人智所无法举示的法性。逢到理智无法剖析佛性的实质时，他们的丰富想象力便出而以观想的办法协助他们解决此种困难。每当我们运用逻辑的方法解释开悟的境界时，我们总会感到自己陷入纠缠不清的矛盾之中。但当我们诉诸象征的想象时——尤其是在一个人特别富于这种能力时——这个问题便较易领会而得到解决。至少，这似乎曾是印度人构想不思议意义的方式。

当维摩诘居士被舍利弗问道：像这样小得仅可容纳他自己一席坐地的房间，今有成千上万的菩萨、罗汉以及天人随同文殊师利来看这位病了的哲人，究竟坐哪里呢？维摩诘知其心念，即问道："仁者为法来耶？为床座来耶？"而当维摩诘居士听文殊师利说须弥相世界有上妙功德收成之狮子座时，他就要求那个世界中的须弥灯王佛供应高八万四千由旬（约数百万公里）且严饰第一的狮子座三万二千只。而当这些高广大座被搬进来时，他那原来只可容纳一席的房间，不但容纳了文殊师利所带来的大众，使得人人皆有舒服的座位可坐，而无所妨碍，就是对于整个毗耶离城及阎浮提乃至四天下，亦无追促之感。舍利弗见了这个不可思议的超自然现象，心里自是惊异非常，而维摩诘居士却对他解释说："诸佛菩萨有解脱，名不可思议。菩萨住是解脱者，以须弥之高广，内（纳）芥子中，无所增减，须弥山王本相如故……又以四大海水入一毛孔，不娆鱼、鳖、鼋、鼍水性之属，而彼大海本相如故……"总之，精神世界是不受时间和空间限制的宇宙。

下面再从《楞伽经》第一品中另举一例，此品为最古的中文译本中所无。当罗婆那国王要求佛陀令大慧菩萨开示他的自证内容时，这位国王出其不意地发现他的山中居处忽然变成无数的宝石山，而且装饰得极其庄严华丽，犹如天宫。而每座山上皆有佛陀出现，而每一位佛陀面前皆有这位国王本人及其会众乃至十方世界一切诸国，而每一个国家里面都有如来出现于世，而每一位如来的面前又有这位国王，他的眷属、宫殿、花园，装饰得跟他自己的完全一样。并且，在这些无数的会众之中，每一个会聚中皆有大意菩萨请求佛陀宣布他的内在精神经验的内涵；而当佛陀以百千万种微妙声音结束这个题目的说法时，所有这一切的景象也就跟着忽然消失了，而佛陀及其所带领的菩萨和众弟子也就不见了。于是，这位国王也就发现他自己一人独处在他古老的宫殿之中了。于是国王在心里想："问者是谁呢？听者又是谁呢？出现在我面前的那些东西又是什么呢？那是一场梦境，还是一种幻象呢？"接着，他又想："事情总是这样，全是自心的造物。心灵分别时，便有重重事物出现；但当心灵不分别时，它便澈见事物的真正状态了。"他作此思维之后，便听到一个声音在空中但也在他的宫中论道："国王，你的思维很对！你应该依照你的所见而行。"

　　大乘经典并不是记述佛陀超越一切时间与空间以及人类身心活动的相对情况之神通能力的唯一记述者。在这方面，巴利文经典绝不落后于大乘经典。佛陀不但有"三知"或"三达"：能知未来的生死因果（天眼知），能知过去的生死因果（宿命知），能知现在的烦恼而断尽之（漏尽知）；而且，还有所谓的"三通"，能够行使秘密通、教化通以及显现通。不过，如果我们将《尼柯耶集经》中所述的那些神迹做一番描述的话，当可看出，它们除了赞叹和神化佛陀的人格之外，并没有其他的目的可见。

　　这些神通的记述者们必然曾经想到，他们这样做，可以使得他们的祖师显得不但比他们的对手伟大，更是超于一切普通凡夫之上。从我们现代人的观点看来，想象他们的祖师所行的任何超常的行为，就像我们在《坚固经》中读到的一样，可以吸引人们注意佛教并因此承认它的优越价值，可以说是一种颇为孩子气的想法。但在古时的印度，一般大众，乃至饱学之士，对于不可思议的超自然现象，莫不皆有一分神往之情，而佛教徒们尽量利用这种信念，也就自然而然、不足为奇了。然而，当我们谈到大乘经典时，我们不但会看出，此中所述的更为堂皇的神通奇迹，与这里所说的超自然现象，或与任何外在的动机、如自我宣传或自我夸奖之类，并无直接关系，而且更会明白，它们与经中所说的教理本身，倒有紧要而又密切的关联。举例言之，在《般若波罗蜜多心经》中，佛身的每一个部分悉皆同时放射无量光线,当下照见多重世界的最远之端,而在《华严经》(*Avatamsaka Sutra*) 中,佛身的各种不同部分则在种种不同的情况下放射不同的光芒。在《妙法莲华经》中,一道光线从佛陀的层间轮中放出,照见东方十万八千佛国之中的每一个众生,甚至把那名为"无间"的最深地狱之中的众生也都照到了。显而易见的是,这些大乘经典的执笔人,在描述佛陀的神通威力时,必曾想到某种不同于《尼柯耶集经》的编者们所述的东西。那是什么东西,我已以一种极其通常的方式在此指出了。对于大乘佛教的神通现象,如果做一个详细而有系统的研究,毫无疑问的,那将是一件颇为有趣的事情。

不论如何,单就上面所指的例子,我想已经足够建立我的论点了:大乘佛教经典运用不可思议的超自然现象,目的在于举示理智无法体会精神的事实。对于此种事实,哲学家穷心竭虑地以逻辑的办法加以解释,而维摩诘居士则跟吠陀神秘学者巴婆 (Bāhva) 闭口不言。尽管不以缄口为满足的印度大乘学者,更进一步运用了超自然的象征手法,但另辟路径的中国禅学,却将这种"默然"或"良久"的办法保留了下来,依照他们自己的需要和见地,用以解决这种至高至深、佛教中名为"觉悟"或"开悟"的精神体验成表达之难。

中国人不像印度人,不喜欢葬身于神秘的超自然云雾之中。庄子和列子是古代中国最接近印度型心灵的人物,但他们的神秘主义,在堂皇、细致以及想象的飞扬方面,都不类印度的大乘学者。庄子顶多也只是骑在"其翼若垂天之云"的大鹏背上乘虚遨游而已;而列子亦只是命令风云作他的御者罢了。后期的道家经过多年的苦修并吞服一种由稀有药草配成的仙丹之后,便梦想升天。因此,中国有许多道家,隐居人迹罕至的深山僻谷之中。虽然如此,但是,中国历史中却没有可与维摩诘或文殊乃至任何罗汉相提并论的圣者或哲人。儒家所说的君子"不语怪力乱神",可说是中国人心的最佳写照。中华民族是彻底实际的民族。对于开悟之说,他们必须有属于他们自己的解释方式,才能用于他们的日常生活,因此,他们不得不自创禅的法门,借以表达他们的最内精神体验。

假如这种超自然的形象不能投合稳健的中国人心的话，那么奉行开悟之道的中国信徒又怎样设法来表达他们自己呢？他们采用性空之学的理智方法了么？没有，这种方法不但不合他们的口味，同时也不是他们的心量所及。《般若波罗蜜多心经》是印度人的创作，而不是中国人的作品。他们也许可以推出一位庄子或六朝时代的那些道教梦想家，但找不出一位龙树或商羯罗来。

中国人的天才以另一种方式展示它的本身。当他们开始将佛教视为一种开悟之教而加以吸收同化时，对于他们那种具体实际的心灵而言，唯一的办法是创造一个禅宗。当我们看罢印度大乘学者所展示的那些奇妙的神通和中观论者所展示的那种高度抽象的思维再来看禅时，景象的变换又是怎样的呢？佛陀的额前既不放光，菩萨们也不在你面前显现，事实上，没有一样东西足以使你感到奇特非凡，没有一样东西非你的知性所可理解，没有一样东西出乎逻辑的推理之外。这些与你共处一地的人全都跟你自己一样属于凡俗之辈，既没有抽象的观念向你表示，更没有微妙的辩证与你较量。是山皆朝天，是水皆归海。松直棘曲，柳绿花红，本来如此，并无奇特。而当月上青天之时，诗人才略带醉意，吟上一支长安之曲。我们也许会说：太平凡、太平常了，但这正是中国人的心灵，而佛教就在它的里面成长。

有人来问什么是佛，禅师只是指指佛殿里的佛像，既不给出任何解释，更不晓以任何论证。当心灵是讨论的主体时，一位僧人问，"究竟什么是心呢？"禅师答云："心。"问者云："学人不懂。"禅师迅即答云："我也不懂。"又有一僧，担心永生的问题："要怎样才能脱离生死的束缚呢？"禅师答云："你在哪里？"一般而言，禅宗大德既不把时间虚费在答问上面，更不与你蘑菇论证。他们总是随问随答，可谓如击石火、如闪电光、斩钉截铁、简洁而又决断。有人问："如何是佛教的大意？"禅师答云："这柄扇子扇得我好凉爽！"这是一个多么实在的答法！在禅的教学课程中，不仅是那个不可或缺的公式——佛教的"四圣谛"——在此显然没有用武之地，就是《般若波罗蜜多心经》中那种总是犹如谜语一般的陈述——"taccittam yaccittam acittam"——对我们也无可奈何。

云门禅师某次登上讲坛说道："我宗无语句。如何是宗门极则事？"如此自问之后，复展两臂，随即下座。这就是中国佛教徒解释开悟之理所用的办法，这就是他们说明《楞伽经》所说的"自觉圣智境界"（Pratyātmajñānagocara）所用的方法。并且，对于中国佛教徒而言，这是唯一可行的办法——对于佛陀的内证经验，既不用理智的或分析的方式加以举示，又不用超自然的办法加以暗示，而只以吾人的实际生活加以直接展示。因为，所谓生活，就以吾人具体所过的生活而言，总是超于概念和形象，非概念和形象所可触及的。我们若要了解它，就必须潜入到它的里面，与它作实际的接触才行；从它上面取下或割下一片来加以检视，那无疑是将它杀害了；当你想到你已刺入它的核心时，它已不再存在了，因为，它既已不再活着，也就不能动弹，也就完全干枯了。因此，自从达摩东来之后，中国人的心灵就在为如何以适于表现他们本身情感和思想的本国衣衫展示开悟之理的问题着想了，而直到六祖慧能之时，他们才满意地解决了这个问题，而建立以禅为宗的这个伟大工作，才算完成。

我们说，禅是中国人的心灵彻悟了佛陀言教之后所要的东西，可由两个无可置疑的史实得到证明：其一，禅宗建立之后，开悟的教理也就统治了整个中国，其他各宗，除了净土之外，悉因难以为继而陆续凋萎；其次，佛教在一变而为禅宗之前，一直未能与中国的固有思想，亦即儒家思想，形成一种密切的关系。

首先，且让我们看看禅如何统御中国人的精神生活。有关开悟的内在意义，在早期的中国佛教中，尚未得到真正的体认——除了知识上的认识。自然，认为中国人的心灵不如印度人，也就在于此点。如前所述，大乘哲学的豪迈与微妙，必然曾使中国人的心窍惊异不止，因为，实际说来，在佛教引入之前，他们几乎没有值得一提的思想体系——除了道德或伦理之学。对于后者，他们自会意识到他们自己的力量；即连义净和玄奘那样热切研究瑜伽心学和华严哲学的虔诚佛教徒，也都承认此点；他们认为，就道德文化而言，他们的祖国优于他们的佛国，至少，就此点而言，他们是用不着向印度学习的。

在饱学而又虔诚的中印学者合作之下，迅捷而又不断地将大乘经典和论著译成中文后，中国人的心灵遂被引导着探索一个一直尚未深入的境域。在早期的中国佛教史传中，我们可以看出，经论的注释家、阐发家以及有关的哲学家，数量上远远超过翻译家和所谓的禅家。首先，这些佛教学者忙于以理智的方式吸收大乘经典里面所提出的种种学理。此等学理不但深奥又繁复，而且彼此互相矛盾——至少是表面看来如此。这些学者如欲潜入佛教思想的深处，就非得先对此种纠缠不清的葛藤下一番整理的工夫不可。如果他们长于批评的话，这事做来倒也不难，但那却是无法指望早期佛教学者去做的事情；因为，善于批评的学者，即使是在现在这个时代，有时仍有被人认为不很虔诚和不太正派的危险。他们对于大乘经典的真实性没有一丝疑影，完全相信它们直接记自佛陀的亲口所宣，一字不差，因此，他们只有或必须想出一些调和的办法，把经中所说种种相异的教说融通起来。他们必须明白的是：佛陀出现于这个愚昧、腐败、永远屈从轮回之业的人间，主要的目的究竟是什么？这些佛教哲学家在这方面所做的努力，结果就成了所谓的"中国佛学"（Chinese Buddhism）。

就在这种知识的吸收和同化继续进行的过程当中，另一方面，也有人对于佛教的实践或修行的一面，在做着热切的修持的功夫。有的做了律藏的奉行者，有的则专心致志于禅定的专修。但此处所谓的禅并不是禅宗所说的禅，那是一种观想法门，就是集中心力，专门观想诸法无常、无我、因果相续或佛的德性等等东西。就连身为禅宗初祖的达摩祖师，也曾被列为此类禅那高僧，这也就是说，他作为佛教一个全新宗派的导师所建的特别功绩，并未完全受到体认。这是不可避免的事情，此盖由于，直到此时，中国人尚未完全能够接受此种新型的东西——直到此时，对于与开悟有关的教理，他们不仅才摸到一点边边，而且还是不适当的。

不过，关于开悟的要义，就其实际的诸面而言，并没有完全被忽视于错综复杂的学理迷宫之中。例如，作为天台宗的创立人之一，且身为中国最伟大的佛教哲人的智颛大师（531—597），就曾完全警觉到禅那为入悟之门的意义。尽管他用了全副的分析能力去做分析教理的工作，但他在思索之暇，仍有足够的余地去做禅修的功课。他所著有关"止观"（Tranquillization and Contemplation）的著述，在这方面说得非常明白。他的意念使理智的与精神的运作得到完全的调和，既不特别强调三昧（定、止）而牺牲般若（慧、观），亦不特别侧重般若而牺牲三昧。不幸的是，他的后继者愈来愈倾向一边，乃至为了知解而忘了禅修，甚至对于禅宗的提倡者采取反对的态度，不过，关于此点，后者或多或少也得负些责任。

禅之所以变成中国佛教，始自菩提达摩（寂于 528 年）[①]。他开始推展这一运动，使它在一个崇俭务实的民族中开花结果。当初他宣布这一信息时，它的里面仍然带有印度的色彩，因为，他总不能一下完全摆脱当时的佛教玄学。他之借喻于《金刚三昧》与《楞伽经》，自是自然不过的事情，但禅的种子却也因此由他一手播下了。自此以后，就由他的当地弟子加以照顾，使这些种子得以配合当地的水土繁荣滋长了。大约经过了两百年的培育之后，这些禅的种子终于结成了富于生命和活力的果实，不仅完全成功地移植、归化了中国，而且毫无遗余地保持了构成佛教的实质。

达摩之后的第六代祖师慧能（637—713），是真正的中国禅宗祖师，禅之能够抛掉从印度借来的外衣，而开始著上中国人亲身裁缝的法衣的，就是由他本人及其嫡传弟子努力的结果。当然，禅的精神仍然如故，仍如其从佛陀一线传来中国一样，但表现方式已是中国式的了，已是中国人的创作了。自此而后的禅宗崛起，自是显而易见了。在移植、归化期间即已储积的那种潜在能力，忽然之间在积极的作用之中爆发了开来，于是禅以一种近乎胜利的步伐占据了整个的中国。有唐一代（618—906），正是中国文化鼎盛的时期，伟大的禅师们也就在这个时期相继出世，建立寺院和清规，

[①]　关于此点以及其下有关各节，参见本书第一四九页所录《禅的历史：从初祖达摩到六祖慧能》一文。

指导学通儒家经典与大乘佛学的出家僧人与在家居士。对于禅宗的这些先知先觉，连帝王大臣也不甘后人，纷纷加以礼敬，并邀请他们到宫中或官邸说法开示。当佛教因政治原因而受到迫害，使得其他各宗损失许多宝贵文献、艺术作品而致一蹶不振时，独有禅宗所受影响最小，不但最先恢复旧观，而且以加倍的精神与热情更新它的活动。在整个中国被瓜分为若干小国的五代时期（约公元10世纪上半叶），在整个政治情况皆不宜于宗教成长的纷乱时代，禅宗仍旧兴盛如故，它的大师们亦使他们的禅林不受干扰。

待至宋朝（960—1279）兴起，在佛教其他各宗皆露出了迅速衰颓征象的时候，禅宗的发展与影响正达到它的顶点。到了展开元明两朝的史页时，所谓的"佛教"，就是禅宗了。原有的华严宗、天台宗、三论宗、俱舍宗、法相宗以及真言宗，纵使没有被政治迫害而完全扫除，也因缺乏新血而元气大伤了。不论如何，即使未受迫害，它们也会因为没有完全被中国人的思想和感情所吸收同化而夭折的；它们的里面含了太多的印度成分，以致它们难以完全适应当地的水土。不论情况如何，作为佛心精髓的禅宗总是持续不断地兴盛下来，致使凡是倾心佛教的人都竞相习禅而冷落了仍然一息尚存的其他各宗。

直到今天，仍然保持活力的唯一佛教形态，就是禅——为了适应佛教进入中国之后不久即已成长的净土趋势而有或多或少改变的禅。

禅在中国宗教史中之所以进入这种境地，是有原因的，而它之所以不采用跟佛教思想一同从印度进口的形象、概念以及思维方法，并以它的本身意识创造一种最宜解说开悟真理的独特文学，也是出于这个原因。这种禅林文学确有许多独特的地方，但最紧要的一点，却是与中国人的心理完全吻合，故而能够自然而然且强而有力地使他们佩服得五体投地。达摩教他的弟子直观佛陀言教的实质，不必理会外在的表现方式；对于开悟之学，他教他们不要顺从概念和分析的解释法。滞守经文的信徒反对这种做法，竭尽一切可能的办法阻止达摩之教的成长，但虽有重重阻碍，它还是成长而且壮大起来了。

他的弟子通达了体会佛教中心事实的艺术之后，便着手依照他们自己的办法,运用他们自己的术语,去向他们自己的弟子举示这个中心事实,对于传统佛教的以及从外国进口的舶来表现方法,也就不再理会了。他们并未完全抛弃古有的说法,因为,他们仍然述及佛陀、如来、涅槃、引提、三身、业力、轮回、解脱以及构成佛教本身的其他许多观念;但他们却也不再提到"因缘观""四圣谛"或"八正道"了。当我们阅读禅宗文学而事先不知它与佛教的关系时,我们也许会看不出其中所说的东西通常被视为佛教特有的物事。

  药山禅师(751—834)问僧:"甚处来?"僧云:"湖南来。"又问:"洞庭湖水满也未?"僧云:"未。"药山说:"许多时雨水,为什么未满?"对于此问,来僧无话可答。对此,药山的弟子道吾说:"满也!"另一位弟子云岩说:"湛湛地!"又一位弟子洞山说:"什么劫中曾增减来?"

  在这些对话中,我们能看出任何佛教的形迹吗?他们难道不像是在谈一件极其平常的事情么?然而,照这些禅师的话看来,他们的对白里却也充满了禅味哩!而禅宗文学里面却也多得是这些看来微不足道的琐事哩。实际说来,就禅所用的语句和举示的态度而言,看来它与佛教好像毫无关系似的,因而,正如本文开头所提及的一样,某些评论者几乎已经将禅指为佛教的中国变体了。

  在中国文学史中,叫作"语录"的禅宗文学自成一路,而唐宋时代的中国方言俗语,也就因为这些语录的流传而得以保存下来。那时的中国文人不曾用俗语俚言写作,多半刻意选用某些字眼、语句以及表现方法,借以强化文章的优美性。因此,如今我们可以读到的早期中国文化中的文学作品,都是出于这样一种文雅作风的模式。禅师们倒也未必轻视这种古典主义,他们也跟他们的同时代人一样喜爱优美文辞,因为他们也是受到良好教育而且学养俱佳的人;但是,他们感到方言俗语是一种更好、更有力量的媒介,更能表现他们的内在经验。这是一般宗教改革家常有的情形:他们所用的传达媒介,最宜于表达他们的感情,最适合他们所创的观物之道;

他们尽可能地避免运用实际生活中已不存在的陈腔滥调。活的经验须要活的语言加以表述，不应采用陈腐不堪的意象和概念。是故，禅师们那样做是事非得已，因此这才随意运用当时的生活语句。这还不够证明佛教在中国因了禅的关系转化而成当地人的一种新的创作，而不再是外来的一种洋货么？而禅宗的寿命之所以超越佛教其他各宗，亦正因为它能使它自己转化而成一种当地土产。换句话说，禅是中国人心之所以能够适应、欣赏以及同化佛教开悟之说的唯一形式。

我希望我已将佛教——亦即关悟之教——如何必须在中国转化而成禅宗，禅宗又如何以这种变形而得活过佛教其他各宗的情形，做了一个明白的举示。现在，且让我们看看前面曾提及的第二点，以便明白禅如何造就了宋代的理学。依我所见，佛教直到化而为禅之经，才对中国思想发生真正的影响，富于创造力的中国天才，才开始沿着一条比先秦哲学远为深切、更为理想的路线，缔造它自己的哲学。一点不错，佛教甚至在后汉时期就已在中国思想家之间发挥它的作用了，正如我们所见的一样，譬如，牟子作于公元190—220年之间的"理惑论"，即是一例。自此之后，为文讨论佛教业力、因果以及不灭之说的作者，就越来越多了；因为，这些都是经由佛教从印度引入中国的部分观念。

但是，打从第6世纪以后，与佛教发生热烈争论的，还是道教。佛教对道教产生影响，不仅是以辩论的方式而已，同时还实实在在塑造他们的思想和文学。道家与佛家之间曾有许多接触点；不用说，佛教在其不仅作为一种宗教体制，同时亦作为一种哲学与一种无穷知识财富的拥有者的地位和力量逐渐增长的时候，所针对的对象是道家；虽然，众所周知的是，佛教为了使它本身更易为当地的心灵接受起见，亦曾从道家那里借了不少东西。大体而言，就组织、仪式、文学以及哲理方面而言，道家所借自佛家的东西更多。道家仿造佛家的模式组合中国固有的一切民间迷信，建立一种宗教上的拼盘，把来自印度的元素与老子的理论，跟一般人希求长生不朽与世间财富的欲望以及他们所谓的"清净"，多少有些庞杂地混在一起。

但是，正如一般人所相信的一样，道教的里面由于容纳了太多的迷信，以致与包括政府官员在内的文人学者所代表、维护以及抱持的中国正统思想的主流,没有形成重要的接触。有不少地方,道教就是佛教的通俗而又迷信的中文译作,但有许多批评者,包括笔者在内,将会非常迟疑地认为佛教的精髓充分地译成了道家的语言,若非儒家被感动得将佛教思想吸入他们的体系之中,而且自然得使他们尝试重建儒家观念的整个架构——不只是为了调和,同时亦为了加深、丰富以及复活它而重建——我们就不能说佛教已经深入了中国人的思想生活之中,成了中国人心中的真正珍宝。但这是成于宋代的事情,那时的儒家学者,将佛家的观念融入他们的教说之中,且在一个新的基础上重建他们的整个体系,不过,他们认为那是儒教成长的必然途程。且不论那是什么,毫无疑问的是,宋代的哲学家由于吸收了佛家的观点而变得丰富、深刻了。这是所有一切研究中国知识发展的史家所一致同意的事实。

不过,若说儒家以唯心主义的佛家计划为基础实行这种整体重建工作的话,也许有人要提出一个疑问:假如禅在中国没有作为开悟之教的当地解说而成长起来,乃至为周敦颐(1017—1073)、程颢(1032—1085)与程颐(1035—1107)兄弟以及朱熹(1130—1200)等伟大儒家作家的出现铺路的话,宋代会不会有一个正统的中国教说复兴呢?在我看来,如果没有禅的话,宋代就不会有中国史家所称的"理学"崛起。如前所述,禅是佛教可以深入中国人心的唯一形态。因为这个缘故,此后思想界所出现的东西,才不能不沾有禅的色彩。看看中国思想家对于瑜伽法相的心理学派接受的情形吧。首先由玄奘及其诸大弟子加以维护、宣扬,并加以注释,但这种深刻的人心之学,纵使是中国的上等心灵,也嫌它过于烦琐了,故而玄奘殁后,没有兴盛多久也就消沉下去了。

那么,般若哲学的发展如何呢?它在公元 1 世纪佛教进入中国后不久被引入中华,接着又得到了鸠摩罗什及其中国弟子们的大力支持与解说。说来,它比唯识法相的前途要好得多,此盖由于它在老子及其门徒的教说之中找到了气味相投的兄弟。佛陀与老子门下的这两个集团的哲人,在思想上可说是属于同一类型;然虽如此,但中国人对于性空这种哲学体系,却也没有显出太大的信守趋向。何以至此呢？原因十分显然，从广大的层面看来，这两派哲学确有若干共通之处，但般若空宗的思维方式实在太玄妙、太高蹈了，或者以中国人的看法来说，实在太缥缈了，致使倾向实际的中国人的心灵难以在它的上面生根；纵然是老庄之徒，亦免不了也有一些实用主义的色彩，因为，终究说来，这总是深植于整个中国人情感气质之中的东西啊。

除了在佛陀的本国已有发展的龙树的中观派与无著的唯识派之外，尚有智凯的天台哲学和贤首（643—712）的华严哲学。从某一方面来看，后二者可说是出于中国佛教思想家之手的创作物，但是，假如它们可被他们的本国同胞吸收同化的话，它们也就不会被冷落了，而他们的研究范围也就不至于局限于少数佛学专家的小圈子里面了，而是应该扩及道家乃至儒家的领域之中了。他们没有能够办到此点，证明了一个事实，它们仍然是一种外来的异物，仍然是一种译成的东西——字面上虽非如此，但事实上却或多或少不出概念的范围。由此可知，佛教只有化而为禅之后，才能完全适应新的水土，才能像土生土长的植物一样繁荣滋长乃至开花结果——除此之外，别无他途可循。当这个目标由于佛教的这种固有特性而一旦达到之后，禅便成了中国思想的血肉而启示宋代的儒家以佛家的理想蓝图重建他们的哲学基础了。

现在，我们可以下个结论了。禅，不论它的外表显得多么怪异、多么奇特，但终究说来，它仍然不出佛教的一般系统。而我们这里所谓的佛教，不仅是指记录于初期《阿含经》中的佛陀亲口所宣的宗教而已，同时也包括了弟子们对于佛陀其人及其生活所做的哲学上与宗教上的思考和明辨。他的人格实在太伟大了，以至不时使他的弟子提出与被认为由他们的祖师所说的忠告相反的学说。这是不可避免的事情。这个世界及其所含的一切内容，不论是在个别方面还是在整个方面，都可诉诸吾人的主观解释，而这个主观的解释虽然不是任意的解说，但也不离吾人的内在需要，亦即吾人的宗教渴求。纵然是作为吾人宗教经验对象的佛陀，也没有办法避开这点——他的为人足以唤起在我们心中以佛教的名义活动的每一种情感和思想。由他所激起的最有意义、最有成就的观念,都与他的开悟和涅槃具有密切的关系。这两个事实在他那漫长而又平静的79年生涯中显得极其突出,而所有一切与他相关的教理和信仰,亦莫不皆以我们自己的宗教经验尝试体会这两大事实为目标。由此可见,佛教已经成长到含有比一般学者所知远为广大的意义了。

佛陀的开悟和涅槃,正如在若干世纪以前的历史上展开的一样,乃是他一生中两个截然不同的观念,但从宗教的观点来说,这两个观念不妨视为一个。这也就是说,认识开悟的内容和价值,就是体会涅槃的意义。大乘学者以此为立足点,开发了两条思想主流:其一是凭吾人的理智努力,使之达到最大的极限;其二是遵循佛陀亲自采用的实践方法——实在说来,一切印度真理追求者所用的方法——努力以习禅的法门追求直达悟境的东西。不用说,就这两种功夫而言,根本的动力含藏在虔诚佛教徒的最内宗教意识之中。

在佛陀涅槃之后几百年间所集的大乘经典,可为我们在此提出的这个观点做一证明。在这些大乘经典中,显然是为宣扬禅宗教学的一部是《楞伽经》,因为,这部经对于开悟的内容,已经尽了语言的最大能耐,从心理的、哲学的以及实际的观点加以开示。当这部经传入中国,依照中国人的思想和感情方式得到吸收同化之后,它的中心主题也就跟着以如今被认为是禅宗特有的形态显示出来了。真理的入道之门很多,门门皆可使它自己为人心所知。但它的选择为何,仍得看它发生作用的条件如何而定。印度人对于不可思议的超自然现象和奇异的象征所生的丰富想象,加上中国人的现实之感及其对于坚实的日常生活事实的爱好,结合便成了佛教的禅宗。至此,我们也许可以明白下面所引的禅师们所提出的禅的定义了——虽然,对于绝大多数的读者而言,这只是试探性的体会而已。

有人问赵州禅师:"什么是禅?"他答道:"今日天阴,不答话。"

对于这个问题,云门答道:"这就是。"到了另一个场合,这位大师可又不那么肯定了,他说:"一字也无。"

假如这就是祖师们为禅所下的一些定义的话,那么,他们所想的禅与经中所讲的开悟之教,究竟有什么关系呢?他们究竟是依照《楞伽经》还是《般若心经》的办法构想它呢?都不是,因为禅必须有它自己的办法;中国人的心灵不肯盲从印度人的模式。如果这里仍有争论的话,试读下面所引的一节文字:

僧问巴陵颢鉴禅师:"祖意教意,是同是别?"这位祖师答道:"鸡寒上树,鸭寒下水。"对于这个答话,五祖山的法演禅师说道:"大小巴陵,只道得一半。白云则不然,掬水月在手,弄花香满衣。"

第二篇

悟与迷

禅

> 开悟必然包含理智与意志两者；它是一种生于意志的直觉或直观作用。这个意志要如实知它自己本来的样子，摆脱它所有的一切认识上的限制。佛陀达到这个目标，是在他从老死到无明，复从无明到老死，反复推求十二因缘之后获得一个新的见地之时。

一、开悟的经验

说来似乎有些奇怪，然而事实却是如此：佛教学者对于他们所认为的佛陀言教及其弟子对于教法所做的解释显得那样沉迷，对于佛陀的精神经验本身却完全置若罔闻。但是，在我看来，在阐发佛教思想方面，我们首先要做的一件事情，就是探究佛陀的这种亲身经验，而经典所载所表的，也就是他在开悟（成正等觉）时的最内意境。佛陀用以教导他弟子的，乃是他慎思明辨之后的结果，以使他们亲见并证入他本人所见所证的境地。但是，这种慎思明辨的结果却不一定可使人们体验到佛陀所体验到的那种内在的开悟精神。因此，假如我们想要理解由开悟的内容发展而来的佛教精神，我们就得先行熟悉教主的这种经验意义——使得佛陀之所以成为佛陀（觉者）并成为以他的名义展开的宗教教主的此种经验意义。且让我们看看，这种经验究竟有何记述，它的前因后果又是什么。① 在巴利文的《长部集经》（Digha-Nikāya）中，有一部名《大本缘经》（Mahapa dana Suttanta）的契经，记述佛陀以在他之前的六位佛开导他的弟子。其中所述这六佛在做菩萨时及其成佛后的生活情形，除了某些偶然的细节之外，几乎每一位佛都是同一个模样；此盖由于诸佛皆被认为都有一种共同的目标或事业。因此，当我们现在这一劫的瞿昙佛陀以此种方式谈到他的前辈以及他们的开悟经过时，他只是复述他自己的世间生活经历而已。故此，他所说曾经发生在他前辈身上的每一件事情，除了血统门第、社会地位、出生地点以及寿命长短之类的项目之外，也就不得不被认为是曾经发生在他自己身上的事情了。这点，如果用以说明他那种被认为是开悟的精神体验，尤为贴切。②

当这位菩萨（开悟成佛之前的佛陀）在静处坐禅思考时，心中出现了如下的意念："一点不错，这个世界烦恼重重；人们出生、衰老、死亡，一波才平，一波又起，而尤甚于此的是，不知如何避开此种痛苦，甚至避开老死。啊，什么时候才能知道如何避开这种痛苦，避开这种老死呢？"这位菩萨如此想了之后推知：老死来于出生，出生来于变化，变化来于执取，执取来于

---

① 有关开悟的故事见于《长部集经》第十四经，并见于《本生谈》（The Jātaka Tales）的序文中，《大事》（The Mahāvastu）中以及《中部尼柯耶集经》第二十六、三十六经中，又见于《相应部尼柯耶集经》第十二经中。这些经中所说的开悟故事，详略或有不同，但皆没有实质上的差异。巴利文的《大本缘经》（Mahapa dana Suttanta）之后出的《过去现在因果经》（The Sūtra on the Cause and Effect in the Past and Present），其中译本所说故事略有不同，但就我所论证的观点而言，主要问题实际上亦无二致。马鸣菩萨的《佛本行集经》（Buddhacarita），是一部颇富诗味的集经。《普曜经》（亦译《神通游戏经》或《方广大庄严经》The lalita vistara），属于大乘经典。我在这篇文章中想要采用的材料，主要出自李斯·戴维斯（Rhys Davids）所译的《佛陀对话录》（The Dialogues of the Buddha），戴维斯夫人（Mrs. Davids）所译的《同源语录》（The Kindred Sayings），希拉卡拉（Silacāra）与纽曼（Neumann）所译的《中部集经》，中文本的《阿含经》（Āgamas）等等。

② 说有过去诸佛这种观念，正如我们在此可能注意到的一样，似乎源于初期佛教史中，而它的进一步发展，加上"本生谭"的观念，最后终于形成菩萨的构想，这是大乘佛教的若干特色之一。过去六佛，到了后来的《佛种姓经》（The Buddha-vamsa）和《般若波罗蜜多心经》（Prajñā-pāramitā sutra）中，增加而成二十三或二十四佛，甚至到了《神通游戏经》或《方广大庄严经》中，竟增加而至四十二佛。此种曾有前辈或先驱的观念，在古代民族中一向很普遍。在中国，孔子宣称他的学说传自尧舜，老子传自黄帝。在印度，与佛教有许多相似之处（不仅在教义上，在教主的人格上亦然）的耆那教（Jainism），则说有二十三位前辈，不用说，与佛教的前驱，多多少少有些相关性。

贪欲，如此等等，直至想到名色与意识互为条件①。接着，他又倒转反推，从有这整个罪恶之身开始，直到此身终于完全消灭，而当这位菩萨想到这里时，忽然得了法眼（cakkhu）②，澈见了从未之闻的东西，于是有了知识，有了道理，有了智慧，有了光明。(Bodhisattassa pubbeananussutesu dhammesu cakkhum udapādi, ñānam udapādi, nañña udpādi, vijjā udapādi, āloka udapādi.) 于是，他大声宣布："我已彻悟此法了，甚深，难知，难解，清净，无上，非仅辩解所得而知，微妙难测，唯有智者能知几。(Dhammo gambhiro duddaso duranubodho santo panito atakkāvacaro nipuno pandito vedaniyo.) 这是一种专于它所执着的东西，专注于彼，乐在其中的运行。而以一种专于它所执着的东西，专注于彼，乐在其中的运行而言，这是一种难知难解的事情，这也就是说，这事要受它的限制，故而凡事莫不由缘而生。这也是一种难知难解的事情：静止所有一切的生命活动，委弃所有一切的轮回基础，摧毁渴爱，死掉烦恼，安静心灵，涅槃寂灭。"

接着，佛陀说了一个偈子，表示他不太愿意去对一般世人讲述佛法——由他自己亲自证得的佛法，在没有任何传统教示的情况之下，犹如面面相觑一般清楚地见得的佛法：

　　我从无数僧祇劫，苦修正行勤不懈，
　　今始获此难得法，何为淫怒痴众说？

---

① 认为佛陀对于"因果""因缘"，"缘生"或"缘起"（paticca-samuppāda 或 pratitya samuptpada 的多种异译）有一个非常明白而又确定的设计，是一种颇为可疑的想法。就以此处所引的《大本缘经》而言，他并未超过"识"（viññana）这个项目，但以其如今公认的形式而言，这个链环则从"无明"（avijja）开始。然虽如此，但我们总没有理由认为这"十二因果链环"是最早、最有权威的"缘起"之说。此经在许多方面显示有后期辑录的迹象。我在这里所想探讨的论点，主要在于佛陀以缘起论解释生命实相所做的理智努力。佛陀视无明为生死的本源，故而也是在世的苦因，已是佛教史中一个不争的事实。
② Cakkhu 的直译意思是"眼"，常跟智（paññā）、佛（buddha）或普（samanta）等字合用，借以指称一种超于通常相对知识的功能。正如别处常见的一样，见（passato）之一字，在大小乘经典中，均皆受到大大的重视，特别是此处所说的只眼，直接透视心灵从未想到的事物之中，尤其显然。这是颇有意义、值得注意的一点。实在说来，超越四圣谛或因果链所说的限制，直透主客对立之意识基底的，就是这只眼睛或般若智眼（paññā-cakkhu）。

> 此理甚深而微妙，与世相反实难解！①
>
> 烦恼奴隶不得见，无明痴暗为障盖。②

依照这则由《尼柯耶集经》编者传下、并得其他有关佛陀开悟的文典加以证实的报导看来，当时掠过佛陀心头的，必然是一种极不寻常的经验，非一般日常意识所得而晓了，乃至非聪明、博学而又思虑周密的人所可得而知之。因此，他有意入于涅槃而不传法，这是非常自然的事情，但当大梵天王对他说了如下的一个偈子之后，他便放弃了这个想法：

> 譬人立足在巉岩，眺望山下无所碍。
> 智慧之尊亦复然，升此真理之高台。
> 见一切者请俯视，生老所迫实可哀！
> 胜利英雄请起来！朝圣之主已偿债！
> 天人之师游诸国，诲我真道必有解。

毫无疑问的是，使得这位菩萨成为佛陀，成正等觉，成为世尊，成为法王，成为如来，成为知一切者，成为胜利者的，就是这种精神体验。对于此点，而今所有的一切小乘和大乘典籍，悉皆同意。

这里发生了一个极有意义的问题：在这种经验中，使佛陀得以征服无明（avijjā or avidyā）而得解除污染或"漏"（āsava or āśrava）的束缚的，究竟是什么呢？他以前从未得入的那种见地，究竟是什么呢？是他的因"爱"

---

① 此处以及下引一偈中所说的真理，代表佛法或法（Dharma）。
② 除此之外，尚有另一个偈子，亦被认为是佛陀在大悟时所说，这个偈子便是所谓的"胜利之歌"（the Hymn of Victory），引于拙著《禅宗与开悟之说》（Zen Buddhism and the Doctrine of Enlightenment）。此歌不见于大乘经典中，《神通游戏经》只有下引数语：
Chinna vartmopasanta rajāh sushkā āsrvā na punah srvānti;
Chinna vartmani vartata duhkhasyaisho' nta ucyate.

(tanhā or trishnā)与"取"（upādāna）而受无穷之苦的理论么？是他追溯苦源在于无明的这种因缘之说么？

显而易见的是，他的这种理智的活动并不是开悟的动因。"不为纯然的逻辑所转"——"不可思议"（atakkāvacara），是巴利文与梵文佛典中经常碰到的一个语句。佛陀在此处所得的那种满足，诚然甚深难解，实非纯粹的逻辑所可得而测之。以知解的方式解答问题，就其能够消除障碍而言，自然令人相当满意，但比之深入吾人灵魂生活的深处而言，则仍然不够彻底。所有一切的学者皆非圣者，而所有一切的圣者亦都不是学者。佛陀以知识的方式观察缘起法则（paticca samuppāda），不论多么完善透彻，总是不能使他确信他已征服了无明、痛苦、生死以及污染或"漏"。追溯事物的根源或其因果的连环，是一回事情，而使之晏息不起，使之服膺实际的生活，则完全是另一回事情。前者只是理智的活动，而后者则是意志的运作——而意志才是其人。佛陀不只是发现"因缘观"的因果之链而已，同时还抓住此链的本身，将它完全扯断，以使它不再束缚他、奴役他。

他的见地达到了本身生命的源底，见到了它的本来面目，故而，此"见"犹如以自己的眼睛见自己的手掌——既无思维、推演、批判、比较存在其间，更无逐步前进或倒退的活动可做——此物被见而这便是它的结果——其间没有任何谈说、论证或者解释的余地。此"见"乃是一种圆满自足的东西——它既不将人引向内在的什么，亦不将人引向外在的事物，更不使人想入非非。而使得佛陀感到完全满足的地方，就是这种圆满，就是这种决定，因为此时他已明白：此链已经折断，因此他已成了一个获得解脱的自由人。由此可见，佛陀所得的这种开悟经验，不可用理智的办法推演而得，因为理智的办法总是隔着一层，总是可望而不可即，无法使人得到完成与满足之感。

佛陀对于人生所得的痛苦经验，心理上极其强烈而又真实，乃至有痛彻骨髓的感受，故而在开悟时所经验到的那种情感反应，与这种强烈的感受颇为相当。因此，尤其明显的是，对于这种生命的事实，他当然不能仅以理智的瞥视或概观为满足、为止境。对于在他心头起伏不息的汹涌波涛，若要求得一种风平浪静的境界，他就不得不求助于更为深切、更为紧要，与他的最内生命相关的东西。因为，不论怎么说，理智或知解这种活动不外总是一种观者或看客。因此，当它去做某种工作时，它便作为一种雇佣，不是把事情做得更好，就是做得更糟。单靠它，不能求得名为开悟的意境。绝对自由之感——"aham hi araha loke, aham sattha anuttaro"，无法单凭一种知识优越的意识得而致之。佛陀的心中必然曾有一种极为根本的意识——只有在最深的精神体验中才会出现的意识。

为了描述这种精神经验，佛学作家竭尽了一切与理解相关的语言知识，包括逻辑的知识与非逻辑的知识。知明(vijjā)、理智(pajānana)、推理(ñana)、智慧（paññā）、现观（abhisameta）、正觉（abhisambuddha）、感受（sañjānam）以及见地（dassana）①，是他们所用的一部分术语。实在说来，如果我们自囿于理智的话，不论那是多么深切、多么微妙、多么高超、多么富于启示的理智活动，都将无法见到事物的真意。这就是甚至连被若干人士视为实证论者、唯理论者乃至不可知论者的原始佛徒何以不得不以某种办法对付某些非相对知识所可说明的事情，不得不以某种手段对付某些非吾人经验自我所可知晓的事情的原因。

大乘佛教在《神通游戏经》(*The Lalita-vistara*) 现等觉品（Abhisambodhana）中所述的开悟经验，比之使得菩萨成为佛陀的那种心理活动或智慧，要明白得多。因为，佛陀证入无上正等正觉，系由"一念观察相应般若"（ekacittekshana-samyukta-prajñā）而得。这种般若是什么呢？比之追求相对知识所得的认识，它是一种更高层次的理解。它是一种理智与精神兼而有之的能力，心灵透过它的作用而得突破知识的桎梏。后者，就其认知主客的存在而言，总是不出二元论的范围，但在以"一念相应"发挥作用的般若之中，就没有能知与所知之分了。因为，所有这些，皆在"一念"(ekacitta)当中得到"观察"（ikshana）。而开悟就是由此而得的结果。大乘学者如此

---

① 《摩诃解分经》(*The Mahāvyutpatti*, CXLII)，开出如下十三个术语，用以指称体会的作用，含意上多多少少有些明白的层次：buddhi（智），mati（慧），gati（解悟），matam（分别），drishtam（见），abhisamitāvi（现观），samyagavabodha（实解），supratividdba（深解），abhilakshita（显明知识），gātimgata（通晓），avabodha（觉悟），pratyabhijñā（认）以及menire（识）。

指陈般若的功用，无异向前跨进了一大步，使得"正觉"（sambodhi）的性质显得更加明白了；此盖由于，心灵一旦逆转了通常的作用历程，不再使它自己向外分化而返回它那本来是一的内在住处时，它便开始体现"一念观察"的境界，而"无明"与"欲漏"即无法得逞了。

因此，吾人可见的这种悟境，乃是一种没有所谓分别（parikalpana or vikalpa）存于其间的绝对心境，故而，需要极大的心力才能体会这种"一念"普观一切的境界。实际说来，吾人之逻辑的以及实用的意识，实在太顺从分析和观念作用了；这也就是说，我们为了便于了解而将实相切成许多元素；但当我们将这些元素凑在一起以使它们成为原来的整体时，我们就会因为这些元素显得过于显著而难以"一念"观察那个整体了。而我们只有在达到"一念"之心时才能证入开悟的境地，而这需要极大的努力，才能超越吾人之相对的经验意识，因为，这种意识的特性就在攀附万法的多种多样性而不缘于万法的统一合一性。由此可知，隐藏于这种开悟经验背后的一个最最重要的事实就是：佛陀尽了最大的力量解决无明的问题，才以他的最大意志力为这个奋斗求得一个成功的结果。

我们在《迦泰奥义书》（*The Katha-Upanishad*）读到："正如落在山顶上的雨水向四面滚滚而下一样，一个在同中求异的人则向四处追踪而去。瞿昙，正如净水倾入净水仍是净水一样，一个能知的思维者的自我亦然。"如此将净水倾入净水，就是我们这里所说的"一念等观于万法"，可将一切异同融入能知（jñānin）与所知（jñeya）绝对合一的境地之中而突破完全纠缠不清的逻辑之网。但是，在吾人二元性的实际生活中，情形正好相反，可说是一种颠倒，一种逆转。

德国的伟大神秘学家迈斯特·艾卡特（Meister Eckhart），是一位能像佛教徒一样"一念"观物的人，他如此表达他的观点说："Das Auge darin ich Gott sehe, dasselbe Auge, darin Gott mich sieht. Mein Auge und Gottes Auge ist ein Auge und ein Gesicht und ein ErKennen und eine Liebe."[①] 这种

---

① 见弗朗兹·费佛（Franz Pfeiffer）本第三二一页，马丹仙（Martensen）本第二十九页。

倒转的观念，包默（Jacob Boehme）在他所做的用以认识上帝的"转目"（umgewandtes Auge）之喻中，说得尤为清楚。

由此可见，开悟必然包含理智与意志两者；它是一种生于意志的直觉或直观作用。这个意志要如实知它自己本来的样子（yathābhūtam dassana），摆脱它所有的一切认识上的限制。佛陀达到这个目标，是在他从老死到无明，复从无明到老死，反复推求十二因缘之后获得一个新的见地之时。佛陀所以不得不在一个地方反复兜圈子，是因为当时他已进入了此路不通的知识死巷。他"知非便舍"，并没有像原来所想的一样，因了他自己的哲学熏陶而继续推求下去。

实际说来，他真不知道该如何跳出这种无尽的观念轮转；一边是生，是老死，另一边则是无明。这些客观的事实不但无法否定，而且拂之不去，而无明却阻住了他的认识上的能力，使他不能继续向前或向内推进。他被困在这两边之中，不知如何才能找到出路；他先向这边走，然后又向那边走，走来走去，结果总是一样——徒劳心力、毫无利益。但他有一种百折不挠的意志，他要以他的最大意志努力进入此事的真相之中；他敲了又敲，叩了又叩，直到无明之门忽然敞开，使他见到了他的知识之眼从未见到的新境界。因此，他在开悟之后前往波罗奈的途中得以向偶然碰到的裸形外道优婆迦（Upaka）解释说：

> 一切皆降伏，我已成全知。
> 远离诸尘垢，一切无不舍。
> 凡此皆自学，我称谁为师？
> 我今得知者，我知无一人。
> 可与我堪比，天上与人间。
> 我知无一人，堪与我伦比。
> 我已证解脱，真实不诳欺。
> 世间无上师，今日我已成，

我证无上觉，常寂我安住。①

　　每当我们谈到觉悟或开悟的时候，我们总会不知不觉想到它的认识论的一面，而忽视它背后那种强大的意志之力——实际上构成个体整个生命的那种力量。尤其是在佛教的里面，在实现佛教生活的理想当中，这种知性往往太抢镜头，也许是超过了应有的程度；学者们往往受到诱惑，以致忘却了，意志在解决究极问题方面，乃是一个不可或缺的因素，乃至使他们的注意力过于倾向缘起或真理的一面，将它视为佛陀的究极教说。关于此点，他们不但犯了可悲的错误，就是把佛教看成一种伦理的教化，说它只不过是一种没有灵魂、没有上帝，故而也没有永生希望的道德规范的体系，也没有看对。然而，说到无明、因果以及道德行为的观念，真正的佛教却有一个远为深切的基础，植根于人类的灵魂生命之中。"无明"并不就是认识上的无知，而是指精神境界的昏暗，假如"无明"只是认识上的无知的话，那么，将它扫除，也就不会或不能获得开悟、解除束缚和染污，或如某些巴利佛典学者所说的一样，解除毒物了。佛陀的见地进入了他那现为意志的生命深处，并知道这就是"如实知见"，他才超越他自己而成为一位至高无上的佛陀或觉者。"阿耨多罗三藐三菩提"或"无上正等正觉"（Anuttara-samyak-sambodhi）一词，就是这样被用以指称他所证得的这种卓绝的精神认识或佛果。

　　因此，与开悟相对的无明，在这里有一个比人们一直指称的意思远为深刻的意义。无明并不只是不知或不晓一种学理、一种体制或一种法则，

---

① 此段文字为希拉卡拉所译，其巴利文原文如下：
　　Sabbābhibhū sabbavidu'ham asmi,
　　Sabbesu dhammesu anūpalitto,
　　Sabbamjaho tanhakkhaye vimutto.
　　Sayam abhiññāya kam uddiseyyam.
　　Na me ācariyo atthi, sadiso me na vijjati,
　　Sadevakasmim lokasmim na'tthi me patipuggalo.
　　Aham hi arahā loke, aham satthā anuttaro,
　　Eko'mhi sammasambuddho, sitibhūto'smi, nibbuto.
　　Digha-Nikāya, XXVI。

而是不能直接体悟以意志表现的究极生命事实。就"无明"而言，知与行是分开的，而能知与所知也是分开的；就"无明"而言，外境与自我截然有别；这也就是说，这里面总有两个要件互相对立着。但这是认识的根本条件，这话的意思是说，只要有认识的事情发生，便有无明攀缘这个行为的本身。未知总是藏在已知的后面，因此，我们这才难以看清这个未知的知者，而他确是每一个认识行为所必不可少的伴侣。但我们要知道这个未知的知者，我们不能就这样让他未知下去，不能不实实在在地看清他的真面就这样放过他；这也就是说，我们必须将无明加以照明或使之开明。这里面含有一个大大的矛盾——至少从认识论上看来，确是如此。但是，除非我们超越了这种情况，否则的话，我们的心灵便无法安宁，我们的生活便难以忍受。

佛陀在寻求他所谓的"造屋者"（gahākara）时，总是受到"无明"的诱惑，而这个"无明"便是已知背后的未知的知者。在尚未超越能知与所知的二元论之前，他一直无法永久抓住这个戴黑面具的家伙。这种超越并不是一种认识的行为，而是一种自悟自证的自我体现，因为它不是一种逻辑推理所可企及的精神觉悟，所以也就没有无明与之相伴。知者在他自己里面对他自己所得的这种认识，乃是无法超越本身限制的任何知识作用所可得到的知识。我们只有使"无明"超越其本身的原则，才能使它就范。这是一种意志的行动。"无明"的本身既非邪恶，亦非邪恶的本源，但当我们不明"无明"，不明它在吾人生活中的意义时，那才会有一连串没有了期的邪恶产生出来。被视为邪恶根源的"渴爱"，唯有在我们对"无明"的根本意义有了深切的认识之后，才能加以克服。

二、从无明到开悟的精神之旅

因此，当这些佛教学者企图从时间的观点说明"十二因缘"[①]的理论依

[①] 这条链子的原来次序如下：一、无明（avijjā, avidyā）；二、行（sankhāra, samskāra）；三、识（viññāna, vijñāna）；四、名色（nāmarūpa）；五、六根（salāyatana, sadāyatana）；六、触（phassa, sparśa）；七、受（vedana）；八、爱（tanhā, trshnā）；九、取（uPādāna）；十、有（bhāva）；十一、生（jāti）；十二、老死（jarāmaranam）。

据,而将"无明"列入过去的时候,他们便显露一种纯然的无知。照他们说,这个"因缘观"的头两个因素属于过去,其余的八个属于现在,而最后的两个则属于未来。一系列因缘由之而起的"无明",跟"开悟"一样,属于意志而非时间的范围。时间的观念一旦混了进来,原是以否定的方式消除无明的开悟,便完全失去它那最后决定的性质,而我们也就开始到处寻求某个超越它的东西了。如此一来,我们的束缚就变得更紧,而"欲漏"就成了我们的不变状态了。那样的话,就没有一位神明会以"出于智慧之湖而不为情欲所污的莲花,驱除虚妄黑暗的太阳,消除生有热恼的月光"[1]来读叹大觉世尊了。

假如开悟像经中所写的一样可使宇宙发生六种震动的话,那么,终于被它战胜的"无明"必然也有那样大的力量了——虽然,无明与开悟的价值和美德正好相反。将"无明"视为一种知识上的名词,并用含有时间关系的术语加以解说,完全破坏了它在"十二因缘"系列中所占第一个位置的根本特性。佛陀对他的同代人以及后代人所发挥的那种超特力量,并不完全出于他那种微妙的分析能力——尽管我们不得不承认他有这种能力——而是主要出于他那伟大的精神和深厚的人格,而这种伟大的精神和深厚的人格则是出于他那深入创造根底的意志之力。征服无明就是这种力量的展示,可见这种力量所向无敌,就是魔王及其整个魔军也无可奈何,既无法压服,亦无法诱惑。不能看清"无明"在因缘观或缘起论体系中的真意,则误解开悟的根本特性乃至误解佛教,自然就成了不可避免的结果了。

起初(实在说来,并没有真正的开始,而且也没有什么精神上的意义——除了用于吾人之有限生活之中之外),意志要认识它自己,而意识于焉觉醒,而随着意识的觉醒,意志亦分裂为二了。这个原本是一切圆满自足的意志,这就同时成了演员与观众两者了。矛盾不可避免了,因为这个演员现在既然有了觉醒的欲望,就要摆脱他以前不得不受的限制了。从某一方面来说,他已有了看的能力,但从另一方面来说,却有某种东西,不是作为观众的

---

[1] 见《佛本行集经》(The Buddhacarita) 第十四卷。

他所可得而目睹。在理智的行迹中，无明追随着不可避免的命运，如影随形、不可分离。然而，这个作为演员的意志，却想返回他自己的原来住处——那尚未形成二元，故而仍然安详的住处。但这种思家的渴望，不经一番长久而又艰辛的历练，是不会如愿以偿的。因为，一件东西一旦一分为二之后，除非经过一番彻底的奋斗，是不会恢复原有的那种合一状态的。但这种复原并不只是返回而已，原有的内容已因此种分裂、奋斗以及复原而变得丰富起来了。

意志起初发生分裂时，意识对它的奇异及其解决生活疑难的卓效十分沉迷，以致忘记了它自己的任务——使得意志开悟。这个意识不但不将它的启示之光转向它自己的内部——这也就是说，它不但不将它的启示之光转向它从而获得存在原理的意志——却为客观的现实与观念世界忙个不休；而当它尝试反观它自己时，便见到一个绝对统一的世界，在这个世界中，它所想知道的客体就是主体的本身。眼不能见它自己，刀不能砍它自己。无明的昏暗之所以不能驱除，就因为无明的昏暗就是无明自己。到了此时，意志就只好来一次英雄式的奋斗，借以使它自己开悟，使它自己得救，而不得不摧毁已经觉醒的意识，甚至找出深藏意志底部的本源。我们可从佛陀身上看出此点：他完成了这种英雄式的奋斗，因而大悟成佛，成了大觉世尊而不再只是原来的瞿昙。意志的里面确是有着不只是意欲的东西，其中还有思维和悟见。意志即以此种悟见澈见它自己，并以此获得自由而成为它自己的主宰。这就是此语的根本意义所指的认知，而佛教的赎救即在其中。

意志只要继续被它自己的产品或其本身的影像、亦即由它而起的意识所蒙混，无明便继续当道，因为，能知的意识总是自别于所知的外境。但这种欺蒙不会持久，因为意志总是希望得到开悟、获得自由，做它自己的主人。无明总是假定它的外面有个未知的东西。这个未知的外物通常被称为自我或灵魂，实际上，这个自我或灵魂只是处于无明状态之中的意志本身。因此，佛陀一旦开悟之后，立即明白，其间根本没有一个未知而又不可知的实质的自我或灵魂可得。开悟不但驱散了无明，连从自我黑洞中招来的那些魅影也跟着消失了。从一般的观点来看，无明与理智相对，但从佛教的观点来论，它又跟开悟相反，它就是自我，而这却是佛陀所特别加以否定的。关于此点，我们只要知道佛陀的教说是以去迷开悟为重心，也就不会感到奇怪了。

只知佛教有无我之说而不探求开悟真意的人，不能完全领略佛陀的真正福音。佛陀若只是从心理学的观点将自我分解为各种组成因素，结果发现自我没有实体或自体可得而否定有我的话，那他也许可因他的分析能力远胜他的同代而被称为伟大的科学家，但作为一位精神领袖而言，他的影响就不会如此深广、如此久远了。他的无我之教不仅可用现代科学予以建立，同时也是出于他的内证经验的一个结果。我们如能从这种内在的意义去理解无明的本意，消除无明的结果，自然就会否定一个作为吾人一切生命活动依据的自我实体了。开悟是一种积极肯定的观念，一般心灵很难体会它的真意。不过，我们一旦明白了它在一般佛教体系中的意义为何，并集中精神求得体悟的话，其余的一切，例如自我、我执、无明、束缚、染污或欲漏等等观念，也就不言自明了。道德行为（戒），静坐安心（定），以及高等理解（慧）——所有这些，都是为了实现佛教的理想目标，亦即开悟而设。佛陀之所以不惮其烦地一再讲述因果之理，一再对他的弟子说何以有因必有果以及何以因沽果亦消的原因，并不只是为了要使他们熟知一种形式逻辑而是要让他们明白开悟与整个人类幸福、精神自由和宁静之间究竟有怎样的因果关系。

如果我们将无明当作逻辑上的无知加以理解，那么，即使将它驱除，也无法获得精神上的自由了——而这，即使是初期的佛教典籍也是经常强调的。且看《尼柯耶集经》中阿罗汉怎样宣布精神上的独立吧："已得法眼，此心解脱，不可动摇，所作已办，不受后有。"[①] 这是一种颇为有力的陈述，显示了一个人掌握了生命的中心事实，是多么的热切和自信。实在说来，

---

① 此节巴利原文是：Nānañ ca pana me dassanam udapādi akuppa me ceto-vimutti ayam antima jāti natthi dāni punabbhavo。

这节话确已举示了罗汉果的特色之一，如果来一个比较充分的描述，便成如下的说明："对他而言，如是知，如是见①，此心已经远离欲漏，已经远离有漏，已经远离无明漏。如此解脱矣，得解脱智，自知生死已破，高等的生命已经完成，所作已办，不受后有。"②本质上，罗汉就是佛陀，甚至就是如来，因为，在初期佛教史中，这些名词之间的分别似乎并没什么不同。因此，广泛地说，可用同样的术语描述他们。

佛陀与他的弟子谈到流行当时的种种论说时，说了如下一段与如来所知之事有关的话：

唯有如来，知此见处。如是持，如是执，亦知报应。如所知，又复过是，虽知不着，以不着故，则得寂灭。知受集灭，昧过出要。以平等观无余解脱。故名如来，是为余甚深彻妙，大法光明，使贤圣弟子，真实平等，赞叹如来。复有余甚深微妙，大法光明，使贤圣弟子，属实平等，赞叹如来。③

使得如来受到赞叹的这些优点，显然不是出于他的思维与分析推理。他的理智见地跟他的任何同代人一样敏锐而又深切，但他不仅有一种更高的能力——意志力——而且使它作了充分的发挥，这才使他有了这些属于如来整个生命的一切德性。因此，他对扰动当时哲人的那些形而上学的问题，自然也就没有理会的必要了。他一旦获得精神上的解脱与清净之后，这些

---

① "如是知，如是见"（evam janato evam passato），是大小乘佛典中常用的套语之一。且不论它的编者们是否像我们如今在认识论中所说的一样明白"知"与"见"之间的差别，但这种并列是颇有意义的。他们必然曾经意识到，单用"知"之一字描述开悟时所得的那种知识，不但效用不著，而且亦嫌不足。"见"或"面面相觑"一词用在此处，目的在于指呈此种认识的极其直接、明白而又确实的性质。正如曾在别处述及的一样，佛教在这种认识的层次方面，所用术语特别丰富。
② 此处所引一节文字的巴利文原文如下：Tassa evam jānato evam passato kāmāsavāpi cittam vimuccati bhavāsavāpi cittam vimuccati avijjasavapi cittam vimuccati, vimuttas mim vimuttamit ñāmam hoti. Khina jāti vusitam brahmacariyam katam karaniyam naparam itthattāyāti pajānāti.
③ 见戴维斯所译《梵网经》（*Brahmajāla-sūtra*）第四十三页。

问题就在他心中得到了完全而又有系统的解决，而不只是局部或片段的解答而已——假如它们被人当作哲学的问题诉诸佛陀的认识的话。《摩诃离经》（*Mahāli Sutta*）应从此种见地加以读诵。有些学者感到奇怪：两个完全互不相关的观念为什么要放在同一部经中一并讨论呢？这只能表明他们对于精神问题缺乏学术上的认识，此盖由于他们未能注意到开悟在佛教信仰体系中的真正意趣。若要明白此点，须有直透生命中心的想象直觉才行，因此，只是文字上和哲理上的才能，往往不足以揭开它的内在秘密。

《摩诃离经》是《长部集经》（*Digha-Nikāya*）中的一部巴利文经典；在这部经中，摩诃离以佛弟子的修行目的请问佛陀，而下面便是佛陀答话中的大意：佛教徒非为求得天眼或天耳等等神通而修禅定。他们有较此更高更好的事情要做，其中之一是断除三缚（the Three Bonds），达到某种心境，乃至在个人的精神生活中洞见更为殊胜的事物。行者一旦得到此种见地之后，其心即形澄明，即可解除无明的染污，而得解脱之智。摩诃离，你所问的有关身心一致的问题，都是一些闲聊的话题；因为，你一旦获得了最高的见地，看清了事物的本来面目——这也就是说，你一旦远离了束缚、污染以及诸漏之后，如今使你烦恼的这些问题，就完全失去它们的价值，而不再像你这样拿来问人了。因此，我不必答复你这些问题。

佛陀与摩诃离所做的这节对话，明白地举示了开悟与灵魂之间的关系。因此我们不必奇怪：佛陀为何不明明白白去解答这个萦人脑际的问题，却顾左右而言他，去谈一些与这个问题显然没有关系的事情。这是我们必须尝试窥探"无明"真意的例子之一。

三、用意志之力驱除自我

用自我集中而得的能力行使奇迹的观念，在印度似乎一直颇为流行，甚至在她刚有文明之初即已普遍，而佛陀亦曾应弟子之请展示他的神通能力。实在说来，他的传记作者们后来竟将他写成了一位经常行使奇迹的人——至少，就一般的逻辑和科学标准加以衡量而言。但从讲"如来说诸相具足，即非诸相具足，是名诸相具足"（yaishā bhagavan lakshanasampat tathāgatena bhāshitā alak shanasampad eshā tathāgatena bhāshita；tenocyate lakshanasampad iti）的"般若"观点来看，行使神通奇迹这种观念，在精神上颇有新意。依《坚固经》（Kevaddha-sutta）说，佛陀所知所行的神通约有三种："一曰'神足'，二曰'观察他心'，三曰'教戒'。"得"神足通"的人，可以行使在逻辑上和物理上皆不可能的奇迹："能以一身变成无数，以无数身还合为一身；能以可见变为不可见；若远若近，山河石壁，自在无碍，犹如行室；于虚空中结跏趺坐，犹如飞鸟；出入大地，犹如在水；若行水上，犹如履地。身出烟焰，如大火聚；手扪日月，立至梵天。"对于这些，我们应从字面上还是从理智上加以理解呢？能不能从《般若经》的唯心论加以解释呢？为什么呢？Taccittam yacittam acittam.（"因是非念，是故名念。"）

然虽如此，但佛陀对于某些形而上学的问题之所以置而不答或置而不论（不记）的原因之一，是出于一个事实：佛教是一种实用的精神训练，而不是一种形而上学的学术讨论。不用说，佛陀自然有他自己的认识论，但就佛教生活的主要目标在于求得可使精神解脱的开悟而言，这种认识论就属次要的事情了。开悟可以征服埋于生死根本之中并设置各种理智与实际束缚的无明。而征服无明这种事情，只有运用个人的意志之力，才能达到目的；所有其他的一切办法，特别是纯然的理智手段，悉皆没有效果。因此，佛陀的结语是：这些问题[①]"此不与义合，不与法合。非梵行，非无欲，非无为，非寂灭，非止息，非正觉，非沙门，非泥洹。是故不记（不表示意见）"。另一方面，佛陀要解释的却是："苦谛，苦集，苦灭，苦出要谛。"因为，所有这一切都是实际的问题，凡是真正有志实践解脱大道的人，不但要有充分的理解和体会，而且要积极主动地加以掌握才行。

佛陀对于纯然的知识很不满意，故而特别强调实际见地，要人面对面地亲身体验佛法，这在《尼柯耶》以及大乘经典中，随处都可以找到证明。

---

① 这些问题：世间有常？世间无常？世界有终？世界无终？（见《布吒婆楼经》）

实在说来，这本是佛教教学中最最有力的一点。有一位婆罗门说他只识三部《吠陀经》，并与他尚未亲见的东西打成一片，佛陀嘲讽地说："那你是说婆罗门不能指出他们所见的结合之道了，并且你还说无论他们哪一个人，无论他们的哪一个门人，乃至他们的七代先辈，都没有见过梵天。而且你还说，甚至是他们尊重的古仙，也没有假装知道梵天在哪里，从哪里来或到哪里去了。然而，这些精通三部《吠陀经》的婆罗门却若有其事地说，他们可以指出他们仍然未知未见的结合之道……他们犹如一列彼此攀附的盲人，最前面的一个看不见，中间的一个也看不见，最后的一个也看不见。这些精通三部《吠陀经》的婆罗门所说的话，只是瞎话而已：第一个看不见，中间的一个看不见，最后的一个也看不见。"

现在，我们可以看得非常清楚了，作为佛徒生活理想目标的开悟或驱除无明，并不是一种理智的行为，而是运用我们每一个人本有的最最根本的能力改变或再造吾人的整个生命。纯然的理智里面总有一些外物掺杂其间，故而也就无法完全契入生命之中。假如开悟果真如经中所说的一样，对我们的精神见地产生如此重大影响的话，那它就不可能只是熟知因果之说而得的结果了。开悟是般若智慧的功用，是由要见它自己并安住自己里面的意志而来。因此，佛陀这才强调亲身经验的重要性；因此，他才坚持在静处坐禅，作为求得这种经验的手段。因此，意志借以努力超越它在意识觉醒之时加在自己身上的限制所做的坐禅功夫，绝不只是思维缘起或因果之说的一种行为，因为，这种行为永无止境地兜圈子，以无明开始，还以无明结束。这是佛教里面最最需要的一点。所有其他的一切形而上学问题，都只有使我们陷入一团纠缠不清的乱麻之中。

由此可知，我们只有运用意志的奋斗，才能驱除无明，运用形而上学的手段，是没有用的。我们一旦驱除了无明，同时也就摆脱了我有实体的观念束缚，因为自我就是无明的产物，或者，就是无明的依据，以无明为凭借，依无明而滋长。自我是理智之光无法透视的黑点，是无明的最后伏巢，无明在那里沉着地躲避理智之光的照射。这个伏巢一旦被打翻，无明便如霜见太阳一般地消失不见了。实在说来，无明与自我观念这两样东西原本就是一样东西。我们往往认为，无明一旦被驱除之后，自我便失去了它对我们的依靠，而我们也就没有了可资依凭的东西，而我们也就像脱落的枯叶一样面临随风飘荡的命运了。但事实并非如此，因为，开悟并不只是没有了无明的一种否定观念。诚然，无明是开悟的反面，而不是它的正面。实在说来，开悟是一种肯定。因此佛陀这才表示：见法者见佛，见佛者见法；又说，若欲见佛，不应以色见，不应以声求……无明当权时，自我便被看作是一种积极的观念，而否定自我便成了一种虚无的观念。无明支持自我，这是非常自然的事情，因为自我就是无明的老家。但开悟的境界一旦实现之后，这整个的情况便完全变了面目，而无明所定的秩序也就完全倒转过来了。原是消极的，现在成为积极的了；原是肯定的，现在成为否定的了。佛教学者不应忘了这个与开悟俱来的价值观念的重估。佛教既然主张以开悟为佛徒生活的最高事实，自然也就没有什么消极悲观的东西存在其间了。

四、佛教是一种极端的经验主义

正如哲学过于强调抽象理念和逻辑推论的重要而忽视经常与实际的经验世界保持联系一般，佛陀则如我一再反复陈述的一样，冷冷地拒绝附和空疏的理论而牺牲实际的修行。开悟就是由此种修行而来的实际成果，而无明的遭除亦非其他任何手段所可办到。假如我们可以说佛陀曾有任何驾驭他的整个教理趋向的思想体系的话，那就是我们可能要称的极端的经验主义（radical empiricism）了。我所谓的极端的经验主义，是指他如实地看待人生和世界，而非依照他一己的看法去解释它们。理论家也许会说此话不通，因为，我们总是会将吾人的主观投入每一种感觉活动之中，因此，我们所谓的客观世界，实际上只是吾人固有观念的一种改变之物而已。从认识论上来说，这话也许没错，但从精神的观点看来，一种绝对自由的境地，只有在我们完全不以自我为中心的念头解释人生，并以本来的样子看待世界，就像镜子之映花为花，映月为月一样时，始可达到。因此，我所谓的佛教是一种极端的经验主义，应从精神上而非认识上加以理解。这是"如实"

或"如是"的真意——此词不但颇为频繁地用于佛典之中，实际上也是构成佛教思想的一种最最重要的迭唱。

《长部》中的《沙门果经》(Sāmañña-phala Sutta)，首先以一种逐渐上升的语调告诉我们什么是佛徒生活的最高成果，接着以"如实"观待世界提出结语说：

> 其人如此净心，使其清净，透明，纯良，去除邪恶，柔顺，可以行动，坚定，而不可动摇了，趋向于除漏之知。彼如实知见："此是苦。"如实知见："此是苦集。"如实知见："此是苦灭。"如实知见："此是苦出要谛。"如实知见："此为诸漏。"如实知见："此为漏集。"如实知见："此为漏尽。"如实知见："此为漏出要谛。"如实知、如实见了，其心即自欲漏解脱，即自有漏解脱，即自无明漏解脱。如此解脱了，即得解脱之智而知，"轮回已断，梵行已竟，所作已办，不受后有"了！

我们要怎样理解此点呢？"四圣谛"跟"因缘观"一样，也不能产生什么甚深的意义——假如我们以知解的办法去进入它的话。因为，这只不过是重达因缘生法的教理而已，不论方式多么不同，"因缘观"与"四圣谛"中所主张的原理总是一样。后者指出脱离业缚的实际方法，而前者则引出它的运用计划。就其作为概念而言，这两个公式仍然保持了它们本有的样子——这也就是说，不足以产生精神上的革命。佛陀制订"四圣谛"的目的，在于教人实实在在地用它实现一个理想目的。《沙门果经》前面各部分所说的那种精致的心理训练，只是为了达到这个最后的结果而做·一种准备而已。如果没有一个纯净而又坚定的心灵，真理就无法得到如实的掌握。

机敏锐利的理智也许可以知道真理并讨论有关它的一切，但是，若要在生活中如实地予以体现，则需有一个训练有素的心灵才行。

上面所引各节文字，只有从精神生活的观点加以观察，始可明白。佛教可以说是合乎逻辑法则的一种宗教，但是，我们如果只以逻辑为足而无更深一层的认识的话，那就难免要曲解它了。佛教的合乎逻辑不但只是它的一个方面，而且只是它的一个不甚重要的方面。我们不妨说，对于整个佛教而言，逻辑只是它的一个附带项目而已，大凡被它所迷而至本末倒置的人，多半不能通达佛教的真正要旨。"如实知见"（ti yathābhūtam pajānāti）——我们必须如此；因为，"如实知见"乃是摧毁诸漏而得心灵解脱的知见。佛教徒如果没有这种"知见"（洞视或直觉），不仅没有超脱和自由的可能，更没有达到梵行而得究竟解脱的希望。所谓"如实知见"，并不是指以知性理解超出个人经验以外的事实或真相，而是知晓实实在在发生于个人内心的事情。如果没有个人经验支持它的合法性，即连知识的理解亦不可能。未依印度禅法做过精神训练的人，在如实观想世界时所达到的心境，很难得到感应。以此而言，只可了解佛陀对沙门得果所做的讨论。

"污染"，或如中国译经学者所译的"渗漏"，计分三种，有时分为四种，亦即"欲漏""有漏""无明漏"以及"见漏"。摧毁所有这一切渗漏的"知见"，究竟是哪种知见呢？经过这一番破坏之后，还会剩下一些什么呢？预期的答案也许是个彻底的虚无，因为经过这一番破坏之后，除了绝对空无之外，似乎什么都没有了；尤其是在我们读了如下所引的一首偈颂（"尼波多"——Sutta-nipāta，第九四九及一〇九九偈）时，我们也许会理所当然地被诱惑着把佛陀的言教视为绝对的消极主义：

勿使有事在前，毋使有物在后，
若于中间不着，便得安稳自由。①

然而，从精神的观点看来，事实却是：一个人只有在消除各种渗漏而自种种执着之中解脱出来之后，他的最内生命才能得到净化而如实地见到它的本身——但并不是与非我对立的自我，而是某种超越对立现象且将它们综于自己一身的东西。被消除的是事物的二元论，而不是它们的本一之

---

① 参见《法句经》第三八五偈："无此无彼岸，两者悉皆无。无畏无系缚，是谓婆罗门。"

性。因此，所谓的解脱，便是复归一个人的原来住处。是以，此处所谓的知见，便是澈见众多之中的合一，并视两种观念的对立悉皆出自一个更高的原则而非彼此限制；而这便是绝对自由的立足之处。心灵一旦得到了彻底的训练之后，它便可以看出，真理在于如实知见事物的本来面目或其变化的情形，对于实相既不能加以肯定亦不能加以否定。结果是，我们便有"如实知见"的知见，而后来的大乘学者便以此成立"如如"或"真如"之说。这个受过训练，通过《尼柯耶集经》中所述四禅的心灵，更进一步发展成大乘学者所说的"镜智"（the Ādarśa-jñānam），相当于《增支部集经》（*The Anguttara Nikaya*）中所说的"真智"（the Bhuta-ñāna）。佛陀在谈到沙门果时，为了总结佛教徒所得的精神成就而做的最后一个比喻，至此已经变得十分明白了。这节文字说：

> 大王，犹如山塞，中有池塘，其水清澈，澄明；兹有一人，立于岸上，以目注视，当可看到蛤蚓、河蚌、沙砾、石子，及以群鱼，优游、晏息其中。其人当知，此池清澈澄明，中有蛤蚓，河蚌，沙砾，石子，及以群鱼，优游、晏息其间。

佛陀"如实"之教的此种极端经验主义，在此得到了生动的描述，使我们想到了佛陀在《如是语经》（*The Itivuttaka*）第一〇九偈中将他自己形容为岸上看客的例子。若以理智的办法去理解这个比喻，那将是一件毫无意义的事。作者是从他受长期训练后所得的一种较高思想层次描述他的心境。"三昧"或"开悟"，就是用于这种经验的佛学名词。消灭上述四种渗漏，乃是这种经验的否定，而这种经验就是佛陀的清净心所向的知见。如果只从消灭的活动来看，开悟便是消灭和否定的状态；但是，当此知见一旦彻悟了真如之后，那便是极为积极肯定的境地了。这就是"不怙不守，名为涅槃、老死俱尽的无敌宝岛"的出处（《经集》第一〇九四偈）。要知此处所消所灭的是老死而非生命；因为，生命之所以得以初度恢复它的本有自由和创性，就是经由开悟而致。

不过，这个镜子之喻，也许会给人一个印象：佛教对于这个世界的态度，只是消极被动，缺乏有力的鼓舞。但是这种说法，只能泄露说这话的人对于佛陀本人的人生完全无知，因为他不知道，佛陀为了促进大家的精神福利，毫无私心地将他那漫长而又安宁的 49 年时光完全奉献了出去。不仅如此，说这话的人还忘了一个事实：佛陀的弟子们不但完成了卓著的佛教事业，并且还积极地从事理智活动，使其发展成大乘的佛教。不论此话怎讲，指责佛教的世界观（Weltanschauung）为消极被动，纵使除开历史事实不认，也不能称之为对。我们可从求悟的情形看出，所谓消极被动，只是表面现象而已，作为一个概括的陈词而言，说一种事物绝对消极，是不可思议的——除非那是一种没有任何内容的绝对空无的状态。开悟只要是一种最大精神努力的结果，那就是一种积极主动的境界，有一个永无穷尽的希望宝库隐藏其中，那就是一种合一，有一个兼容并蓄的世界含于其间。"百川喧腾，大海寂默。"①广大的悟海中，有和合的寂默。华严哲人亦将悟境比作无有涯际的海洋，它的沉静和澄明，既可反映光明的星球，亦可含有咆哮如雷和吞噬一切的巨浪。

因此，佛陀在《摩诃离经》中问道："一个比丘一旦如是知、如是见了，还会提出心身是同是别，灵魂与肉体是一是二这样的问题么？"由此可见，佛陀的教导总是以实现开悟的目的为重心，总是以获得消除渗漏和去除每一种执着的知见为目标。他避免讨论形而上学的问题，并不只是因了那是形而上学的问题，而是因了讨论那些问题无助于达到佛徒人生的究极目的：净化精神生活，而不是展示认识论的玄妙之处。无明须以吾人的内证功夫加以驱除，而不是以理智的办法去理解"因缘观"或"四圣谛"中所说的因缘生法的原理。

还有，开悟在于"如实"或"如是"透视事物的本来真相，消除疑惑而不为理解或理论所扰，所有这些，也许可从"如是语"的最后一偈窥见一斑，因为，佛陀是因了他的种种德行而受到赞扬。下面所录，为其前面

---

① 原文见《尼波多经》(*Sutta-nipāta*) 第七二〇偈：Santantā yanti Kussobbhā, tunhi yāti.

三节文字：

> 如实知见全世界，整个世界如实知。
> 他已超于全世界，整个世界无伦比。
> 于一切中全超越，所有束缚尽解脱。
> 已得涅槃无所畏，无上寂静属于他。
> 诸漏已尽大觉尊，安稳不动无疑惑。
> 已将诸业尽摧毁，连根摧毁得开脱。

五、习禅是为了使心灵成熟

"如实"地观察事物，可说是开悟的理性或理智面，虽然，这句话并不含有推理的意思；开悟还有另一个方面，不妨在此作为考索的话题。我指的是它与"三昧"或"禅那"之间的关系。如前所述，此系体悟的初步，但这也表示：如此而得的体悟并不只是亲见真理或"见谛"而已。如果开悟只是此见或有知见而已，精神上就不会得到如此的明悟而致烦恼完全消除，而得一种绝对自由之感。单是直觉或直观，无法完全透视生命的本源，使得一切疑惑完全寝息而割断所有一切的系缚——除非一个人的意识得到彻底的准备，乃至能够完全而又如实地接纳"大全"。吾人的感官和日常意识实在太容易受到干扰而与真理的体现背道而驰了。因此，心灵的训练或修心，就成了不可或缺的事情了。

我们不要忘了：佛陀不但曾在敷论派的两位导师下面受过此种训练，而且，即使到了开悟之后，在训练他的弟子坐禅时，仍然将它作为一条修行的规则。而他本人也以身作则，只要一有闲暇，便退坐静处。当然，这并不只是耽于禅寂，或使这个世界反映于心镜之中。即使对他自己，乃至到了开悟之后，仍是一种精神训练。关于这一点，佛陀只是遵行印度其他一切圣者和哲人的实践方法。不过，对他而言，事情并非仅此而已；他在这种训练中看到了更深一层的意义，那就是唤起体悟佛法的最高精神感应。实在说来，如果没有这种无上的觉醒，不论多么高超的禅定，对于圆成佛徒的生活，悉皆毫无用处。因此，我们在《法句经》第三七二偈中读到："无慧者无定，无定者无慧。定慧兼具者，斯人近涅槃。"禅定与般若智慧之间的这种相互依存，便是佛教不同于当时印度其他教说的地方。禅定必须生于般若，必须发展而为如实知见；因为，只有禅定而无智慧，那便不能成为佛教了。而这便是佛陀不满他的老师指导的缘故；因为，借用他自己的话说，单是这样"不能得正见，不能得正觉，不能得涅槃"。(na abhiññāya na sambho dāya na nibbānāya samvattati.) 住心于空明境界之中虽是一种乐事，但那颇易陷入昏沉，而佛陀却无意在白日梦中将他的阳寿睡掉。学者必须有一种正知正见，才能澈见万事万物的生命和灵魂。对他而言，般若或智慧是他的教理的一个根本部分，必须从禅定之中生长出来，因此，不生智慧的禅定，便不是佛教的禅定了。诚然，船舱须要腾空出来，但枯坐"空室"之中而毫无所为，则无异空白和灭亡；眼睛必须睁开才可看清能使生命解除种种束缚和窒碍的无上真理（paramam ariyasaccam——见《中部集经》第一四〇经）。《法句经》第三七三偈再度唱道：

  比丘入空室，其心得寂静。
  谛观于真理，得受超世乐。

  是以，习禅的目的在于使心灵成熟，以便体会富于摧毁和解脱之力的正真主道，又因此道唯有觉醒可以了断一切不幸的无上般若方可实现，因此，佛陀总是时时提醒他的弟子，使他们明白般若智慧的重要性。例如，在他为他们所做的一般训练计划中，就有"戒"（德行）、"定"（禅那）、"慧"（般若或直观之知）三学。不论禅定经验能够给人什么超感官的快乐，佛陀总是认为它们距离佛教生活的究极目标差得还远；任何一种这类的快乐都要弃去，以免它们纠缠心灵而打断其觉醒般若智慧的上升之道。唯有如此觉醒般若之智，心智的解脱或复归吾人原有的精神居处，始可办到。而佛陀所谓的解脱，是指解除任何种类的攀缘执着——包括感官（色）上和知觉

（识）上的攀缘执着。他在《中部》第一三八经中表示：不要让你的心受到外物的干扰，也不要让它岔出你自己的意念之外。要远离执着而心无所畏。这是克服生死之苦的妙道。

不论何处，不论内外，只要有些微的执着存在着，便有一些自利的根株残留着，而这一些残余的根株，不用说，一定会产生一种新的业力，将我们牵入永无止境的生死轮回之中。这种执着就是一种着迷、虚妄或想象。《尼柯耶集经》中列有九种此类自欺的虚妄想象，悉皆出于自私自利的计虑，故而自然会形成某种执着。这就是所谓"我是""我是那""我将是""我将不是""我将有色""我将无色""我将有想""我将无想""我将非有想非无想"等九种不实之想[①]。我们必须去除所有这一切傲慢自是的观念，才能达到佛教生活的最后目标。因为我们一旦去掉这些之后，便可不再忧虑、不再怀恨、不再劳役、不再被恐惧所制——而这便是息炎，便是涅槃，便是证入实相和法性。吾人心中的般若智慧一旦觉醒，戒律即行舍弃，禅定即可丢开，只剩一种开悟的境界，让心灵在它里面自在活动。

在某些习于另一种"理致"的批评家看来，似乎有些难以理解的著名"筏喻"（Kullūpa mam）[②]，乃是佛教无著之说的一个良好示例。"如筏喻者，法尚应舍，何况非法！"（Kullūpamam vo bhikkhave ājānantehi dhammā pi vo pahātabbā, pageva adhamma！）这种教理，实是贯穿整个佛教教义发展历程的一个最最根本的主要意旨。被某些人认为背离原始佛教精神的般若哲学，在拥护此种无着教说方面，绝不逊于任何其他经典，譬如《金刚经》（the Vajracchedikā Sūtra）中所说，即是一例。实在说来，所有一切般若经

---

① 这一段引文见于《中部》中的《分别六界经》（*Dhātuvibhangasuttam*），原文是：Asmiti bhikkhu maññitam etam；Ayam aham asmiti maññitam etam；Bhavissam ti maññitam etam；Na bhavissan ti maññitam etam；Rūpi bhavissan ti maññitam etam；Arūpi bhavissan ti maññitam etam；Saññi bhavissan ti maññitam etam；Asaññi bhavissan ti maññitam etam；Nevasaññi-nasaññi bhavissan ti maññitam etam.
② 见《中部》第二十二经。

中所说的性空之理，无非就是此种无着的教义①。《金刚经》上说："Tasmād iyam thathāgatena sandhāya vāg bhāshi Kolopamam dharmaparyāyam ājānadbhir dharmā eve tā prahātavyāḥ prāgeva adharma."（如来常说，汝等比丘知我说法，如筏喻者，法尚应舍，何况非法？）

这个筏喻的本身约如下述（《中部》第二十二经）：

"我以筏作比喻，向你们说我的法。比丘们，筏是用来逃难的，而不是保留的。仔细谛听，且好好记着我的话。假设有一个人，经过长途跋涉之后，路上遇到一条大河，此岸充满恐怖和危险，而彼岸则安全无虞，但是，既没有船又没有桥用以渡过此河而至彼岸。假如此人心想：这确是一条大河，非常之宽，此岸充满恐怖和危险，而彼岸则安全无虞；但这里既没有船又没有桥可以从此岸而至彼岸。假如我聚集一些芦苇、树干以及树叶，编集而成一个芦筏，而后以此筏支持自身，以手和脚划水而安渡彼岸，岂不很好？是以，比丘们，假如此人聚集一些芦苇、树干以及树枝，编集而成一个芦筏，投在水上，而后劳动手脚，安抵彼岸。于是，洪涛渡过了，彼岸到达了，当此之时，假如此人心想：我这芦筏对我确是管用。我以它为身船，运动手脚，而得安渡此岸；如今我将它顶在头上或夯在肩上，随身携带，岂不很好？比丘们，你们将作何想？此人这样做，是不是对呢？"

"不对，世尊，实在不对！"

"那么，对于这个筏子，这人应该怎样做才对呢？比丘们，这人应作如是观：此筏对我真是管用！我靠它支持，运动手脚，而得安抵此岸。现在，我将它留在岸旁，或留置水中任其浮沉，以便继续我的行程，岂不很好？对于此筏，比丘们，这人如此做，是谓正行。"

"我亦以此筏喻向你们说法。所谓筏者，比丘们，系为逃生而做，

---

① 参见《尼波多经》（亦译"经集"）第二十一偈："我做了一个构造良好的筏子，世尊如是说，我已得度涅槃，已经得达彼岸，已胜烦恼洪流；筏已无用；是故，如你愿意，那就下雨吧，哦，天！"

非为保存而做。比丘们,既然明白了这个筏喻,你们就该将法抛开,何况非法!"①

说到这里,我们也许可将佛陀的教说做一个如下的结语了:凡事如此如实知见,就可得到绝对的精神自由;或者,我们也许可以这样说:我们一旦解除了以我为基础的错误观念以及由此而来的邪恶烦恼,并让心灵意识到它本身的解脱之后,那时,我们便是有生以来第一次完全觉醒到如实的真理了。知见与解脱这两种事情,彼此之间具有非常密切的依存关系,若缺其一,就难以想象,难以成立了;实在说来,它俩乃是同一个经验的两个方面,只有在吾人的有限认识中才会分开。如无禅那,般若即不成其为般若;若无智慧,禅定也就不成为禅定了。所谓"开悟"或"觉悟",就是用以指称"定慧合一""如实知见"以及舍弃任何一种"法筏"的经验境界。下面所引一节文字,应从此种观点加以理解:

"是以,比丘们,不论何色(或身):不论是过去色,未来色,还是现在色,不论内色还是外色,不论粗色还是细色,下色还是上色,远色还是近色——所有一切色(或身),皆应作如实观察,皆应以正知正见加以看待,因此:'此非我所,''这不是我,''此非自我'。其余四蕴:受、想、行、识,亦复如是。

---

① 在此,我将"法"(dharmas)之一字留而未译。因为,这个"不可翻"的术语,有的表示"正义",有的表示"道德",有的表示"性相"。众所周知,这是很难翻译的词儿。小国的译经师一律将它译为"法"字,随处通用,不管其上下文意为何。就此处而言,这个"法"字,可指"善行",可指"既定的道德规则",甚至可指"任何被认为能生善果的宗教教理"。《楞伽经》第一品中述及超越法与非法的话"Dharmā eva prahātavyāḥ prāgevādharmāḥ"并加解释说,这种分别出于妄认是与非的二元性,其实其中的一个只是另一个的反影而已。你对镜而观,见到镜中有一影像,认其为真,将那个影像看作是你自己而不是别人。如此观待世界者对此世界可得正见,"ya evam Pasyati sa samyakpasyati"。实在说来,当他得一行三昧(ekāgra),就可体会到名为"如来藏"(the Tathagatagarbha)的内智自显的境界(svapratyātmaryajñāgocara)。在这示例中,"法"(dharma)与"非法"(adharma)乃是"有"(sat)与"无"(asat)或"肯定"(asti)与"否定"(nasti)的同义语。由此可见,舍弃法与非法(dharmāharmayoḥ prahānam),就是泯除错综复杂的二元性。从哲学上来说,这种舍弃,就是与绝对合一,而从道德上来说,就是超越善与恶或是与非。此外,亦可与《尼波多经》第八八六偈做一比较,彼偈认为此种二元性系由虚妄的哲学推理而来,"Takkañ ca ditthisu pakappayitvā, saccam musā ti dvayadhammam āhu"。

如此知见此世而远离此世的人，是真解脱烦恼而得解脱意识者。这就叫作消除障碍而平复沟渠的人，破除束缚而得自由的人，战胜怨敌而得胜利的人，放下重担而得超脱的人。"①

总而言之一句话：此人具有开悟的一切德行，意志与理智已在他的身上得到了调和。

六、开悟是返璞归真

无明是离乡背井，而开悟则是返璞归真。在离乡背井的时候，我们过的是一种充满痛苦和磨难的生活，而我们所住的那个世界则是一个很不理想的居处。但是，我们一旦开悟之后，这种苦况也就告一段落了，因为我们一旦开悟，便有能力重回自由而又和平的故乡安居了。意志一旦疏忽了它那透视本身生命的工作，二元论便乘机渗透进来。意识无法超越它自己的作用原则，意志努力奋斗而对它的奋斗工作逐渐感到沮丧。"何以至此呢？"理智这样问道，但这不是人类的知识可望解决的问题；因为它是一种深藏于意志之中的神秘。天父为什么要派他的独生子去拯救他亲手创造但流浪异乡的造物呢？基督对于天主的罪过、子民的命运何以那样难过呢？这是永恒的神秘，是相对理解所无法解答的问题。但此等问题的发生且不断威胁吾人的精神安宁这个事实，却也显示了它们并不是专业哲人所可解答的那种泛泛的玄学问题，而是直接诉诸最深的灵魂，须由灵魂努力奋斗，以它自己固有的一种更高更深的力量——一种比纯然的认识推理远为高深的力量——加以征服的问题。

这个浪子的故事②，是佛教徒和基督徒两者共有的一个热门话题，难道我们不能从这里面找到一些永远真实的东西么？——虽然，它是那样的可悲，那样的深不可测，深深地埋藏于每个人的心底。且不论那是什么，意

---

① 此段引文节自《中部》第二十二经。并见《相应部》第十二经。
② 关于这个故事的佛教本子，见《妙法莲华经》第四品及《金刚三昧经》第四品（中译本）。

志终于成功地看清它的本身而返回了它原来的住处。吾人在开悟中所得的那种安宁之感，实在说来，就是流浪之人安抵故园的那种感觉。从逻辑的观点来看，这种流浪似乎完全多余。一个人如果必须再度找到他自己，那么，失去他自己又有何用？如此从一到十，而后又从十到一——究竟有何益？但这种精神上的神秘乃是：返回故乡并不只是倒数以前曾经顺数过的那些数字而已。物理学与心理学之间有着一个重大的区别。一旦返回故乡之后，其人已经不再是从前那个人了。透过他的时间意识之行（excursion through time-consciousness）返回之后的这个意志，已是上帝本身了。

在《金刚三昧经》中，无住菩萨问佛，那个父亲对他的儿子何以那样无情？——为什么要让他流浪五十年期满才召他归家？对于这个问题，佛陀答道："五十年在此不可作时间关系的指称加以理解，它指的是一念觉悟。"（此处的经文译语是："经五十年者，一念心动。"——译注）正如我要解释的一样，此处指的是意识的觉醒——意识是意志里面的一种分裂，除了作为演员之外，如今又成了知者（能知）。而这个知者又逐渐变化，乃至成了看客兼批评者，甚至还想当导演兼领队。人生的悲剧由此出现，而佛陀则以此作为"四圣谛"的建立基础。"苦"（duhhka）这个字，就是我们绝大多数人所过的人生本身，乃是平白的事实陈述。这完全出于无明，出于吾人的意识未能充分觉悟到它的性质、任务以及与意旨相关的功用。意识须先化为意志，才能发出它的本愿（pūrvapranidhāna），服从它的真主。这个"一念觉醒"乃是无明的萌动，同时也是它的限制。此点一旦征服，"一念"即成为意志，而这便是开悟。因此，开悟就是返回。

就以这一方面而言，基督教比佛教较富象征意味。创造的故事，自乐园堕落，上帝派基督补偿祖先的原罪，耶稣上十字架以及复活——所有这些，莫不具有象征意味。明白一点说，创造就是指意识的觉醒或"一念觉醒"；堕落是指意识背离本来的道路；上帝派他的独生子来到我们人间，是指意志想要透过他自己的子孙（亦即意识）看清它自己的面目；上十字架是指超越由理智的觉醒而起的演出与认知的二元性；而复活所指的，则是意志战胜理智——换句话说，意志在意识的里面运用意识看清了它自己的面目。复活之后，意志就不再是盲目的奋斗了，而理智也就不只是观看舞者跳舞了。在真正的佛教生活中，此二者不可分离；观看与表演悉皆综合于一个整体的精神生活之中，而佛教徒称这种综合为"开悟"，为无明的消除、束缚的解脱、污染的清除如此等。佛教就是这样远离基督教的历史象征；为了超越时间的限域，佛教尝试要在意志的一次行动之中得救；因为，一旦返回之后，所有的时间痕迹也就泯除了。

佛陀初开法眼、澈见真理时，曾经亲口说出他在开悟之前从未听人说过的归家之感。他说："我像一个流浪之人，于流落荒野之后，终于发现了一条先佛走过的古道，并在这条路上前进的时候看到了先佛住过的村落、宫殿、花园、林木、荷池、院墙以及他们曾经用过的其他许许多多东西。"① 从表面看来，这种返回老家的感觉，与为了申述"见所未见"而说的那种陈述，似乎有些矛盾；但这是逻辑上的矛盾，而不是精神上的冲突。只要佛陀从认识论的观点去叙述缘起论的链环——这也就是说，假如他企图从经验论的意识过道返回他的固有意志的话——他就无法达到他的目标。他所以能够踏上那条古道，只是在他以纯然的意志努力突破无明的围墙之后的事情。这条古道并非他的知识之眼得而认清，虽然，那已是最好的眼睛之一了；因为，纵然身为佛陀，也不能无视用眼的法则；因为，这条链子不是单凭顺逆计算其环节而断裂的。知识——亦即无明——将亚当从伊甸乐园引诱到痛苦的娑婆世界，但可使他与他父亲和好的力量，却不是知识，而是祛除无明和导入悟境的意志，吾人在开悟之时所体验到的那

---

① 见《相应部》第六十五经《龙象经》（Nagara），亦见《文殊所说般若经》。我们可在这部经中看出，佛陀说了一个挖宝的比喻之后，说到了一个人，此人在听到人们愉快地谈到他曾去过的古城和村落时，感到喜不自胜。听人讲述《般若经》而得解了其意的人，亦有此种愉快之感，因为他在过去世中曾在佛陀座前听闻此法。解了"般若"之理是一种宿世记忆，如与此处所述的开悟之说关联起来看，可有高度的启示性。导入悟境可由有一种回乡或念旧之感，《凯那奥义书》（VI, 50）的作者亦有难以误解的记述：现在说到自我：似有某种东西打入意识而意识忽然忆起——此心此境显示了自我之知的觉醒。种德婆罗门（sonadanda）明白了佛陀所讲的真正婆罗门的特性之后说道："啊，好极了，瞿昙，好极了！正如有人树立既倾之物，或出秘藏之宝，或以光除暗，使有眼者皆得见外形——敬爱的瞿昙，今以种种譬喻示我以至真之理，亦复如是。"

种返回老家或忽逢故知的感觉,乃是禅门学人所熟知的一种事实。且举一个例子:被大家尊称为"智者大师"的智顗禅师(538—597),是中国佛教哲学天台宗的创立者——他亦曾跟他的老师慧思禅师(515—577)学过禅,虽然不属禅宗正脉系统,但也被列为禅者之一。他去见慧思禅师时,后者示以"普贤道场",合修"法华三昧"(saddharmapundarikasamādhi)。他依法修行,在《法华经》中读到某一节文字,忽然心开意解,当下体会了老师述及的话——昔日他曾与他的老师在灵鹫山同听佛陀讲述此经。当他将此境界报告他的老师时,后者为他印可说:"非汝莫证,非我莫识。"后来的禅师们提到这个公案时常说:"法华一会,俨然未散。"但这是佛教圣者的神通能力,不可与往事的回忆混为一谈。这与此类的记忆毫无关系,因为开悟的里面还有更多的东西,不只是时间上的关联而已。纵使是《般若波罗蜜多心经》中所明白说到的从前听经,那也不是一种纯然的回忆而已;这种认识并不是一种心理学上的现象,般若之智能够更进一层地透入吾人的人格深处。此种回到某种熟知事物的感觉——这种复见吾人至交的感觉,实在说来,就是意志经过种种冒险的浪游之后,不但再度返回了它的固有旧居,而且带回了可以开展无限事业并照明无限前途的无限经验和无限智慧的宝藏。

七、以觉悟避开厄难

一般人将叔本华的哲学与佛学混为一谈,关于这点,在此略述数语,也许并无不当之处。这些人认为,佛陀所说之教,否定这位德国悲观论者所坚持的生存意志,但是,就其对佛教的认识而言,可说没有比这种否定论更为离谱的了。佛陀并未认为意志是盲目的、非理性的,故而应予否定的;他真正否定的,是由无明而起的"我有实体"的观念,以及由此观念而起的贪欲,执着于无常的事物,顺从自利的冲动。佛陀经常悬在眼前且一有机会就向之接近的那个目标,乃是使意志觉悟而不是加以否定。他的教理是以肯定的前提为其建立的基础。他之所以不赞同我们绝大多数人所过的生活,乃因为那是无明和自利主义的产物，总是将我们投入悲惨的深渊之中，佛陀为我们指出一条出离之道，教我们以觉悟而非断灭的办法避开这种厄难。

就其本来面目而言，这个意志就是清净的作用，因此，其中没有自我的污染；只有在理智因了本身的错误而盲于意志的真正作用，并在此处误认个化作用的原则时，才需要觉醒。因此，佛陀所要的是一种开悟的意志，而不是否定意志。这个意志一旦开悟之后，理智得到适当的调节并遵行它的本来道路之际，我们也就解除了由于认识错误而加于自身的束缚，净除了由于解释失当而自意志渗出的污染。开悟和解脱是佛教的两个重大观念。

马鸣菩萨借佛陀之口针对数论派哲学家阿罗逻伽兰（Arada Kālāma）所作的论证，在这方面做了一个明白的阐释。当初，阿罗逻教佛陀将灵魂从肉体中解脱出来，就像使鸟儿飞出牢笼或使芦茎脱离芦鞘一样，并说如此便可舍弃自我时，佛陀做了如下的推论："只要灵魂继续存在，自我便没有舍弃。灵魂如果不离数量的桎梏，便不能自实质之中解脱出来；因此，如果不从实质之中解脱出来，便没有自由解脱可言。此等实质与它们的主体之间并没有真正的分离；因为离开了它的形态和热力，便没有火可得。在体之前，无相可得，因此，在相之前，无体可得。灵魂如果本来自由，怎么会受到束缚呢？解了体的知体者（灵魂），要不就是能知，要不就是不知；如果它能知的话，那就需要有被知的对象，而假如仍有这个对象的话，那它就没有得到解脱。或者，假如这个灵魂不知的话，那么，这个想象的灵魂对你又有什么用处呢？纵使没有这样的灵魂，无知无识也很显然，例如木头或墙壁。既然每一次的舍弃仍有诸相相随，则我认为，只有舍弃一切才能达到我们的最终目标。"[①]

关于灵魂的解脱，只要仍有二元论的观念存在，就没有佛陀亲口所宣的真正自由可得。所谓"舍弃一切"，是指超越灵魂与肉体、主体与客体、能知与所知、"是"与"非"以及有灵魂与无灵魂等二元或两边；而这种超越不是单凭否定灵魂或意志所能完成的，必须照见它的真性，体悟它的本

---

① 见 E.B. 科威尔（E. B. Cowell）所译《佛本行集经》（*Buddhacarita*）第一三一至一三二页。

来面目，才能够办到。只做数论派哲学家所主张的理智思维，不但不能得到精神上的解脱，更是使人陷入消极被动的境域，而这便是他们所谓的"空境"或"虚无的境界"(realm of nothingness)。佛教所传的是解脱而非断灭；它所提倡的是精神上的锻炼而非心理上的麻痹或空无。吾人的日常生活须有某种转向，我们的精神前途须要展开某种新的景象——假如我们要做佛陀的真正弟子的话。他之所以不满苦行主义、虚无主义以及享乐主义，从这个观点加以观察，就变得明白易晓了。

《中部》中所说的佛陀之见数论派哲学家与马鸣这位大乘佛教诗人所述者略有不同，但从某一方面来说，却也更能支持我对佛陀之悟所做的论证。他之所以不满阿罗逻与优陀迦的教理和修法，原因如下："此说不能将人带向转变，带向淡漠，带向止息，带向寂静，带向澈见，带向正觉，带向涅槃之境，只可使人达到空无的境域。"那么佛陀对于"涅槃"的认识又是什么呢？此词的字面意义所指的虽系寂灭或止息，但它在此却与觉悟、转变（亦即价值的重估）以及澈见等语并列而与空无相对。毫无疑问的是，就以这些形容词所可判断的情形而言，"涅槃"乃是指称某种可以确定的经验的一种积极观念。当时，他来到尼连禅河畔，坐在菩提树下的一块柔软的草地上，下定决心：除非彻悟他出家以来一直追求的目标，否则便不离开那个地方。据《神通游戏经》说，当时他曾发下了这样的誓愿：

纵使此身干枯了，
皮肉骨髓皆被毁：
我今若不证菩提，
身心终不离此座！①

如此下定决心之后，佛陀终于证得了已经苦求多生多世的无上正等正觉。此次所证，比他以前在优陀迦和阿罗逻座下所得，究竟有何不同呢？

---

① 见勒夫曼版（Lefmann's edition）第二八九页。

下面让他自己来说吧：

"是以，善男子，我自受生支配，但识受生过患而求无生涅槃无比安稳，即得无比安稳乃至无生涅槃。

"我自受老支配，但识受老过患而求无老涅槃无比安稳，即得无比安稳乃至无老涅槃。

"我自受病支配，但识受病过患而求无病涅槃无比安稳，即得无比安稳乃至无病涅槃。

"我自受死支配，但识受死过患而求无死涅槃无比安稳，即得无比安稳乃至无死涅槃。

"我自受苦支配，但识受苦过患而求无苦涅槃无比安稳，即得无比安稳乃至无苦涅槃。

"我自受染支配，但识受染过患而求无染涅槃无比安稳，即得无比安稳乃至无染涅槃。

"于是我即知见：'我确已得解脱；此为我之最后之生；我将不受后有了！'"[1]

此处，涅槃被用无生、无老、无病、无死、无苦以及无染来加以修饰时，似颇富于消极意味。但是，这些否定语中如果没有可以肯定的东西的话，佛陀也就不会止于"无比安稳"并确定已得最后解脱了。由此可见，佛陀所否定的乃是昧于生死根由的无明，而此无明须由最高的意志努力加以消除，纯然的逻辑推理和思维是不管用的。意志既已得到主张，理智也就清醒到明白它的真意了。所有一切如此受到观照的欲望、情感、思想以及奋斗，悉皆变得无我无私而不再是污染、束缚以及其他许多障碍的原因，这都是大小乘佛经中常常提及的许多东西。就以此意而言，佛陀自是胜利者，征服者——并不是征服空无的征服者，而是征服混乱、征服昏暗、征服无明的征服者。

---

[1] 见《中部》第一卷，第二十六经《圣求经》(*Ariyapariyesana-sutta*)。

第三篇

禅的历史

——从初祖达摩到六祖慧能

禅

所谓禅宗，乃是中国人的心灵产品，或者是中国人对开悟之教所做的一种精心诠释。因此，我们如欲叙述禅的历史，就某些方面而言，最好的办法不是前往印度，而是待在中国，研究中国人的心理和哲理，探讨禅之所以能在这个天府之国发荣滋长的环境，而不忘它是开悟之教的一种实用的解脱。

本文的主旨，不是想为禅宗的历史做一个完全合乎批判精神和科举要求的采究；因为这种工作必须先对佛教在中国的发展情形有相当的认识才行。然而，就我所知，读者欲求与这方面有关的教本，仍不可得。因此，本文的主要目的，在于先使读者认识传统的禅宗历史——在日本和中国的信徒中传播的禅宗历史。有关它的批判研究，等到读者对这个工作有了若干程度的准备之后，再行继续。

禅在传入中国之前，它在印度的传统起源，就以禅籍所载而言，因其与传说混而不分，故而也就难以从它求得可靠的事实真相了。对于尚未有人从事批判性研究工作的时期，尤其是在宗教方面，一切皆以批发的方式全盘信受的时代，如今要想求得与事实有关的东西，自然是不可能的了。如今要想揭开禅宗在印度的起源之秘，除了以通常合乎逻辑的办法从大乘佛教的发展史中撷取已知的事实之外，也许已经太迟了。实际说来，所谓禅宗，正如已经讨论过的一样，乃是中国人的心灵产品，或者是中国人对开悟之教所做的一种精心阐释。因此，我们如欲叙述禅的历史，就某些方面而言，最好的办法不是前往印度，而是待在中国，研究中国人的心理和哲理，探讨禅之所以能在这个天府之国发荣滋长的环境，而不忘它是开悟之教的一种实用的解说。

不过，对于这个论题做如此的处理，有些学者也许会反对说：假如禅宗是一种佛教的话，或者，正如它的信徒所宣称的一样，是佛教的核心的话，那它就不能自外于一般的印度佛教史了。此话诚然不错，但就事实而言，如此的禅却非印度所曾有过——这也就是说，就吾人现今所见的禅而言，印度是从未之见的；因此，如果我们想到中国之外去追溯禅的起源和发展情形的话，唯一可行的办法便是我在此前几篇文章之中所循的一种。这也就是说，我们必须把禅视为中国人对于一切佛典悉皆弘扬（对大乘佛典最为热切，小乘佛典偶亦述及）的开悟之教所做的一种解说而予以考量。此种开悟之说随着时代的发展稳定地成长，不仅掌握了佛弟子的心向，同时也控制了整个佛教思想的发展路线；使得瞿昙成为佛陀，成为大觉世尊的，难道不是由于开悟么？追随佛陀的足迹，达到究竟解脱的目标，难道不是佛教的宗旨么？但是，中国的佛教徒[①]或开悟之教的拥护者，无意生吞活剥印度的佛教。因此，中国人以其实际的想象力创造了禅宗，并尽其所能地使它作了合乎他们本身宗教要求的发展。

如果我们将已是成熟产品的禅拿来与刚开始在佛教中展开的开悟之教做个比较的话，我们当可发现这两者之间存在着一个似乎难以通过的鸿沟。但是，不用说，这是可以想见的。现在，且让我们看看下面所述的事实。佛陀开悟之初，曾经有些怯于向人揭示成佛的整个奥秘，认为他的弟子尚无足够的能力追随他所走过的每一步。他在开悟之后所得的第一个感觉，几乎统贯了此后他在人间的整个余年。情形是这样的：他所证得的无上正等正觉，对于继他踪迹追求它的有情众生而言，几乎是一种可望而不可即的目标；因此，如果他向他们揭示此种大法的奥秘了，他们不但不能完全领会，反会因他们本身的缺陷而使大法受到亵渎。他在开悟后岂不是曾想即入涅槃么？尽管接受了梵天的劝请，但他整个的余年似乎一直都受着此

---

① 通常多指奉行开悟之教的一派。

种感觉的控制——他勉为其难地揭示了他的整个最内自悟境界（《楞伽经》称之为自觉圣智或自证圣智）。事实上，佛陀本可亲自将他所证的东西毫无保留地传给他的所有弟子，但《阿含经》或《尼柯耶》给我们的印象却是：他实在是很不愿意那样做。至少，这是初期经典执笔人对他们的祖师所要呈现的情形，假如此点没错的话，可见开悟这个观念在小乘经典中没有得到充分而又明白的开展，以致未能达到使我们一望而知的程度，就很显然了。但是，正如我曾指出的一样，此一观念只是浅浅地埋藏在其他次要的观念之中，因此，只要以逻辑学和心理学的办法，顺着经中所述的佛陀开悟的事迹追踪下去，即可使它显示出来。

　　初期的经典执笔人，将在心理学方面亦属无我论的"四圣谛""因缘观"或"八正道"视为佛教的中心教说。但是，我们只要从哲理与禅的观点思索一下佛陀的生活及其成佛的究竟原理，就会情不自禁地把他的开悟经验视为佛教最有意义、最为紧要且最有成果的部分。因此，佛陀真正想要传给他的弟子的，就不得不说是开悟之教了——尽管小乘学者将他所传的一切解释为或理解成所谓的"原始佛教"。但是，只要佛教在印度流行，它的这个中心观念就仍然如故；这也就是说，这样的观念是在绝大多数的大乘经典中发展而成的。只有在菩提达摩将它传至中国之后，这个观念才在那儿生根，成长为我如今所特指的佛教禅宗。因此，适当地说，或以其狭义的意义而言，我们也许还是把禅视为在中国发端的东西为最妥当。对于形式如此纯粹的禅而言，印度的土壤未免过于虚玄、太富浪漫的想象，自是不适于它的成长了。

　　尽管佛陀的教说以证得佛果或阿罗汉果为其最高的目标，但佛陀本人非常实际，总是与生活的事实保持着密切的关系，因而在他的日常说法中总是坚持以戒律节制生活。并且，对于必须体验而无法解说的开悟内容，他也没有以理智的方式或玄学的办法加以揭示的欲望。他一直不厌其烦地强调自证的意义，因为涅槃或开悟的境界，必须透过个人的努力才能在个人的内心之中证得。所谓"四圣谛""因缘观"乃至"无我论"，只是实现佛徒生活目标的一种知识上的指标；这一类教说，除非最终能够达到开悟的目的，否则，便没有任何实际的意义可言。

　　佛陀从来没有认为他的弟子会把他的整个教说重点完全放在此等知识的组合上面，因为，这些东西如果没有内在的精神加以支持，单凭它们的本身是不能自立的。"八正道"本是踏上开悟之道的一种修行指标，而佛陀本人亦有如此的看法。对于他的教义不能作更深一层的透视，因而只能看出它的道德意义的人，多半将它视为一种伦理的教化，除此之外，别无所有。他们将佛教视为哲学上的一种实证论，而将它的同袍（僧伽）看作是一种持戒苦修的团体。他们赞美佛陀，说他是一种科学宗教体系的创立者，没有一般宗教常见而且烦琐的灵魂迷信。但我们之所以有更佳的认识，乃因为这些评论与佛陀的教说并不完全一致，因为它们只是反映它的一个方面，对它的整个内容并未做一个深且广的透视。这些评者如能接受上述各种考索，并将禅那的修习视为佛教的精神所在，他们方可说是与这个目标接近了一些；但是，纵使是这种禅那，也只是一种精神的锻炼，须加实修，才能为最后涅槃境界的体会铺路。单是禅那本身，并不足以使佛教有别于佛陀时代存在于印度的其他各种哲学宗教体系。因此，把禅视为开悟之教（此系佛教之所以存在的理由）的具体表现，还得俟诸大乘运动的崛起，而当这种运动由菩提达摩传入中国之后，它才成长成吾人如今所知的佛教禅宗。

一、禅是佛教的最内心髓

　　有关禅在印度起源的传说故事，大致如下：一天，释迦牟尼在灵鹫山对他的弟子说法。但他却没有运用冗长的言辞去解释他的论点，只是在大众面前举起一束由他的一位在家弟子献给他的鲜花。他一句话也没有说。没有一个人明白佛陀此举的意义——除了年老的摩诃迦叶尊者。他也没有说什么，只是向他的导师静静地微笑，好像他已充分地体会到了大觉世尊这种虽然沉默无言，却又极为雄辩的教旨。佛陀见了，随即亲开金口，庄重地宣布道："吾有正法眼藏，涅槃妙心，实相无相，微妙法门，不立文字，教外别传，付嘱摩诃迦叶！"

正统的禅徒大都盲目地把这个故事视为禅道的起源，认为，这里面不但揭示了佛陀的心灵，同时也开示了佛教的秘密。禅既被称为佛教的最内心髓，同时又从佛陀直接传给他的大弟子摩诃迦叶，它的信徒自然也就重视这种在师徒之间的授受的特殊情况了。大体而言，我们知道摩诃迦叶继承了佛陀的宗教领袖之职，但是，关于他在禅的方面所得的教外别传，在如今现存的印度佛教文献中，却找不到相关的历史记述。然而，这个事实在公元1029年由李遵勖所编的一部名叫《天圣广灯录》的中文禅书中，却有特别的记述，就吾人所知者而言，可说是有史以来的第一次。此外，在公元1064年由契嵩所辑的《传法正宗记》中，亦有记述，且有订正，但只述及这个，故事有欠历史的真实性。公元1004年出版的《传灯录》，是现存禅史中最早的一部，但它的执笔人却没有记述有关佛陀传禅的任何特殊事件。由于所有一切早期禅宗史料皆已散失，我们目前也就没有办法确定禅在中国的传承究竟始于何时了。可能的情形也许是：它在禅徒之间开始被谈到的时间，也许是佛教已在中国建立了良好的基础之后，亦即公元8世纪的时候了。

那时必然已有某种需要，为了禅宗的法系编造一种传说。因为，当禅宗的势力愈来愈大时，当时已经存在的其他各宗自然免不了会嫉妒它的风行和影响，因而攻击它，说它没有公认的记载可以证明它直接传自佛教的教主，而这正是禅宗的信徒所自称的。这种情形，尤其是在禅者轻视经论教义时，尤为显然，因为他们认为，禅的究极威权出自个人自己的亲身体验。关于此点他们显得确实非常出色；但他们总不能过于吹求、过于自恃，总不能完全不顾事实佛教的权威。因此，他们总得找出某种记述，证明佛陀将禅法传给摩诃迦叶，复由摩诃迦叶辗转相传而至第二十八代祖师菩提达摩，而达摩来到中国传法，遂成为中国禅宗的初祖。于是，西天、印度二十八代祖师的传法系统，由禅宗的史家建立了起来，而其他诸宗所说，自教主而下，只有二十三或二十四代祖师而已。这些史家为了禅之从佛陀特别传给摩诃迦叶立系时，他们觉得必须将从第二十三或二十四代祖师到他们所说的第二十八代祖师菩提达摩之间的空隙填补起来。

从现代的批评观点来说，只要禅的本身真实不虚且有其持久的价值，无论它是由达摩创于中国，还是由佛陀创于印度，悉皆无关宏旨。又从尝试以科学方式确定禅宗发展渊源的历史观点来看，重要的一点，只是在印度的大乘开悟之教与它被中国人用于实际人生的实用之间找出一个理则上的关系；至于禅徒所建立的达摩之前的印度传法系统，不论那是什么，均皆无关紧要。但是，禅一旦形成了一个独立无倚的体制，不但有它的特殊外貌，而且有它的史实可稽时，它的历史学家便有必要追溯它的完整传法系统而不能有所中断了；因为，正如我们将要见到的一样，在禅宗的里面，禅徒所得的悟境是否真切或是否合乎正宗的标准，必须得到老师的适当证明或印可（abbhanumodana），这是极为重要的一点。因此，正如我所认为的一样，只要禅是印度的开悟种子在中国土壤之中长成的产物，印度的教外别传系统就没有建立的必要——除非像我在前面几篇文章中尝试的一样，以一般的逻辑方式加以建立。

被禅宗门徒视为正宗传法系统的二十八代祖师，约如下列：

（一）尊者摩诃迦叶（Mahākāśyap）。

（二）尊者阿难（Ānanda）。

（三）尊者商那和修（Śanavāsa）。

（四）尊者优婆鞠多（Upagupta）。

（五）尊者提多迦（Dhritaka）。

（六）尊者弥遮迦（Micchak）。

（七）尊者婆须蜜（Vasumitra）。

（八）尊者佛陀难提（Buddhanandi）。

（九）尊者伏驮蜜多（Buddhamitra）。

（十）胁尊者（Bhikshu Parśva）。

（十一）尊者富那夜奢（Punyayaśas）。

（十二）尊者马鸣（Aśvaghosha）。

（十三）尊者迦毗摩罗（Bhikshu Kapimala）。

（十四）尊者龙树（Nāgārjuna）。

（十五）尊者迦那提婆（Kānadeva）。

（十六）尊者罗睺罗多（Ārya Rāhulata）。

（十七）尊者僧伽难提（Samghanandi）。

（十八）尊者伽耶舍多（Samghayaśas）。

（十九）尊者鸠摩罗多（Kumārata）。

（二十）尊者阇夜多（jaypta）。

（二十一）尊者婆修盘头（Vasubandhu）。

（二十二）尊者摩拿罗（Manura）。

（二十三）尊者鹤勒那（Haklenayaśas）。

（二十四）师子尊者（Bhikshu Simha）。

（二十五）尊者婆舍斯多（Vāśasita）。

（二十六）尊者不如密多（Punyamitra）。

（二十七）尊者般若多罗（Prajñātara）。

（二十八）尊者菩提达摩（Bodhidharma）。

禅学史家为了与禅系"教外别传"的观点取得一致起见，甚至将此传法系统扩大而至释迦牟尼之上；因为，据早在原始佛徒之间流行的传说，在本劫（the present kalpa）之佛释迦牟尼之前，至少已有六位佛陀；而这六位佛陀各皆有"传法"偈留传下来，如今被保存在禅宗的史书之中。这过去六佛既然皆有传法偈留存，那么，介于释迦牟尼与菩提达摩之间的这些祖师又怎能例外呢？或者，他们之中如有任何一位曾有任何偈子的话，那么，其余各位又为何不可以有呢？因此，他们不但各有传法偈留传下来，而且在传法之前悉皆冠以如下的语句："吾以正法眼藏密付于汝，汝当护持。"毫无疑问的是，所有这些，都是由早期禅史执笔人发挥高度史实想象而来的虚构产物，不用说，显然是因为受到崇拜正统信仰的过度热心鼓动而致。

据《正传录》（The Records of the Right Tnansmission）的作者说，这些祖师偈语的译者是北魏的支强梁楼和东魏的那连耶舍，前者来自中印，后者来自高附。他俩所著的《传法正宗记》（The Account of Succession in the Law），在列朝的迫害之后散失，但有关这些祖师的故事，却也被至少两本书——《宝林传》和《神州集》——引用下来，而这两本书都成于《传灯录》之前，都曾提及这两位译者。但这两本书也在宋朝的契嵩去世之后便失踪了，如此一来，《传灯录》就是最古的禅宗史书了，而二十八位祖师及其传法偈子也都详细地记在这本书中。

先从六位古佛的传法偈中引用两偈为例，其中第一位佛陀毗婆尸佛（Vipaśyi）偈曰：

身从无相中受生，犹如幻出诸形象。
幻人心识本来无，罪福皆空无所住。

在释迦牟尼佛前面的一位佛陀，亦即第六位佛陀，名叫迦叶佛（Kāśyapa），他的传法偈是：

一切众生性清净，从本无生无可灭。
即此身心是幻生，幻化之中无罪福。

本劫的一位佛陀释迦牟尼命令摩诃迦叶为正法的传持者时，说了如下的偈子：

法本法无法，无法法亦法。
今付无法时，法法何曾法？

第五祖提多迦尊者的传法偈是：

通达本法心，无法无非法。
悟了同未悟，无心亦无法。

第二十二祖摩拿罗尊者的传法偈是：

心随万境转，转处实能幽。

随流识得性，无喜亦无忧。

从上面所举各偈看来，我们可以看出其中的教义含有印度大乘佛教的一般特色。正如我曾说过的一样，就佛教教理的一面而言，禅的本身并无任何特别的东西可以提出；它的存在理由在于它是一种精神体验，而不是用概念综合而成的一种特殊的哲学或教条体系。只有在大乘佛教的思维观想化为实际生活事实且成为个人内在生命的直接表现时，这才有禅。但这种转化，直到佛教传入中国，并在那里得到实践力行、不愿生吞印度传统的中国人的哺育，才有所成。所谓的"祖师传法偈"中所继承的那种思想方式，没有引发中国人内心的共鸣，而当他们一旦契入了这种思想之后，他们便欲以他们自己的做法加以表现：他们要以自然的方式加以生活化，而不是将它当作一种与本身的心性毫无关系的外来洋货予以窝藏。

菩提达摩给他的弟子完全印证之后，据传说了如下的一个偈子：

吾本来兹土，传法救迷情。

一花开五叶，结果自然成。

这里所说的"结果"，正是达摩预言禅在中国将可得到充分的发展而产生的"五叶"，一般认为是指禅到达摩之后发展而成五脉，得到公认而为佛教的一支，且有其本身的信息。此处所引的这个偈子，到底是达摩亲口宣说的一个预言，还是出于六祖慧能以后的一位禅学史家之手，我们现在无法加以考证。但可以确定的一点是，从历史的发展来说，达摩之教传至中国，大约两百年后，才适应中国的水土，为中国人所吸收同化，并以最宜于中国人民性情的办法表现出来。禅，就我们今日所见的形态而言，除了中国之外，不可能在任何别的地方成熟。印度的气氛实在太虚太玄了，或者实在太过纵情于神秘的想象了；那是唯识，真言，华严，三论（空宗或中观）一诸宗的国度。至于禅宗，则非另一种心窍不可：既已深深浸润于老庄的思想和感性之中，又不离于日常的生活细节。超然、洒脱，具有某种程度的实际气质，然而又有一种均衡、稳健的性情——所有这些，都是禅发展到今天这个样子所不可或缺的条件。这也就是说，大乘佛教，例如龙树菩萨和马鸣大士所弘扬的大乘精神，以及《维摩诘经》与《般若经》等经，尤其是《楞伽经》中所阐发的大乘教义，如果没有中国的天才加以助成的话，像我们如今所说的禅，根本就不可能出现在这个世界上。

在此略举几个具体的例子，借以表明印度人与中国人用以举示禅理的办法究竟有怎样的差异，也许不算完全离题。正如我一再复述的一样，佛教——不论是原始佛教还是已有发展的佛教——乃是一种追求自由和解脱的宗教，因此，学佛的最高目的，就是解除精神上的可能束缚，以使它能够毫无拘束地依照本身的原则发挥作用。这话的意思可用"无住"或"无著"（apratishtitacittam）一词加以指称。这种观念，就其在于解除理智与情感上的死结而言，可说是消极的，但其中的感受却是积极的。因此，只有精神恢复其本来作用时，最后的目的才能达到。精神自知其本身的作用方式，因此，我们所能和所需去做的工作，只是消除吾人的无明所加在它身上的一切障碍。因此，"放下"两字，才成为佛教中反复出现的一个用语。

关于这种观念的打入，印度佛教的办法是：

> 世尊因黑氏梵志（婆罗门僧人）运神力以左右手擎合欢、梧桐花两株来供养佛。佛召云："仙人！"梵志应诺。佛曰："放下着！"梵志遂放下左手一株花。佛又召云："仙人，放下着！"梵志又放下右手一株花。佛又召云："仙人，放下着！"梵志曰："世尊，我今两手皆空，更教放下个什么？"佛曰："吾非教汝放舍其花。汝当放舍外六尘，内六根，中六识一时舍却。无可舍处，是汝免生死处。"

与佛陀这番虽颇平白但仍不免有些绕路的谈话相比，下面所录的赵州[①]

[①] 赵州从谂和尚（778—897），是唐代禅宗开始与兴盛之初的早期禅师之一，活到一百二十岁的高龄，他的说法语录多半简单扼要，答语以极其自然、极其活泼、极难把握为特点。

和尚之例，则较直接、明白，以一种绝不含糊的态度处理了这个问题：有僧来问："一物不将（带）来时如何？"赵州立即答道："放下着！"僧云："已是一物不将来，放下个什么？"赵州说："恁（那）么则担取去！"禅师们喜欢运用矛盾语，而这里赵州所说的话便是一个典型的例子。

解脱的问题固然非常重要，但更为重要的一个问题是："什么或如何是佛？"这个问题一旦得到了解决，佛教的服务便算到家了。印度哲学家对于佛的想法是怎样的呢？有一位老太太，与佛同生，住在城东，但她不愿见佛，每见佛来，即便回避。但她不论怎样回避，总是见到佛陀，遂乃以手掩面，但仍然在手指缝中见到佛陀！这个故事不但很美，而且颇富启示性。下面是禅者应对这个问题的办法。有僧问马祖的弟子齐安禅师云："如何是本身毗卢遮那佛？"这位禅师说道："与老僧过净瓶来！"该僧将净瓶拿来了，这位禅师又叫他将它放回去。这僧将净瓶放回了，但因他的问话还没有得到这位禅师的答复，遂又问道："如何是本身毗卢遮那佛？"这位禅师表示惋惜地说道："古佛过去久矣！"

上面所举的两个例子，已经足以表明中国人的心灵运用与印度人有多么的不同了。

二、初祖达摩

禅宗的历史始于达摩西来（520年）。他带着一个特别的信息来到中国，而这个信息是：

> 教外别传，
> 不立文字，
> 直指人心，
> 见性成佛。

上面所引的四句话，描述了禅宗的教学原则不同于当时中国已有的其他各宗，但这四句话本身并非出于达摩本人，而是后人归纳写出的。它们的真正作者究竟是谁，由于没有明确的资料可以考证，所以也就无法奉告了。有位名叫宗监的佛教史书执笔人，从天台宗的观点编了一部题为《释门正统》（1257年）的史传，将这几句话的作者归于南泉普愿；这个公式可能发端于马祖、百丈、黄檗、石头以及药山等人活跃于江西和湖南的时候。打从那时起，它们就被视为禅宗独有的特色了，而将这种精神打入中国佛教徒心中的，则是达摩。当时的中国佛教徒，一方面放弃了哲学的推理，另一方面却也习起禅来了。他们还不知道禅宗的直指法门：直接透视开悟的真理而证佛果，不需经过学者所定的许多预备阶段。

如今，有关达摩的活动情形，只有两个出处。其一是唐代道宣所编的《续高僧传》（645年），这里面有关他的记载，算是最早的了。道宣是一位学者，同时也许是中国律宗的创立人，但他活在由六祖慧能领导而这个名为禅宗的新派运动尚未成熟之前；他在写这部《续高僧传》时，慧能才9岁。另一个出处是由宋代的道原所编的《传灯录》（1004年）。道原是一位禅僧，而他这部禅录又是写于禅宗完全被公认为佛教的一个特别支派之后，故而这部书中也就含有禅师们的许多言行了。他经常引用一些较早的禅宗史料，作为他的依据，但可惜的是，那些东西都已散失了，因此，如今的我们也只知其名了。

不用说，有关达摩生平的这种记述，自然会有若干不同的地方，前者作于禅宗尚未完全发展成一个独立的宗派之前，而后者则出于一位禅师之手。在前者之中，这位禅宗的创立者达摩所得的待遇，跟其他各方面（例如译经、注释、持戒、习禅、神通等）的杰出僧侣并无两样；在这样一部史传中，达摩自然不能占据高于其他"高僧"的任何突出地位。他只是被当作"禅师们"之一加以描述，并未说明他的禅观与小乘信徒所习的那种旧有的传统禅观究竟有什么不同。

道宣未能明白达摩禅的究竟意义——尽管他可以看出其中有些地方不似当时所谓的"习禅"。因此，学者们有时争论说，道宣所述的达摩传里并没有使其配称中国禅宗初祖的禅，是以，达摩不可能像禅宗门徒所宣称的那样被视为中国禅的第一位鼓吹者。但是，这种论证不仅对禅宗有失公允，对于道宣也有失公平，在禅宗尚未为大家所知之前，他怎会想到要写一部禅宗的历史呢？道宣不可能是一位预言性的历史学家。关于达摩的生平，尽管道原的《传灯录》中含有不少不足采信的东西，尤其是他来到中国之前的那一部分，但我们有理由相信道原所述达摩来到中国之后所做的一切大部分都是可信的史实。就这一部分而言，我们不妨以道宣补充道原的不足。偏向某个权威，牺牲另一个依据，而不衡量形成这些历史的史实背景，与公平裁判的精神是颇不相合的。

据道宣说，达摩留有不少著述或语录，显而易见，在他编著《续高僧传》时仍在流传，但从我们目前所见而言，这位禅宗创立者的唯一真迹，只是一篇短短的文章，道宣的《续高僧传》与道原的《传灯录》中皆有收录。彼人归于达摩的著述，尚有一些别的[①]，这些东西虽然颇有禅的精神，但大多为后人所伪造——除了我认为是他真笔的一篇：《安心谕》。加上另外一篇通称"四行观"的文字，共计只有两篇东西留传下来。虽然，我并不以为《四行观》是这位禅宗创立者留给我们的最佳著述，是可使我们直透禅的核心的代表作，但我仍愿将它当作中国禅宗初祖菩提达摩的最为可信的文章译介于此。

如前所述，这篇文章有两个版本，一个载于《续高僧传》中，另外一个收于《传灯录》中，两者虽有若干不同之处，但主要意旨并无两样。现在的问题是：哪一个版本比较原始？从编年记上来看，《续高僧传》的编辑时间早于《传灯录》，但后者却采用了较早的著述。我们既然无法确定被用文献的可靠性，那么，《续高僧传》的权威性也就不是绝对的了。因此，判断这两个版本的优劣，唯一有益的办法，便是先从文字上给它们来做一个比较，然后再看比较的结果对于二者的性质究竟有什么发现。我所比较的结果是：《续高僧传》的编者采用了保存于《传灯录》中的版本，而后者则较忠于原著——假如在这个版本之外仍有所谓的原著的话。作此结论的理由是：达摩的著述

---

① 达摩的所谓文集，为《少室六门》。并见本书下面所录的《谈悟》一文。

在道宣编著《续高僧传》之后显出了不少的改进之处；因为，他总得照他自己的旨趣编写他的书。达摩的著述经过如此编写之后，显出了一种较佳的格调；更加简洁、更得要领以及更为精练了。为了这个缘故，下面所取的版本是出自《传灯录》的文字，因为，该录的编者道原可有种种理由照录原著的文字。

法师者（菩提达摩），西域南天竺国人，是大婆罗门国王第三子也。神慧疏朗，闻皆晓悟；志存摩诃衍道，故舍素随缁，绍隆圣种；冥心虚寂，通鉴世事；内外俱明，德超世表。悲悯边隅，正教陵替，遂能远涉山海，游化汉、魏。亡心之士，莫不归信；存见之流，乃生讥谤。

于时唯有道育、慧可；此二沙门，年虽后生，俊志高远，幸逢法师，事之数载，虔恭谘启，善蒙师意。法师感其精诚，诲以真道；如是安心，如是发行，如是顺物，如是方便。此是大乘安心之法，令无错谬。如是安心者：谓壁观①也。如是发行者：谓四行也。如是顺物者：谓防护讥嫌。如是方便者：遣其不着。此略序②所由云尔。

夫入道多途，要而言之，不出二种：一是理入，二是行入。理入者：谓藉教悟宗，深信含生，同一真性，但为客尘、妄想所复，不能显了。若也舍妄归真，凝住壁观，无自无他，凡圣等一，坚住不移。更不随于文教，此即与理冥符，无有分别，寂然无为，名之理入。

行入者：谓四行，其余诸行，悉入此中。何等四耶？一报怨行；二随缘行；三无所求行，四称法行。

一、云何报怨行？谓修道之人，若受苦时，当自念言：我从往昔

---

① 这是达摩遗作中最有意义的一个片语。在此之所以未作意译，稍后将作充分的解说。
② 这个故事或序言的作者是昙琳，据东京帝国大学的常盘博士说，他是一位饱学之士，曾经参与数部梵文经典的翻译工作，道宣在《续高僧传》中亦曾述及他与慧可的关系或渊源。由此看来，假如昙琳是一位学者而非一位真正禅师的话，那么，由他写下主要为禅作学术性解说的这篇"菩提达摩略辨大乘入道四行"，自是自然不过的事情。此种"壁观"之道，显然是禅的法门，而此序文所述则多为禅的哲理说明。

无数劫中,弃本从末,流浪诸有;多起怨憎,违害无限。今虽无犯,是我宿殃,恶业果熟;非天非人,所能见与;甘心忍受,都无怨诉。经云:逢苦不忧。何以故?识达本故。此心生时,与理相应,体怨进道,故说言"报怨行"。

二、随缘行者,众生无我,并业缘所转;苦乐齐受,皆从缘生。若得胜报,荣誉等事,是我过去宿因所感,今方得之;缘尽还无,何喜之有?得失从缘,心无增减;喜风不动,冥顺于道,是故说言随缘行也。

三、无所求行者,世人长迷,处处贪着,名之为求。智者悟真,理将俗反;安心无为,形随运转;万有斯空,无所愿乐。功德、黑暗,常相随逐;三界久居,犹如火宅,有身皆苦,谁得而安?了达此处,故舍诸有,息想无求。经云:有求皆苦,无求乃乐。判知无求,真为道行,故言无所求行也。

四、称法行者,性净之理,目之为法。此理众相斯空,无染无著,无此无彼。经云:法无众生,离众生垢故;法无有我,离我垢故。智者若能信解此理,应当称法而行。法体无悭于身、命、财,行檀舍施,心无吝惜。达解三空,不倚不著,但为去垢,摄化众生,而不取相。此为自利,复能利他,亦能庄严菩提之道。檀施既尔,余五(《金刚经》中所说"六度")亦然。为除妄想,修行六度,而无所行。是为称法行。

此处所说的"二入"之教,显然出自《金刚三昧经》(The Vajrasamādhi-sūtra)①;而"四行"之教则是第二种"入"亦即"行入"的扩充。我们只要将相关经文引出做个比较,即可看出其中的关联:

佛言:"二入"者、一谓"理入",二谓"行入"。"理入"者,深信众生,不异真性;不一不共,但以客尘之所翳障,不去不来。凝住觉观,谛观佛性:不有不无;无己无他;凡圣不二。金刚心地,坚住不移;

---

① 此经于北凉时代(397—439)译成中文,译者姓名已佚。

> 寂静无为，无有分别，是名"理入"。"行入"者，心不倾倚，影无流易；于所有处，静念无求；风鼓不动，犹如大地。捐离心我，救度众生；无生无相，不取不舍。菩萨，心无出入，无出入心；入不入故，故名为"入"。菩萨如是入法，法相不空；不空之法，法不虚弃。何以故？不无之法，具足功德；非心非影，法尔清净。

读者将这两处文字做过一个比较之后，当可不难看出，达摩将他的引文做了一个极其重要、极其显著的更换——将经中的"觉观"换成了"壁观"。所谓"壁"，通常是指"墙壁"或"悬崖峭壁"，往往与"立"字合用，构成"壁立万仞"这样的词语，用以形容不可攀越的墙壁，或以象喻的方式表示一种坚定的态度，例如像磐石一般直立的不动明王（Acala-Vidyārāja）。达摩为什么要将觉醒或觉悟的觉字换成"壁"字，与显然毫无关系的谛观或观想的观字组成词呢？理由何在呢？这种奇异的结合至关紧要，因为它被如此运用，完全改变了它在上下文中所显示的整个意义。

《续高僧传》的编者道宣，在他对禅所作的说明中，称达摩的"大乘壁观"为他在中国所完成的一项最有功德的工作。达摩因此常被人称为"壁观婆罗门"。而日本禅宗曹洞派下的僧人，在面对墙壁坐禅时，便认为那是依照他们祖师的示范修行。但是，这显然是对"壁观"一词所做的一种浅解；因为，只是凝视墙壁，怎能会像道宣在他的《达摩传》中所暗示的一样，在佛教世界中造成一种革命性的运动呢[①]？像这样的一种天真修行方法，怎会在当时的佛教学者中引起那样激烈的反对声浪呢？在我看来，"壁观"一词含有一种远为深入的意义，必须从下引《传灯录》中一节文字加以理解才能明白，而这节文字则是引自一篇名为"别记"的较早文献：

> 祖（达摩）初居少林寺九年，为二祖说法，只教"外息诸缘，内

[①] 据道宣的《续高僧传》说，达摩随处说禅，但当时的全国学者皆沉湎于学术的讨论之中，而当他们听到达摩的信息时，他们便大肆毁谤禅法。

心无喘①；心如墙壁，可以入道。"慧可种种说心说性，曾未契理。祖只遮其非，不为说无念体。可忽曰："我已息诸缘！"祖曰："莫成断灭去否？"可曰："不成断灭！"祖曰："何以验之？"可曰："了了常知，说即不得！"祖曰："此是诸佛所传心体，更勿疑也！"

实在说来，这节文字综括了达摩教学之中所含的特别信息，故而，究竟什么是"壁观"的问题，我们亦可从它里面求得一个合适的答案了。所谓"壁观"，也许是他当时虚构的一个名称，而他的真正创造力，则含于"壁"这个字的创意之中。这是一个十分具体、十分鲜活的字，其中不含任何抽象和概念的东西。因此，道宣才特别称达摩之教为"大乘壁观"。他的"二入四行"里虽然没有什么特别的禅味，他的"壁观"之教却是使得达摩成为中国禅宗初祖的东西。

《释门正统》的作者把"壁观"两字解释为"没有客尘侵入"的心境。这话也许没错，但我们仍然不知这种认识的依据何在。他在心中想到"别记"所述的达摩对慧可说的话了么？不论情形如何，"壁观"一词的根本意义，必须到一位禅师的主观意识之中去求，这也就是说，必须到那种高度集中、绝对没有任何观念和感官形象的境地之中去求才行。如将"壁观"一词只当"面壁而观"加以理解，那将是一种十足的荒谬。身为中国禅宗开山祖师的达摩，由他所带来的"别传"信息，如果可在他的现存著述里面找到的话，那一定是在这个"大乘壁观"之中了。

除了这篇作品之外——这是达摩传下来唯一现存作品——我们还可从《楞伽经》《金刚三昧经》以及《能断金刚经》中，一窥达摩的中心教义。禅跟其他诸宗不同的地方，是没有可称为"根本经"的特别经典，让它的门徒作为主要教理的依凭。但达摩却向他的第一代弟子慧可推荐了《楞伽

---

① 这篇文字也许涉及《金刚三昧经》吧？因为此经之中，大力菩萨曾经述及"软心"与"坚心"。因为："软心众生，其心多喘"，"令得坚心，得入实际"。只要内心有"喘"，就不自由，即未解脱，故而也就不能与如如之理合一。其心必先坚定、沉着、自制、专一，而后始可得入如来禅——一种远远超越所谓"四禅八定"的禅。

经》，因为，这部经中含有与禅关系极为密切的教理，故而其后的禅门学者相继探究①。至于《金刚三昧经》在阐释禅理方面的重要性，我们不难从达摩本人引用此经的情形得到理解，关于此点，前面已经指出了。

说到《能断金刚经》，绝大多数的人都认为它与五祖弘忍之前的禅没有关系；因为，最初将它介绍给自己门人的人，就是弘忍自己。而达摩本人对于这部在中国最吃香的佛典，连提也没有提过。但据慧能为《金刚经》所作序言（至今仍在）说："自从达摩西来，为传此经之意，令人悟理见性。"假如此语不虚的话，那么，达摩在中国展开他的事业之初，对于此经至少亦可说有相当认识了，故而，从某一方面来看，此经与禅的关系亦比《楞伽经》与禅的关系更为紧要了。因此，认为《金刚经》到了弘忍和慧能之后才开始吃香的这种流行观念，必须修正。且不论情形究竟如何，《楞伽经》总是太高深了一点，很难作为通俗的教材，故而在禅越来越有势力和影响力的时候，终于逐渐被《金刚经》所取代了。作为佛教大藏《般若部经》之一的《金刚经》，它的教义不但相当单纯，且有某些地方与老庄的空寂无为观念，颇为相近，对于一般中国人而言，奉行它的性空之理并不为难；实在说来，这与中国思想的某些方面颇为一致②。

然而，对于禅者而言，所有一切文字著述，皆如指月之指，其本身真正能够教人自见自性的地方不多；因为这种"自见自性"的"见"，乃是必须由个人亲自努力才能达成的一种实践功夫，单靠语言文字的解释是无法达到这个目的的。所有一切经典，包括《楞伽经》《金刚三昧经》以及《能断金刚经》在内，对于真诚而又恳切的真理追求者，都不会有多大的帮

---

① 此一论题已在别处谈过，唯颇简略，稍后将在另一篇文章中作更进一步的探讨。
② 关于此点，我想在此略述数语，因为，有些学者认为，性空哲学就是禅的基础。此类学者根本没有抓住禅的真意。因为，最最要紧的，禅是一种经验，而不是一种哲理或教条。禅绝不会以任何一套文学（或形而上学）的或心理学的观点为其建立的基础，玄学或心理学的看法也许可在有了禅的经验之后提出，但绝不可能在有禅的经验之前提供。般若哲学绝不会先于禅的经验，只有后于禅的证悟。在达摩时代，像这一类的学者往往将教义与生活、学理与经验以及事物的说明与事实混为一谈，而这种混乱一旦产生，禅的真意也就得不到一种智慧而又圆满的解释了。如果没有佛陀在尼连禅河畔的菩提树下开悟的事实，龙树怎么也写不出一本讨论般若哲学的书来！

助——假如他必须以他自己的赤手空拳去掌握赤裸的事实的话。此事只有在他运用他的全副精神努力,到他的内在意识自动从他里面开放时,始可办到,文字语言只有在指示路径的时候才有帮助,它的本身并不是禅所追求的目标。

菩提达摩在印度的早期生活,就《传灯录》中所述者而言,也许可以说是含有大量的虚构成分,但他的后期生活就不那么容易支遣开去了。这正是它补充《续高僧传》不足的地方,因为,此传虽出于一位优秀的史书编者之手,但此编者对于禅宗的未来发展却也并无所知。那么,据《传灯录》所载,这位第一号的大人物菩提达摩,在来到中国之初,曾与当时最伟大的佛教支持者梁朝的武帝见过一面,其见面的情形约如下述:

(武)帝问曰:"朕即位以来,造寺,写经,度僧,不可胜数。有何功德?"

祖(达摩)曰:"实无功德!"

帝曰:"何以无功德?"

祖曰:"此但人天小果,有漏之因;如影随形,虽有非实。"

帝曰:"如何是真功德?"

祖曰:"净智妙圆,体自空寂。如是功德,不以世求(不可以世间有为功德求之而得)。"

帝又问:"如何是圣谛第一义?"

祖曰:"廓然无圣!"

帝曰:"对朕者谁?"

祖曰:"不识!"

这个答案够简单,也够明白了,但这位虔诚而又博学的"佛心天子",却没有抓住达摩整个神采里面所显示的精神。

达摩见这位皇帝再也无忙可帮了,便离开了他的统治区域,退隐到魏境的一座寺庙之中,静悄悄地面壁而坐,修习他那"壁观"法门,据说这一坐就是九年的时间,直到他以"壁观婆罗门"①知名于世。

一天,有位名叫神光的僧人拜见他,殷勤而又恳切地求他开示禅的真理,但他未予理会。但神光并不泄气,因为他知道,所有一切的伟大宗教领袖,莫不皆须经过许多痛苦的磨炼,才能达到他们立志追求的最后目标。一天晚上,他站在雪地上等待达摩给他开示,直到不停降落的积雪几乎到了他的膝部。

最后,这位祖师终于"顾而悯之",并且

问曰:"汝久立雪中,当求何事?"

(神)光悲泪曰:"惟愿和尚慈悲——开甘露门,广度群品!"

祖曰:"诸佛无上妙道,旷劫精勤,难行能行,非忍而忍。岂以小德小智,轻心慢心,欲冀真乘,徒劳勤苦?"

光闻祖诲励,潜取利刃,自断左臂②,置于祖前。

祖知是法器,乃曰:"诸佛最初求道,为法忘形。汝今断臂吾前,求亦可在。"因与易名曰"慧可"。

可曰:"诸佛法印,可得闻乎?"

祖曰:"诸佛法印,匪从人得!"

可曰:"我心未宁,乞师与安!"

祖曰:"将(拿)心来与(为)汝安!"

可良久曰:"觅心了不可得!"

祖曰:"我与汝安心竟!"③

越九年,(祖)欲返天竺(印度),命门人曰:"时将至矣!汝等盍

---

① 如前所说,学者往往把达摩"面壁"坐禅的习惯与他的"壁观"禅道混为一谈。这种混乱的发生为时颇早,甚至在《传灯录》的作者时代,"壁观"的原意就已失真了。
② 断臂之人有时被说是一位文职人员,有时被说成一位信奉儒教的军人。
③ 我们不难看出,这个故事多多少少有些虚构的成分。我指的是神光为了表示他的热诚恳切而立雪断臂的事。有人认为,这种立雪和断臂的故事并不是神光的故事,而是从别的一些方面借来的,因为道宣的《续高僧传》中并未提及此点。有人说,神光失去一臂,是在他见达摩之后受到一群强盗攻击所致。这些故事谁真谁假我们实在无法查证。但这整个背景实在太富戏剧性了,其间必曾有人认为,禅宗史传,有某种必要,在事实之间插入大量的想象之作——不论那是什么东西。

言所得乎？"

时有道副对曰："如我所见，不执文字，不离文字，而为道用。"（此节英译大意为："真理超越肯定与否定，因为这就是它的动用之道。"——中译者。）

祖曰："汝得吾皮。"

（比丘）尼总持曰："我今所解，如庆喜（阿难尊者）见阿閦佛国——一见更不再见！"

祖曰："汝得吾肉。"

道育曰："四大本空，五阴非有，而我见处——无一法可得！"

祖曰："汝得吾骨。"

最后，慧可礼拜，依位而立。

祖曰："汝得吾髓。"[1]

达摩终于中国，可说"不知所终"；我们无法知道他在何时、何处以及如何离开人间。有人说他被他的对手毒死了；也有人说他渡过沙漠回印度去了；还有人说他渡海到日本了；可谓"众说纷纭"。但他们全都同意的一点是：他已很老了。据道宣说，他死时已有一百五十多岁了。

三、慧可、僧璨及弘忍的接棒

菩提达摩逝后，慧可（486—593）便成了佛教的主要代表人物。他在求教达摩之前已是一位饱学之士，不但精通中国古典经典，连佛教经典亦颇通达。但他不论学习多少东西，总是不能满足；事实上，他似乎已有所悟，欲以此悟求达摩予以印证。他离开这位老师之后，并没有立即开始他的说

---

[1] 据《传法正宗记》的作者契嵩表示，达摩在此对禅的认识所做的剖析，是依龙树大士所述，盖因后者曾在他的著名般若经注中写道："戒行是皮，禅定是肉，胜解是骨，妙心是髓。"契嵩说，"这个妙心"是佛所秘传。接着，他又引用隋代智顗大师的话说，此心是诸佛的住处，是非一非多、言诠不及的中道。

法生涯，只是隐藏于底层社会之中。显而易见，他避免让人将他当作有智高僧加以追寻。但他见机而作，并没有忽视清静的说法。他真是韬光晦迹，不愿自我作秀。有一天，当他在一座庙门之前谈论佛法时，有一位饱学而又受人尊敬的住持法师在寺内讲经说法。奇怪的是，听众们悄悄离开了寺内那位受人尊敬的讲经法师，聚到了寺外这位衣衫褴褛且无庄严法相的街头野僧的周围。那位高僧对于这种情形极为气恼，向当局控告这位乞丐僧人妖言惑众，可被捕并治以死罪。慧可并没有为他的无辜作特别的辩护，只是"恬然委顺"，谓之"偿债"而已。此事发生于隋开皇十三年（593年），那时他已一百零七岁了。

据《续高僧传》的作者道宣说，慧可辩才无碍，直接自胸中流出，无学究之气，他在一座重要城市说禅之时，不出"杀文"境域的人，把他所说的法视为异端，是没有意义的邪说。其中有位名叫道恒的法师，身边有徒弟一千多人，听到慧可所说的话，立即对他采取了敌对的态度。他派了一名弟子到这位禅门代表那里，也许是打听他是怎样的人。这名弟子一旦得知这位所谓异端所证的佛法后，心里深受感动，遂即皈依慧可，成了一名禅徒。道恒另派一名弟子去将先派的一名弟子叫回，但这第二名弟子也仿效了第一名弟子，一去便不再回。接着道恒又派了几个弟子前去，但结果令他颇为丧胆。之后，道恒碰到他所派出的第一位弟子，责问地说："我用尔许功开尔眼，尔今反耶？"但他的这位弟子神秘地答道："我眼本正，因师故邪！"据道宣说："恒遂深怒，密谋兴谤，致祖非法。"慧可遂因此遭到当局的迫害。

节选自《续高僧传》的这个故事，与《传灯录》中所述的经过颇有不同，但两者都说慧可因了他的对手而殉道。毫无疑问的是，对于当时受过抽象玄理训练或习止观禅定或持戒守律的绝大多数佛教徒而言，菩提达摩及其第一代中国弟子慧可的禅道，一定让人有一些莫明其妙的感觉。那时，这两位禅门代表人物，必然曾经特别强调，真理须以个人内在意识觉醒，乃至不惜牺牲经论之中以种种方式阐述的经典言教，因为这些经论当时已经译出不少且在广为流传了。不用说，这点必然曾经激恼了保守主义者和拘泥经文的人士。

慧可跟达摩一样，也没有留下任何文字著述，虽然，我们可从他俩的传记中得知，他俩皆有语录传世，尤其是慧可的语录，还曾经过"分类"[①]。下面所引留传下来的片段，也许可使我们窥见二祖慧可禅道的一斑。有位姓向的居士写信向慧可请教曰：

> 影由形起，响逐声来。弄影劳形，不识形为影本；扬声止响，不知声是响根。除烦恼而趣涅槃，喻去形而觅影；离众生而求佛果，喻默声而求响。故知迷、悟一途；愚、智非别。无名作名，因其名则是非生矣！无理作理，因其理则争论起矣！幻化非真，谁是？谁非？虚妄无实，何空？何有？将知得无所得，失无所失。未及造谓，聊申此意，伏望答之！

对此二祖慧可以诗偈回示曰：

> 备观来意皆如实，真幽之理竟不殊！
> 本迷牟尼谓瓦砾，豁然自觉是真珠！
> 无明智慧等无异，当知万法即皆如。
> 愍此二见之徒辈，申辞措笔作斯书。
> 观身与佛不差别，何须更觅彼无余？

继二祖慧可为三祖的，是僧璨。据《传灯录》记载，这对师徒的会面是这样的：

> 北齐天平二年，有一居士，年逾四十，不言名氏，聿来设礼，而

[①] 据此所说，慧可必然曾有过一卷语录和书信，显然是由他的门人和慕道者们所辑录——在作者尚未笔之于书并加修正之前。达摩亦然，照道宣所述，他的语录在道宣时代，亦即初唐时代，显然曾在流传。

问祖曰:"弟子身缠风恙①请和尚忏罪。"

祖曰:"将罪来与汝忏!"

士良久曰:"觅罪了不可得。"

祖曰:"与汝忏罪竟。宜依佛法僧住。"

士曰:"今见和尚,已知是僧。未审何名佛法?"

祖曰:"是心是佛,是心是法;法佛无二,僧宝亦然。"

士曰:"今日始知罪性不在内、不在外、不在中间,如其心然,佛法无二也!"②

祖深器之,即为剃发(为僧)。

自此以后他就"深自韬晦,居无常处,积十余载,人无能知者"。其所以如此的部分原因,是当时"当后周毁法"(迫害佛教)。至隋代开皇十二年(592年),他发现了一个堪作继承人的沙弥弟子,名叫道信。后者前来设礼道:

"愿和尚慈悲,乞与解脱法门!"

祖(僧璨)曰:"谁缚汝?"

(信)曰:"无人缚。"

祖曰:"何更求解脱乎?"

这节对话,使这位年轻的沙弥踏上了最后大悟的道路;其后,他在三祖下面继续接受锤炼若干年后,终于达到了彻悟的阶段。待到僧璨认为时机已经成熟时,便将中国禅宗初祖菩提达摩传下来的袈裟授给道信,作为正法传承的信物。

---

① 有人认为是麻风病。
② 《维摩诘经》卷三"弟子品"说:"……勿扰其心,所以者何?彼罪性不在内,不在外,不在中间。如佛所说:'心垢,故众生垢;心净,故众生净。'心亦不在内,不在外,不在中间。如其心然,罪垢亦然;诸法亦然,应出于如。"

三祖僧璨死于隋炀帝大业二年（606年）。他毕生行踪虽多不明，但我们却可从他所著的一篇叫作"信心铭"的韵文中得观其思想的光辉，而这篇东西正是禅宗祖师解释禅道最为宝贵的贡献之一，今特译介于此：

  至道无难，唯嫌拣择；
  但莫憎爱，洞然明白！
  毫厘有差，天地悬隔；
  欲得现前，莫存顺逆！
  违顺相争，是为心病；
  不识玄旨，徒劳念静！
  圆同太虚，无欠无余；
  良由取舍，所以不如！
  莫逐有缘，勿住空忍；
  一种平怀，泯然自尽！
  止动归止，止更弥动；
  唯滞两边，宁知一种？
  一种不通，两处失功；
  遣有没有，从空背空！
  多言多虑，转不相应；
  绝言绝虑，无处不通！①
  归根得旨，随照失宗；
  须臾返照，胜却前空！
  前空转变，皆由妄见；

---

① 这话的意思是说，吾人对于万法的绝对一性如无适当的体认，不论否定还是肯定，对于实相的观察，都会发生偏差而倾向一边。佛教徒否定客观世界的真实性时，并不表示他们相信万法的绝对空无；他们知道其间有着某种真实的东西，不可否定。他们支持性空之说，并不表示他们认为一切皆无，只是一大空洞，以至自相矛盾。大凡涉及现实与理想的地方，禅学总是避免犯倾向一边的错误。

不用求真，唯须息见！
二见不住，慎莫追寻；
才有是非，纷然失心！
二由一有，一亦莫守；
一心不生，万法无咎！
无咎无法，不生不心；
能由境灭，境逐能沉。
境由能境，能由境能；
欲知两段，原是一空！
一空同两，齐含万象；
不见精粗，宁有偏党？
大道体宽，无易无难；
小见狐疑，转急转迟！
执之失度，必入邪路；
放之自然，体无去住。
任性合道，逍遥绝恼；
系念乖真，昏沉不好。
不好劳神，何用疏亲？
欲取一乘，勿恶六尘！
六尘不恶，还同正觉；
智者无为，愚人自缚！
法无异法，妄自爱着；
将心用心，岂非大错？
迷生寂乱，悟无好恶；
一切二边，良由斟酌！
梦幻空华，何劳把捉？
得失是非，一时放却！
眼若不寐，诸梦自除；

心若不异，万法一如！
一如体玄，兀尔忘缘；
万法齐观，复归自然。
泯其所以，不可方比；
止动无动，动止无止。
两既不成，一何有尔？
究竟穷极，不存轨则；
契心平等，所作俱息。
狐疑尽净，正信调直。
一切不留，无可记忆；
虚明自照，不劳心力。
非思量处，识情难测！
真如法界，无自无他；
要急相应，惟言不二。①
不二皆同，无不包容；
十方智者，皆入此宗。
宗非促延，一念万年；
无在不在，十方目前。
极小同大，忘绝境界；
极大同小，不见边表。
有即是无，无即是有；
若不如是，必不须守。
一即一切，一切即一；
但能如是，何虑不毕？
信心不二，不二信心；
言语道断，非去来今！

---

① 亦即 Tat tvam asi.

禅宗到四祖道信（580—651）下面分成了两支，一支叫作牛头宗，以住在牛头山的法融禅师为首，一般认为不属于正统，其创立者殁后不久就销声匿迹了；另一支以弘忍为首，史家认其为禅宗第五代祖师，而后继续发扬光大的，就是此宗。弘忍去参见他的老师道信时，仍然是一个"小儿"，而他使他的老师感到高兴的，则是他在答复老师问话时的气度：

祖（道信）问曰："子何姓？"
（弘忍）答曰："姓即有，不是常姓。"
祖曰："是何姓？"
（弘忍）答曰："是佛性。"
祖曰："汝无姓耶？"
（弘忍）答曰："性空，故无。"
祖默识其法器。

这节对话中含有一个文字的游戏：作为姓氏的"姓"字与佛性的"性"字，两者皆读作 xing。道信问他"姓氏"的"姓"，这个"小儿"却答以"佛性"的"性"，并以此种比喻法表现他的观点。

道信之见牛头宗的创立者法融，是一件颇有意义的事情，不但表明了他俩之间的观点差别，同时也表明了后者如何归向正统禅宗的情形。

唐代贞观时期，四祖道信得知牛头山有"异人"（不同凡辈的圣者），于是决定亲自寻访。道信来到山中，请问寺僧："此间有道人否？"有僧答云："此去山中十里许，有一懒融，见人不起，亦不合掌，莫是道人么？"道信遂更入山，"见师（法融禅师），端坐自若，曾无所顾"。道信遂问这位隐者："在此做什么？"法融答云："观心。"道信又问："观是何人？心是何物？"法融对这个问题无言以对，心想，这位来客不同凡辈，遂起身作礼，请问他是何人，来自何处，结果发现，对方竟是他"响德滋久，冀一礼谒"的人物。于是，法融引导道信入一小庵，以便探讨佛法。途中道信因见庵周尽是虎狼之类，便举两手作骇怕状。法融见了说道："犹有这个在！"四祖立即问道："这个是什么？"这位隐者无话可答。隔了一会，四祖却在法融经常打坐的一块石头上作势写下了一个"佛"字，法融"观之竦然"。于是，四祖说道："犹有这个在！"但法融不解其意，并殷切地请四祖讲述"真要"（佛教的究极数理）。四祖为他讲述了，法融便成了禅宗牛头派的创立者。

道信圆寂于唐高宗永徽辛亥年（651年），享年七十二岁。

五祖弘忍大师（601—674），与四祖道信是老乡，同为蕲州（今属湖北）人。他的庙宇位于黄梅山，常有五百门徒听他说禅。有人认为，他是第一个尝试依照《金刚经》的意旨解释禅宗信息的禅师。虽然，我对此种看法并不完全同意，理由已在别处提过，但我们不妨将五祖视为禅宗史上的一个转折点，到了六祖慧能手中，终于有了一个全面的开展。直到此时为止，禅门行者始终韬光晦迹、不求闻达，虽然一直努力耕耘、稳定前进，但总没有引起大众的注意。大师们不是退入无人问津的深山之中，就是隐在互不相知的尘寰里面。然而，宣布禅宗完全展开的时机终于来到了，而弘忍则是第一个在这方面为他的继承者慧能铺路的人。

除了上述正统祖师之外，尚有一些散布各处的禅的阐扬者，生活于第六、七世纪间。上面已经提及几位了，但这一类的人必然还有很多，然而，他们不是被人遗忘了，就是根本不为世人所知。其中以宝志（寂于514年）和傅翕（寂于569年）最为著名；他们的生活情形在《传灯录》中被描述为"知名当时但未出世的禅门高僧"（或"应化圣贤"）。"但未出世"这个词语未免有些奇怪，它的确实意义很难明白。它通常被用以指称不在立案的寺院中占据任何要职的人。但在这个项目下，至少有一个人——智顗，不适于使用这种称谓；因为，他是隋代的一位伟大高僧，曾经占据一个颇有影响力的僧职。且不管那是什么，我们只要知道他们在禅宗史书上不属正统禅宗就是了。天台宗的信徒反对人们将他们的两位祖师慧思和智顗列入"知名但未出世的禅门高僧"之中。他们认为这两人是他们那一宗的伟人，在禅师的传记中不应受到如此的冷落。但从禅的观点来看，这种分类法是有理由的，因为天台宗除开它的形而上学之外，乃是发端于达摩禅宗之外的另一支流，如果采取更为实际的发展路线，或可形成我们今日所知的禅。但天台宗侧重玄学的一面而牺牲实践的一面，因此，它的哲人们经常与禅宗处于论战状态，尤其是与毫不妥协地指责意识推理、文字讨论以及研习经论的极端左翼更是势不两立。在我看来，天台宗可说是禅宗的一个变体，它的头几代开山祖师不妨加入禅师的行列之中——显然不能列入石头、药山、马祖、临济等人那一派正统禅系之内。

尽管六、七世纪另有一些禅系各求发展，但以达摩所传的一支，由于得到慧可、僧璨以及弘忍等人的不断接棒，显得最为成功，最有收获。到了五祖手下，慧能与神秀两派的分化，由于清除了若干无关紧要或未经消化的东西，助成了纯禅的更进一步的发展。慧能一派流传不息而神秀一派数传即止，证明了前者的禅与中国人的心理和思维方式完全相合。一直附着于达摩禅而至慧能禅上的印度成分，由接枝而来，并非中国精神所固有。是故，禅到慧能师徒手中，便因得到完全的建立而不再有任何东西可以阻碍它的自由发展，直到它几乎成了中国佛教世界的唯一统治力量。因此，慧能究竟如何成为弘忍的继承人？他与他的对手神秀那一派到底有什么不同之处？对于此点，我们必须细加观察。

四、慧能成为衣钵传人

慧能大师（638—713），唐代岭南新州人。他早年丧父，以砍柴出售供养他的寡母。一天，他在城中卖柴时，忽听有人诵读佛经，心中起了很深的感触，经询问那是什么经以及可从何处获得后，他终于有了想跟讲那部经的老师研读的渴望。那部经名叫《金刚经》，而讲它的老师则是主持蕲州黄梅道场的禅宗五祖。他设法弄得足够供养老母的钱，随后就动身上路了。

他走了大约一个月的路程才到黄梅，立即求见当时身为五百（亦说七百甚或一千）僧众之首的五祖弘忍大师。刚一见面，五祖就问：

"汝自何来？"

"岭南。"

"欲须何事？"

"唯求作佛。"

"岭南人无佛性，若为得佛？"五祖如此说。

但是这句话并没有难倒这位大胆的真理追求者，他立即答道："人即有南北，佛性岂然？"

这使五祖暗自高兴，立即派他到后面的槽厂里去为大家做舂米的工作。据说他在碓坊里做这种操持杵臼的卑微劳作，做了八个多月，适逢五祖想要从他许多弟子中考选他的精神继承人（法嗣）。一天，他向大众宣布说："汝等各自随意述一偈，若语意冥符，则衣、法皆付。"那时，"学通内外""众所宗仰""威皆推称"的上座神秀（寂于706年），作了一个偈子，表现他对佛法的观点，将它贴在禅堂外面的墙上。这偈子写的是：

身是菩提树，心如明镜台，
时时勤拂拭，勿使惹尘埃。

凡是读了这偈的人，莫不大为感动，悉皆暗自认为，此偈作者必然中彩无疑。但到次晨他们一觉醒来，颇为意外地发现这首偈子的旁边又有了另一首偈子，而这首偈子所写的却是：

菩提本无树，明镜亦非台，
本来无一物，何处惹尘埃？

这首偈子的作者是一位微不足道的居士，他的大部分时间都用在为大众做舂米和劈柴等类的卑微劳作。他为人谦下、其貌不扬，谁也不曾把他放在心上，但正因为如此，这才使得大家更加激动地来看他对这位公认的权威所做的挑战。但五祖不仅已在这位不露锋芒的居士身上看到了一位未来的人类宗教领袖，而且已经决定将衣钵传给他了。但五祖对这事有些顾虑；因为，他的徒众大都还没有明悟到能够看出这个舂米工慧能的偈子中究竟有些怎样深切的宗教体验：如果他当众将衣钵传给他，他们也许会对他不利。因此他向慧能传了一个暗号，要他在半夜时分到他的方丈室去，因为那时大家都已睡着了。就这样，五祖将他的衣钵传给了慧能，作为一种权威的象征，同时也印证了他那最高的悟境，并预言他们的宗教将有比以往任何时期都更光明的前途。接着，五祖劝他最好韬光晦迹一段时期，待到适当的时机来临，再出世作积极的宣扬，并说，由达摩作为信物传下的这件袈裟，传到慧能为止，不必再传下去了，因为禅到此时已经完全得到外界大众的公认，不必再以传授衣钵取信于人了。慧能当夜便离开了黄梅寺。

这段叙述因取材于六祖门人留下来的文献，故而难免对他有些偏向。假使我们有神秀及其门人留下的记录可供参考的话，此处复述的故事也许大为不同。事实上，我们至少有一个说明神秀与弘忍关系的文件可得，那就是出于他的一位在家弟子张说之手的铭文。在这篇铭文中，神秀被指为承嗣弘忍之法的人。由此看来，可知慧能的祖师权威在当时并非没有争论，或者，此种正统的争执，直到慧能一派后来在其他各派禅系之中确立它的威信，才得解决。可惜的是，这篇纪念性的文字未曾提出更进一步的情报，没有述及慧能与弘忍之间的关系，然而就上述各点看来，我们亦可得到若干可以说明禅宗发展历史的事实了。

第一，使慧能作为一个目不识丁的乡巴佬，与博学多闻的神秀打对台，有何必要呢？或者，慧能果真是一个目不识丁的文盲么？然而，他的讲道录《法宝坛经》中，却也含有一些引自《涅槃经》《金刚经》《楞伽经》《法华经》《维摩诘经》《弥陀经》以及《菩提萨戒经》的经文。难道这还不够证明他精通大乘经典这个事实吗？与神秀相较，他也许算不得一位饱学之士，但我们不难从他的生活故事中看出一些蛛丝马迹：有人在暗中作有计划的努力，使他显出比他本人更加不文的样子。且让我们提出一个问题：对于这种计划，我们在《坛经》编者的手下究竟能看出一些什么呢？在我看来，以这种对比的手法强调五祖座下这两位突出差异，同时也强调了禅不依附学识知解的真正性格。禅，假设确如它的信徒所宣称的一样，真是一种"教外别传"的话，那么，不识文字、不善推理的人，也就可以体会它了。如此，作为禅师的慧能，就显得更为伟大了。这似乎就是慧能何以被塑造成为一位过于不文的白丁，有时甚至被写成一位颇富戏剧性的文盲的原因了。

第二，祖师的衣钵，何以只传到慧能为止，而不再继续传下去呢？假如弘忍曾经劝他不要再传下去的话，那么，这种劝告的真正含意究竟是什么呢？说此衣钵对于拥有者会有生命的威胁，这就指出了一个事实：弘忍的弟子之间颇有争执，他们不是将此衣钵视为祖师权威的信物了么？可是拥有了它，又有什么物质上或精神上的好处可得呢？达摩之道至此已被信为佛陀的真传了么？这件袈裟果真因此就不再象征与禅的真理相关的任何东西了么？假使果真如此的话，那么，达摩当初宣布他身为禅师的使命时，他被视为异端而受到迫害了么？他被他的印度对手毒害的传说，似乎证实了此点。千言万语一句话：这个传授衣钵的问题，不但与禅道在当时其他各宗之中的地位具有深切的关联，同时，与它之较此以前更能掌握大众的心灵亦不无关系。

第三，不用说，弘忍传法给慧能时所示的那种守密情形，自然亦可引起我们的注意。让一个甚至尚未得受僧职的舂米工人，一跃而至一代祖师的地位，继承门徒数百的一代大师，虽然只是空名而已，但也不免是一个引起羡慕、嫉妒乃至怨恨的真正原因。然而，一个人假使真的开悟到足以接管精神领袖这种重要职位的话，难道师徒二人就不能联合起来努力抵御这些反对么？也许，纵使开悟了，也无法抵挡如此背理、如此深重的人类烦恼。但我却有一个情不自禁的想法：慧能的传记作者们企图使这个场景完全戏剧化。很可能的是我想错了，其中也许含有若干史实情况，但因现在没有可资参考的文献而被忽视了。

慧能逃离黄梅山的第三天，传法的秘密终于传遍了整个寺院，而一群以惠明为首的僧众，于焉出而追赶成了逃亡者的慧能，因为他已奉老师的指示悄悄离开他的师兄弟们了。当他在离寺已远的一条山道上被人追上时,他将衣钵掷在岩石上,说道:"此衣表信,可力争耶?如欲将去,任君将去!"

惠明竭力提取,感到其重如山。他停住了,犹豫了,敬畏得浑身发抖了。最后他说道:"我为法来,不为衣来。望行者为我说法,开导我的愚昧!"

于是,六祖说道:"汝既为法来,可屏息诸缘,勿生一念,吾为汝说明。"隔了一会儿,又对惠明说道:"不思善,不思恶,正与(这)么时哪(那)个是明上座(你尚未出生之前的)本来面目?"(此句亦有不作疑问句而作指呈语解者。——译者)

惠明听罢当下省悟了万法的根本真理,在此之前,他一直以为这个真理必须到外面寻找才能得到。他现在完全明白了,终于说出了"如人饮水,冷暖自知"的真实感受。接着,他在涕泪与汗水交流的情况下,非常恭敬地向六祖行礼问道:"上来密语密意外,还更有秘密意旨否?"

对于此问,六祖答道:"与汝说者,即非密也——汝若返照,密在汝边!"

且不论当时围绕慧能的历史环境究竟如何,可以确定的一点是:我们可在"亲见自己未生以前的本来面目"这句话中看到,这个新的福音信息终于开始发出了,一篇源远流长的禅史不但就此展开,同时也使慧能成了真正不愧接受祖师衣钵的人物。由此,我们可以看出,慧能为传统的印度禅展开了怎样的一种新境界、新面目。就语法而言,我们在他身上看不出任何佛教的色彩,这也就是说,他依照他自己所固有而又富于创意的经验,开辟了他自己表现禅理的道路。在他之前,禅的经验多少总得借助一些外来的语汇或方法,才能表现它本身。"你就是佛","你与佛不二一"或者"佛在你心中",这些说法虽然已够简明了,但因过于抽象、过于笼统,故而仍嫌过于沉滞,了无生气。它们里面虽然含有甚深的真理,但总是不够具体、不够生动,不足以将沉睡已久的灵魂从麻木不仁的状态之中唤醒。它们里面充塞了太多的抽象概念和陈腐气息。慧能那种单纯朴实的心灵,由于尚未受到知解和哲理的污损,故而能够当下直接体悟真理的精神。因此,他在处理问题时显示出了非比寻常的新鲜感。关于此点,稍后再加讨论。

五、禅宗的南北两派

弘忍在将大法传给慧能之后四年①（675 年）圆寂，享年七十四岁。但慧能依照老师的指示，一直隐居在深山之中，直到若干年后，才展开他的传教工作。一天，他想他该入世为人了。那时他已三十九岁，时在唐代仪凤元年（676 年）。他来到广州的法性寺，适逢一位饱学的印宗法师在那里讲《涅槃经》，遂停下来聆听。他看着几位僧侣在那里争论风幡动静的问题，其中一个说："幡是不动的东西，是风使它飘动。"另一个说："风与幡都是不动的东西，因此，说飘说动，都是讲不通的。"第三个说："所谓飘动，是由若干因缘和合所促成。"而第四个则提出一个论点说："这里根本没有飘动的幡子，只是风在自行活动而已。"这场争论越来越激烈，而就在这个时候，慧能走上前去插嘴说道："既不是风动，也不是幡动，而是仁者心动！"这番话使得"一众悚然"，立即停止了这场激烈的争论。那位印宗法师学者听到了慧能所说的话，不禁大吃一惊，因为他的话实在太有权威了，太无争论的余地了。不久，印宗得知慧能是谁之后，立即将他请至上席，求他开示黄梅五祖之道。下面是慧能答问的大意：

> 我师并无特别指授，惟论见性成佛，不论禅定解脱。那是二法，不是佛法；佛法是不二之法。掌握这不二之法，就是禅的目标。佛性人人皆有，而见自佛性就是禅；但佛性不可分割，不可分为善之与恶，常与无常，色之与心，等等二元对立。见有二边，是因思想混乱。
>
> 佛性非善非不善，非常非无常，非色非心，是名不二。蕴之与界，凡夫见二；智者了达，共性无二。无二之性，即是佛性。

上引诸语，是身为禅师的慧能的说法事业之始。他的影响似乎直接而又深远。归向他的门徒数以千计。但他却没有到处说法，劝人归依。他的

---

① 唯据种种依据，其间可有五年至十五年之差。

活动范围只在中国南部那一省内,而曹溪的宝林寺则是他的大本营。高宗皇帝听说慧能继承弘忍为达摩禅门法嗣之一,便遣一名内侍带着诏文迎请,但慧能"上表辞疾,愿终林麓"。而这位内侍则以"弟子回京,主上必问"为由,请他指示禅宗心要,以便"传奏两宫及京城学道者"。慧能的答话大致如下:

> 一般认为解脱须由静坐而致,是一种误解。道由心悟,岂在坐也!《金刚经》云:"若言如来若坐若卧,是行邪道。"何故,无所从来,亦无所去。无生无灭,是如来清净禅;诸法空寂,是如来清净坐。究竟无证,岂况坐耶?有人认为,欲求开悟,必须以智慧照破无明昏暗。但是,道无明暗;明暗是代谢之义。明明无尽,亦是有尽;相符立名故。烦恼即是菩提,无二无别。若以智慧照破无明烦恼,此是二乘见解,羊、鹿之机。上根大智,悉不如是。明与无明,凡夫见二;智者了达,共性无二;无二之性,即是佛性。佛性者:处凡愚而不灭,在圣贤而不增,住烦恼而不乱,居禅定而不寂——不断不常,不来不去,不在中间及其内外,不生不灭,性相如如,常任不迁,名之曰"道"。汝若欲知心要,但一切善恶(相对)都莫思量,自然得入清净心体,妙用恒沙。

正当慧能在南方为禅道效力时,代表另一派的神秀则在北方活动。神秀在未皈依佛教之前,原是一位儒门学者,因此,与他的师兄弟相对,这就注定了他将以另一种不同的角色开其端绪。由于唐朝的武后是他的信众之一,自然就有很多朝臣和其追随者环绕其左右。传到中宗即位,对他尤加礼遇,而在他圆寂后为他写作传记碑文的,就是当时的大臣张说。下面所录是他的语录之一:

> 一切佛法,自心本有。
> 将心外求,舍父逃走。

神秀于天龙二年（706年）圆寂，早于慧能七年。他那一派（因与慧能的"南宗"相对，故被称为"北宗"）活跃于北方，较南方的慧能一派远为兴盛。但是，当马祖（寂于788年）与石头（700—790）开始在南方积极褒扬大教，进而终于奠定禅道的基础时，神秀的一派便因未能得到能干的继承人（法嗣）而逐渐衰微，乃至完全断绝了，因此，我们现有有关他们的活动记录，都是出自他们的对手。结果是，被公认为中国佛教禅宗第六代祖师的，乃是慧能，而非神秀。

禅宗南北两派之间的这种差异，可说是人类心灵之中所固有的东西；我们如果称一方为理智或直观的一派，另一派便被视为实际或实用的一派了。南宗之所以被对北宗的"渐"（Kramav rittya）派而称为"顿"（yugapad），乃因为它主张开悟之事是当下现成的作用，没有任何渐次存在其间，因为这里面是没有渐进的阶段的；而北宗则强调达到开悟的历程，故而需要较多的时间和禅定功夫，不用说，这自然是按部就班的逐渐进步了。慧能是一位绝对唯心主义的伟大提倡者，而神秀则是一位笃实的现实主义者，不能无视由时间支配吾人一切行为的万象世界。唯心主义者虽不一定无视客观的现实面，但他的视线总是集中于圆满自足的一点之上，而他的观察所得亦由这绝对的一点而来。因此，此种顿悟之说，便是从绝对的合一观待万殊的事象，或看万殊的事象处于绝对的合一之中所得的结果。所有一切的真正神秘家，莫不皆是"顿"教的信徒。从一到一，不但不是，同时也不能是一种渐进的历程。神秀之道，对于实际从事习禅的人而言，不妨作为一种实际的忠告加以留意，但它却无法说明被称为"见性"经验的特性，而这却是慧能之所以不同于其他各宗的特殊信息。神秀一派之所以无法作为禅的一宗生存下来，自是一种十分自然的事情，因为，禅除了是一种当下直观的作用之外，不可能是其他任何东西。当它突然打开一个从未梦见的世界时，那便是从一念的某个层次跃上另一个层次的一种顿跃，其间绝无任何间隙。神秀强调达到终点的历程，忽视了禅的究竟目标。作为一位实际的忠告者而言，他不但非常优秀，而且颇有功绩。

契悟禅理的此种顿渐观念，原出《楞伽经》择别净化心灵意识想象之流的一节文字。依照此经解说,此种净化作用,从某一方面来看,可以说是逐渐的,但从另一方面来看,亦可说是顿然或当下的。如果从逐渐在时间的进行中发生来看,就像水果的成熟、陶器的塑造、植物的成长或手艺的练习一样,那便是一种逐渐进行的作用;但比作镜子的反映物像,或如阿赖耶(Ālava)之复制一切心像时,那么,这种心灵净化的作用,便是顿然或当下完成了。因此,此经说心有两类:对于某些人而言,净化到开悟的境界,不妨经由长久(也许要多生多劫)的习定时间逐渐而至;但对某些人而言,也许可在一刹那间忽然达到,甚至在开悟之前不曾做过任何有意识的努力。此种顿渐之说,不仅以此经的经文为依凭,毕竟说来,还得以心理的事实为其依据。但问题的焦点不在时间的问题;不论开悟是不是在一刹那间发生的事情,这对它们都没有多大关系;因为,其间的差异,如今已经发展成为它们对于开悟这个事实本身所持的整个哲学态度和看法的差别了。物理的时间问题,在其较为深切的一面,已经变成心理的问题了。

　　侧重手段时,目的便被遗忘了,而手段本身便成了目的了。神秀有一弟子到慧能处请求开示禅道,慧能问他:"汝师若为(如何)示众(指示大众)?"而这位弟子答道:"常指诲大众,住心观净,长坐不卧。"慧能说道:"任心观净,是病非禅,长坐拘身,于理何益?"接着,他为他说了一个偈子:

　　　　生来坐不卧,死去卧不坐,
　　　　元是臭骨头,何为立功课?

　　与他的对手——特别注重习禅历程细节的神秀——互相关联来看,这已明白地举示了慧能的立足点究竟在何处了。前面所述,他俩尚在弘忍座下当徒弟时写在黄梅山寺墙上的那两个偈子,已经足以显示这两派之间的不同特色了。①

---

① 此处所述唐初这两位禅宗领袖人物之间的争论,不论是否是真正的历史事实,都可见南北两宗之间的对垒非常强烈。《六祖坛经》本身给人的一个印象是:它被写出的唯一目的,似乎就是批驳"顿"派的对手。

慧能更进一步问这位来自北方的僧人说："吾闻汝师教示学人戒、定、慧法。未审汝师说戒、定、慧，行相如何？与吾说看。"来僧答云："秀大师说：'诸恶莫作名为戒，众善奉行名为慧，自净其意名为定。'彼语如是，未审和尚以何法诲人？"慧能答云："吾若有法与人，即为诳汝。但且随方解缚，假名'三昧'。如汝师所说戒、定、慧，实不可思议。吾所说戒、定、慧又别。"来僧说："戒、定、慧只合一种，如何更别产。"慧能云："吾所说法，不离自性。离体说法，名为相说。须知一切万法，皆从自性起用，是真戒、定、慧法。（听吾偈曰：）心地无非自性戒；心地无痴自性慧；心地无乱自性定。若悟自性，亦不立菩提、涅槃，亦不立解脱、知见。无一法可得，方能建立万法。若解此意，亦名佛身，亦名菩提、涅槃，亦名解脱、知见。见性之人，立亦得，不立亦得；来去自由，无滞无碍；应用随作，应语随答。普见化身，不离自性，即得自在神通，游戏三昧，是名'见性'。"来僧又问："如何是'不立'义？"慧能答曰："自性无非，无痴，无乱；念念般若观照，常离法相；自由自在，纵横尽得，有何可立？自性自悟，顿悟顿修，亦无渐次，所以不立。诸法寂灭，有何次第？"

六、慧能的主要思想

六祖的部分说法语录如今已保存于这本以《法宝坛经》为名的书本之中了。书名中的"经"字，通常只用于佛陀或与他直接相关的人所著所述的文字，而慧能的语录得到如此的尊崇，可见他在中国佛教史上所占的地位是多么重要了。其中"坛经"一词，与《楞伽经》的最早译者，刘宋时代的求那跋陀罗三藏（422—479）所创建的著名戒坛有关。建坛时曾立碑预志云："后当有肉身菩萨于此受戒。"又梁朝的智药三藏（亦说真谛三藏）亦曾预言云："后一百七十年，有肉身菩萨于此树下开演上乘，度无量众，真传佛心印之法主也。"（而慧能即系在此坛受戒，并展开说禅生涯。）由此可见，则"坛经"二字便含有正统禅道由此坛传出之意了。

《坛经》这本书中所保存的六祖语录，只不过是他在三十七个年头积极传法生涯中所留语录的一些片段而已。就以这些片段而言，其中究竟有多少可以视为真实可信，也还是我们现在无法给出确实答案的一个问题，因为这本书似乎已经受了不少命运的簸弄，此中所显示的部分事实是：六祖所传的禅的福音，不同凡响的方面实在太多了，以致在佛教界引发了不少的反对和误解。据说，当此等反对和误解达到顶点时，乃至被人指为违反佛陀的正教而将此经予以焚毁。然而，除开少数几个一看即可指为伪造而予以排除的句子和段落之外，我们不妨把整个《坛经》视为表现六祖禅道精神的东西。

慧能的主要思想——使他成为中国禅宗的真正创立者的主要关键——可以归纳为以下各点：

（一）我们可以说，禅已在慧能手里复苏了，菩提达摩将它从印度带来，而且成功地移植于中国，但它当时并没有完全实现它的特有福音。须待两百多年的时间之后，它才明白它的本身，并知道如何以中国人心习有的方式表现它的自身；达摩本人及其直接弟子们用以表现它的固有教义所用的印度模式，似乎不得不让它自己变成真正中国的方式。此种改变或移植一旦在慧能手里完成之后，他的门人便立即努力展示了它的一切含意。其结果便是吾人今日所见的佛教的禅宗。那么，慧能究竟是怎样认识禅的呢？

据他所说，禅就是"见自本性"（简称见性）。这是禅宗发展史所铸的一个最有意义的片语。如今的禅就是以这个为中心而得到具体的展现的，而我们亦因此知道究竟该如何用功，究该怎样使它在我们的心中呈现。自此以后，禅宗的发展便很迅速了。诚然，《传灯录》的《达摩传》中亦用了这个片语，但这个片语却被用在不太可信的部分。纵使是达摩确曾用过这个片语，他也不一定会将它视为禅的精髓——使禅宗自别于其他各宗的特质。而慧能不但完全了知它的意义，而且毫不含糊地将它印入听众的心灵之中。当初他为印宗宣示禅的信息时，下引的语句是无可误解的明白："唯论见性，不论禅定解脱。"禅的要旨就在这里，所有一切其后的讲述，都是此一观念的发扬扩大。

他说的"性",指的是"佛性",更明白一点,从理智的观点来说,就是般若的智性。他说,此种般若智性人人具有,只因心思混乱而不能在自己身上体现。因此我们必须请求善知识开示指导,才能睁开我们的般若之眼,亲见我们的自性。这种自性不是多样性,而是绝对的一性,不论智之与愚,皆无二致。差别是由混乱和无明而来。人们常常谈到般若,想到般若,谈的、想的实在太多了,就是没有在他们的心中体会般若。这如人们整天谈论饮食,但不论你怎么谈论,空说总是不能解除饥渴之患。你解说性空之学,但你如果尚未见自本性的话,纵使你解释一千年一万年,那也毫无益处。此外有些人认为,禅在空心静坐、无思无虑、无知无觉。这样的人本不知般若为何物,不知其心是什么。它充满宇宙,从不停止作用。它不但自由自在、富于创造力,同时亦可自知。它知道一切在一之中,一在一切之内。而般若的这种神秘妙用就是发自你的自性。不要依赖文字,只要让你的自性般若智光在你的心中照耀就行了。

(二)其不可避免的结果便是南宗的"顿"教。"见"是一种瞬间的作用;心眼只要一瞥即可看清整个真理——超越一切二元论的真理;其所以为"顿",乃因为它不历渐次,不是持续的开展。试读下面所引《坛经》中的一段话,即可明白所谓"顿教"的要义:

若悟顿教,不执外修,但于自心常起正念,烦恼尘劳常不能染,即是见性。

善知识,内外不住[①],去来自由;去除执心,通达无碍……愚人忽然悟解心开,即与智人无别。

---

① 此系《般若经》教说之中的一种反复迭唱——唤醒没有任何住处的人心(no kvacitpratishtitam cittamutpādayitavyam)。赵州和尚参访云居禅师,后者问道:"老老大大汉,何不觅个住处?"赵州反问道:"作么生是某甲住处?"云居说:"山前有个古寺基!"赵州说:"和尚自住取!"后来,赵州又访茱萸禅师,后者亦跟云居一样问他:"老老大大汉,何不觅个住处?"赵州仍然反问道:"什么处是某甲住处?"茱萸说:"老老大大汉,住处也不知。"对此,赵州说道:"我三十年弄马伎,今日却被驴子扑!"

善知识，不悟，即佛是众生；一念悟时，众生是佛。故知万法尽在自心。何不从自心中顿见真如本性？《菩萨戒经》云："我本自性清净。"若识自心见性，皆成佛道。《净名经》曰："即时豁然，还得本心。"

善知识，我于忍和尚处一闻言下便悟，顿见真如本性。是以将此教法流行，令学道者顿悟菩提。各自观心，自见本性……

若自悟者，不假外求；若一向执谓须要他善知识望得解脱者，无有是处！何以故？自心内有知识自悟。若起邪迷，妄念颠倒，外善知识虽有教授，救不可得。若起真正般若观照，一刹那间妄念俱灭。若识自性，一悟即至佛地！

（三）我们知道，此种"见性"一旦得到重视，而与哲理智解相对的直观法门一旦得到高举之后，其逻辑的结论之一，便是古老的或旧有的禅学观念开始受到轻视，而被看成一种定心的训练——仅是一种定心的训练而已。而这正是六祖的看法。在有佛教之初，有关禅定的解释，一向就有两条潮流：一条认为禅定系为停止一切心灵作用或扫除一切意识尘垢而设，例如佛陀曾经求教的阿罗逻和郁头蓝弗，即持此见；另一条则认为禅定只是接触究竟实相的有效手段。有关禅定观念上的这种根本差异，乃是达摩起初之所以未能在中国佛教徒、佛教学者以及当时的禅师之间受到重视的一个原因。这也是牛头禅与四祖的正统禅以及五祖之下的北宗与南宗分道扬镳的一个因素。六祖慧能是以一位直观主义的积极提倡者出现于世，故而不愿将禅定的意义作静态的解释。因为，据他说明，在禅定的最高阶段，此心并不只是一种东西，并不只是空无所有、毫无作用的抽象概念而已。他要抓住某种东西——在他的一切身心作用的根本之处活动的某种东西，因为这种东西不可能只是几何学上的一点，必然是能力与知识的根源。慧能并未忘记：意志毕竟是究竟的真实，开悟并不只是理智作用而已，并不只是静观真理而已。此心或自性必须在它作用的时候加以体会。因此，禅定的目标并不就是停止自性的作用，而是使得我们投入它的川流之中，当场将它捉住。他的直观论是富于动力的。在下面所引一段对话中，慧能及其弟子所用的虽然仍是较高的术语，但这场对话的意旨倒也颇能阐示我要说明的要点。

永嘉玄觉禅师少习经论，精通天台宗的止观法门，后来因读《维摩诘经》而悟见自性心地，但未得印证。有人劝他到曹溪找禅宗六祖证明。他到了曹溪，绕着六祖走了三圈，然后振锡（杖）而立，于是展开了一场对话：

师(六祖)曰："夫沙门者，具三千威仪，八万细行。大德自何方而来，生大我慢？"

觉曰："生死事大，无常迅速！"

师曰："何不体取无生，了无速乎？"

觉曰："体即无生，了本无速。"

师曰："如是，如是！"

玄觉方具（僧家）威仪礼拜，须臾告辞。

师曰："返太速乎？"

觉曰："本自非动，岂有速耶？"

师曰："谁知非动？"

觉曰："仁者自生分别！"

师曰："汝甚得无生之意！"

觉曰："无生岂有意耶？"

师曰："无意谁当分别？"

觉曰："分别亦非意。"

师（特表激赏）曰："善哉！"

又：

禅者智隍，初参五祖，自谓已得正受，庵居长坐，积二十年。师（六祖）弟子玄策，游方至河朔，闻隍之名，造庵问云："汝在此作什么？"

隍云："入定。"

策云："汝云'入'定。为有心入耶？无心入耶？若无心入者，一切无情草木瓦石，应合得定，若有心入者，一切有情含识之流，亦应得定。"

隍云："我正入定时，不见有有无之心。"

策云："不见有有无之心，即是常定，何有出入？若有出入，即非大定。"

隍无对，良久问曰："师（玄策）嗣谁耶？"

策云："我师曹溪六祖。"

隍云："六祖以何为禅定？"

策云："我师所说：妙湛圆寂，体用如如；五蕴本空，六尘非有。不出不入，不定不乱；禅性无住，离住禅寂；禅性无生，离生禅想；心如虚空，亦无虚空之量。"

隍闻是说，径来谒师（六祖）。

师问云："仁者何来？"

隍具述前缘。

师云："诚如所言，汝但心如虚空，不着空见，（则）应用无碍；动静无心，（则）凡圣情忘；能所俱泯，（则）性相如如，无不定时也。"

为使六祖对于禅定问题所持的见解显得格外清楚、格外明白起见，且让我从他的《坛经》之中另引一个故事，以为举示：

有僧举卧轮禅师偈曰：

卧轮有伎俩，能断百思想；

对境心不起，菩提日日长！

师（六祖）闻之曰："此偈未明心地，若依而行之，是加系缚！"

因示一偈曰：

慧能没伎俩，不断百思想。

对境心数起，菩提作么长？

如上所举各例，已足证明六祖慧能，既不是主张绝对空无之说的寂静主义者或虚无主义者，更不是否定客观世界的唯心主义者。他的禅观可说妙用恒沙，然而，却又不受现象世界所拘、所限。

（四）慧能举示禅理所用的方法纯粹是中国式的，而不是印度式的。他既不借助概念的用语，亦不仰赖浪漫的神秘主义。他的方法是直接的、明白的、具体的，而且是很实用的。当惠明请他开示时，他说："哪个是你（未生以前）的本来面目？"这句话岂不是很得要领么？没有哲学的讨论，没有玄微的推理，没有神秘的想象，只是一种绝不含糊的直接提示。六祖以此首开其端，而他的门人亦紧跟着迅捷而又有效地踏着他的脚步前进。注意，临济禅师在以他的"无位真人"示众时，多么微妙地运用了这个方式！（参见本书"序说"）。

下面再另举一例，慧能见南岳怀让来参，问道："甚处来？"接着又问："什么物恁（这）么来？"这使怀让参了八年的时间，才使这个问题得到圆满的解答。自此以后，这种征问的方式几乎成了禅师们接待来人的一种定式。南院问一位新来的僧人："甚处来？""寒山。""汝和我一样错！"香严问三圣："甚处来？"三圣答云："临济。"香严又问："将（带）得临济喝来么？"三圣以坐具蓦口打。陈尊宿问僧："甚处来？""仰山。""妄语！"又问僧："甚处来？""江西。""穿破多少草鞋？"这僧所得到的显然是比较温和的待遇。

印度方法与中国作法之间的这种差异往往引起"如来禅"与"祖师禅"之间的差别问题——假如有的话。例如，当香严向他的师兄仰山颂出了他的贫穷偈之后，仰山就曾对他说过："如来禅许师弟会，祖师禅未梦见在！"有人问这两者是同是别，陆州答道："青山自青山，白云自白云！"

七、曹洞宗与临济宗

慧能圆寂于先天二年（713年），享年七十六岁，那时正是唐朝的太平盛世，中国文化达到顶点的时候。六祖去世后约一百余年，在宪宗皇帝颁赐"大鉴"的谥号时，中国文学史上杰出的作家柳宗元写了一篇名为"赐

谥大鉴禅师碑"的文章,其中有云:

> ……六传至大鉴。大鉴始以能劳苦服役,一听其言,言希以究。师用感动,遂受信具。遁隐南海上,人无闻知,又十六年。度其可行,乃居曹溪①为人师。会学去来,尝数千人。
>
> 其道以无为为有,以空洞为实,以广大不荡为归。其教人始以性善,终以性善,不假耘锄,本其静矣。中宗闻名,使幸臣再征,不能致,取其言以为心术。其说具在,今布天下;凡言禅,皆本曹溪。

慧能之后分为数宗,其中两派流传至今,中国和日本皆有其后代子孙。其中一派以青原行思(寂于740年)延续至今的为曹洞宗;另一系为南岳怀让(677—744),以临济宗为其代表。尽管许多方面已有不少修正,但禅的根本原理和精神至今仍然活着,亦如六祖在世时代一般,不仅如此,就其作为东方的伟大精神产物而言,迄今仍然在发挥着它的独特影响,尤其是在日本高尚人士之间。

---

① 此系六祖慧能的禅道总部所在地。

第四篇

谈悟
——禅对一种新的真理所做的启示

禅的根本要意，在于求得一种新的观点，用以观待人生和世间世法。对于人生以及世间万法求得一种新的观点，中文称之"悟"。如果没有"悟"，就没有"禅"可说；"悟"是禅的一切，也是它的根本，禅的生命始于觉悟（也称为"开悟"）。

一、悟是禅的一切

禅的根本要意，在于求得一种新的观点，用以观待人生和世间世法。我的意思是说，假如我们想契入禅的最内生命之中的话，我们就必须舍弃钳制吾人日常生活的那种违背真理的思想习惯，必须努力探索，看看有没有一种合乎正理的判断方式，或者尝试自问："吾人的通常思维方法，是否总是足以使得我们对精神上的需要求得绝对的满足呢？"假如我们对于现前的这种生活感到不满的话，假如吾人的日常生活中含有某种东西，使我们丧失绝对的精神自由的话，那么，我们就得竭尽一切的力量，追求一种可使我们获得究极圆满之感的正道。禅不但提议要为我们来做这件事情，而且保证我们可得一个新的观点，使得吾人的生活过得更新鲜、更深刻、更圆满一些。但是，这是我们人生在世所要面对的心灵上的最大革命，这并不是一种轻而易举的事情，这是一种火的洗礼，学者必须透过山崩地裂一般的暴风雨的考验，始有达到目的的可能。

对于人生以及世间万法求得一种新的观点，日本禅者称之为"satori"（中文写作"悟"）。实在说来，这就是自从佛陀在尼连禅河畔菩提树下成道之后，就被佛陀本人及其印度弟子使用的一个词——"阿耨多罗三藐三菩提"，亦即"无上正等正觉"的另一个名称。用以指称这种精神体验的中文术语，此外尚有其他许多，各个皆有一种特殊的含意，可使我们看出这种现象被作如何解释的情形。但不论如何，简而言之一句话，如果没有"悟"，就没有"禅"可说；"悟"是禅的一切，也是它的根本。没有"悟"的"禅"，好似没有光和热的太阳。禅也许会丧失它的一切典籍，丧失它的一切寺院，乃至丧失它的一切装饰道具，但只要有"悟"存在，它就会永远存在、永恒不灭。我之所以特别强调与禅的生命本身具有密切关系的这个最最根本的事实，是因为即使是在禅者本身之间，不但有不少人不见这个事实，甚至往往在禅被人用逻辑学或心理学的办法解杀掉，或者被人看成一种可用高度专门但属概念的佛教术语概括的哲学之时，认为禅已完全枯竭干涸了，再也没有什么使其成为禅的东西存在其间了。我的看法则不然：禅的生命始于觉悟（中文称为"开悟"）。

"开悟"也许可以解释为对于万法的自性所得的一种直觉或直观的透视，与分析上的或逻辑上的理解正好相反。实在说来，这话的意思是：一个新的境界展开了，而这正是因受二元论的训练而分裂的心灵一直未能体会得到的一种世界。或者，我们也许可以这样说：一旦开悟之后，我们就可以从另一个料想不到的感受角度观看吾人周遭的一切。不论那是什么，在一旦开悟了的人看来，这个世界就不再是从前那个旧的世界了；尽管仍然有着奔腾的山河与炽烈的火焰，但它已不再是从前那个世界了。用逻辑的方式来说，所有一切的对立和矛盾悉皆融和而成一种表里如一的有机整体了。这不但是一种神秘，同时也是一种奇迹，但在禅师们看来，这只不过是日日皆行的家常便饭而已。由此可见，此种开悟的境界，只有透过个人的亲身经验始可证得。

一个多多少少有些残破不全的比喻是：忽然解决了一个难解的数学问题，忽然有了一个重大的发现，或者，在无路可逃的时候忽然发现了一条生路——总而言之一句话，当一个人喜出望外地叫道："有了！有了！！"或者："我发现了！我发现了！"（"Eureka！Eureka！"）——当此之时所得的感受。但这种感受只是开悟的理智的一面，故而也是偏而不全的一面，仍然不能触及生命的根本基础——那不可分割的整体。作为禅之经验的开悟境界，必须以全副的生命予以体验才行。因为，禅提议要做的，乃是有关个人精神统一的一种革命与重建事业。数学问题的解决只到解决为止，不会影响到一个人的整个生命；所有一切其他的各种问题亦然，不论是实用的还是科学的问题，莫不皆然，悉皆不会影响到个人的生命基调。而开悟则是生命本身的重建。此悟只要真实不虚（因为"光影门头"的假悟不在少数），对于个人的道德和精神生命都可产生革命性的影响，发生强化、净化而又确切的作用。有人请问一位禅师："如何是佛？"这位禅师答道："桶底脱落。"由此可见，这种精神上的体验究竟产生了多么彻底的革命。实在说来，一个人的新生确是一种惊天动地的大事。

在宗教心理学中，与个人全副生命相关的这种精神上的强化，一般称之为"皈依"（converson）。但因此词通常皆被用于基督教的皈依者（coverts），故而，严格地说来，不宜用于佛教，尤其是禅者的这种经验，此盖由于此词含有太浓的感情意味，故而无法取代以知性为主调的"开悟"一词。正如我们所知的一样，佛教的大体趣向，是知性的成分多于情感的要素，因此，它随开悟之教使它截然不同于基督教的得救之说；作为大乘佛教之一的禅宗，自然就含有一大部分我们所谓的超越的主知主义，而这正是逻辑的二元论所无法产生的。借用诗歌的或象喻的表现方式来说，开悟就是"心花开放"，就是"障碍撤除"，或者就是"心境开朗"。

所有这些用语，都有一个含意，就是妨碍一部机器自动操作或某些内在作用充分展示的障碍消除了。障碍即经消除之后，一种广阔无垠而绵远无穷的新境界即行展开。如此，生命的作用既然有了此前所未有的自由，那么，则享用它的一切最大潜能，达到禅修的目标，也就成了自然而然的事情了。此点，往往被人认为相当于"无利可图"的意味。在禅师们看来，这种无功之功的教说，主要意旨在于超越意识思维限制的主观心态。对于伦理学的理想，它既不否定，亦不超越，那只是一种超于外在因果的内在意境。

二、开悟——视透佛教的内在精神

菩提达摩（Bodhi-dharma，日文读作 Bodai daruma，中文读作"pu ti

da mo"），于公元六世纪初来到中国的目的，只是将这种开悟的要素引入当时的佛教团体之中——因为那时的佛教学者，不是埋首于玄妙的哲学论述之中，就是拘泥于仪轨和戒律的遵守之间。中国禅宗的这位开山祖师所谓的"传佛心印"，所指的就是开悟——睁开法眼，视透佛教的内在精神。

六祖慧能之所以不同凡响，就在于他针对北宗神秀的起心看净，弘扬禅那的开悟之教。马祖、黄檗、临济以及其他照亮唐代初期禅史的诸大明星，都是开悟之教的倡导者。他们的平生活动，都在不息地朝这种开悟的道路推进；由此，我们不难看出，他们与那些所谓的耽于禅寂或修枯禅的一派，截然不同。他们激烈地反对寂静主义，称它的信徒为在黑暗深坑之中做活计的盲目禅人。因此，我们最好先在此处将此点弄个清楚，而后再继续下去，以免对禅的究极要义留下任何疑惑，因为，毕竟说来，禅并不是要我们在一种诱导出神状态的修法之下浪费自己的生命，而是要我们睁开一只觉悟的法眼，透视自性的生命。

在日本，有一本名叫《少室六门》(*Six Essay by Shoshitsu*)"少室"是个山谷，中国禅宗初祖亦即菩提达摩曾住之处，故学者以此二字为其代号）的书，书中所载，有一部分是达摩的言论，这是毫无疑问的，但其中的绝大部分文章，都不是出自他的手笔，这些文章大概作于唐代禅宗开始在佛徒之间产生普遍影响的时期。不过，贯穿全书的那种精神，与禅宗的原理原则却也完全相合。其中一篇叫作《血脉论》的文章，讨论"见性"①或开悟的问题，据作者表示，其中含有禅的要义。下面所引各节，便是这篇文章的节要：

---

① "见性"的"性"含有天性、性情、本性、灵魂或个人固有的本性之意。"见性"或"见自本性"为禅师们常用的套语之一，实在说来，乃是一切禅修所公认的目标。所谓"开悟"，就是"见性"的一个比较通俗的说法。一个人一旦契入了万法的内在性质，便有开悟的情况出现。但"悟"之一字，是一个颇为广泛的词，可以用来指称任何种类的透彻认识，因此，只有在禅学里面，才有严格的意义。在这篇文章里，我将此词当作习禅方面的一个主要项目加以运用；此盖由于，"见自本性"一语含有如下的一个意念：禅的里面含有某种具体而又实在的东西，需要世人亲见一番。此话颇易引起误解，虽然，我得承认，"开悟"一词也是一个含意不清故而亦有一些暧昧的字眼。用于一般没有严格哲理意味的地方，"悟"这个字自然通行无疑，但如意指"见性"时，它的意思就是指"开眼"了——睁开或张开"心眼"或"法眼"。至于六祖慧能对于"见性"或"见自本性"所持的看法，参见本书前面所录的《禅的历史》一文。

……若欲觅佛，须是见性，性即是佛；若不见性，念佛、诵经、持斋、持戒，亦无益处。念佛得因果（亦即功德），诵经得聪明，持戒得生天，布施得福报；觅佛终不得也。若自己不明了，须参善知识，了却生死根本。若不见性，即不名善知识。

　　若不如此，纵说得十二部经（佛经的十二大类），亦不免生死轮回，三界受苦，无有出期时。昔有善星比丘①，诵得十二部经，犹自不免轮回，缘为不见性。善星既如此，今时人讲得三五本经论，以为佛法者，愚人也。若不识得自心，诵得闲文书，都无用处。若要觅佛，直须见性；性即是佛。佛即是自在人，无事无作人。若不见性，终日茫茫，向外驰求，觅佛原来不得……

　　……佛是自心，莫错礼拜（外境外物）。"佛"是西国语，此土云"觉性"。"觉"者，"灵觉"，应机接物，扬眉瞬目，运手动足，皆是自己灵觉之性。"性"即是"心"，"心"即是"佛"，"佛"即是"道"，"道"即是"禅"——"禅"之一字，非凡圣所测，直见本性，名之为"禅"；若不见本性，即非"禅"也。假使说得千经万论，若不见本性，只是凡夫，非是佛法。至道幽深，不可话会，典教凭何所及？但见本性，一字不识亦得，见性即是佛……

　　……但不见性人，读经念佛，长学精进，六时行道，长坐不卧，广学多闻，以为佛法。此等众生，尽是谤佛法人。前佛后佛，只言见性。诸行无常，若不见性，妄言我得阿耨菩提，此是大罪人。十大弟子中阿难多闻中得第一，于佛无识，（因其）只学多闻……

　　六祖慧能曾以一种不可误解的态度坚持此点。有人问他："黄梅（指五祖弘忍,因其住黄梅山,故以此为其代号）付嘱，如何指授？"他答道："指授即无，

---

① 据竺法兰所译的中文本《大般涅槃经》第三十三卷所载，他（善星比丘）是佛陀尚未成佛之前，亦即尚在修菩萨行时的三个儿子之一。他是一个博通佛教经典的学者，但因他的观点颇有虚无主义的倾向，故而终于堕入了地狱道。

唯论见性，不论禅定解脱。"在其他的一些地方，他又称"禅定解脱"为颠倒错乱，不值一谈；称空心静坐、百无所思的人为"迷人"；而"愚者问于智人，智者与愚人说法，愚人忽然悟解心开，即与智人无别，甚至可以成佛"。又，六祖听北宗弟子说神秀以"住心观静、长坐不卧"的办法指诲大众时，他不但宣称此种修法"是病非禅"，于理无益，而且说了一个我曾在别处引用过的偈子：

生来坐不卧，死去卧不坐，
一具臭骨头，何为立功课？

马祖道一禅师在衡岳传法院时，常常整日坐禅。他的老师南岳怀让（677—744）见了，知道他是法器，于是去问他：
"大德坐禅，图个什么？"
马祖答云："图作佛。"
他的老师听了，即取一块砖头，在他坐禅的庵前石头上磨。
马祖见了，好奇地问道："磨砖作什么？"
老师答道："磨作镜。"
"磨砖岂得成镜耶？"
"磨砖既不成镜，坐禅岂得成佛？"
马祖听了问道："如何即是？"（要怎样做才好呢？）
他的老师开示道："如牛驾车，车若不行。打车即是？打牛即是？"
马祖无言以对。
老师继续说道："汝学坐禅？为学坐佛？若学坐禅，禅非坐卧；若学坐佛，佛无定相。于无住法，不应取舍。汝若坐佛，即是杀佛；若执坐相[①]，非达其理！"

[①] 指执着于盘腿打坐可以成佛的形相。中国自有禅宗以来，这种寂静主义（the quietest）的倾向一直就与以悟为则的主知主义倾向并驾齐驱，可说贯穿了整个禅的历史，甚至到了今天，此种趋势仍以曹洞与临济这两派为其代表，可说各有特色，各有长处。我的观点属于直觉或直观主义（the intuitionalist）而不是寂静主义的一派；这是因为禅的要义在于求得开悟之故。

所有上录各节，都是一些非常明白的陈述，故而对于禅的究极目标也说得非常清楚，绝无任何疑问。绝非仿效印度教圣者所行的那种静坐方法，竭力排除那些来去无踪的心念涟漪，落入一种麻木不仁的冬眠状态之中。这些基本的陈词，可以帮助读者审察下面所引的"问答"（日语读作"mondō"）；因为，它们将可举示我所提出的一个论点：禅的究极目标在于求得"开悟"，或对宇宙人生求得一个新的观点。正如我们将在下面看出的一样，禅师们之所以总是努力避免显而易见的细枝末节，无非是要使学者的心灵契入此前从未得知的一种通道。此事犹如挖开一道无形的水闸，以使新的经验之流得以源源喷发而出；又如时钟报时，时候一到即行自动叩击而发出应有的鸣声。吾人的心灵亦有此种机动作用，适当时机一旦来到，此前一直闭着的障幕即行揭开，而一种全新的景象亦由之展现，而当事人整个生命的调子亦自此有了转变。禅师们称这种心灵的击发或开放为"开悟"，并坚持以此作为开示弟子的主要目标。

　　关于此点，读者对于下引德国神秘学家艾卡特所说的话将可感到颇富启示性："关于此事，一位异教圣哲对另一位圣哲说了一句颇有见识的话：'我感到某种东西闪过我的心头。我感到那是某种东西，但我不知那是什么。我只觉得，如果我能知道那是什么的话，我想我就可以明白一切真理了。'"[1]

三、开悟是件平常的事

　　下面所引的语录，并非总是提出心灵发展的整个历史，从学者求教禅师的那一刻起，直到最后大悟为止以及其间所要经过的种种心理的变化。举出此等例子的目的，在于展示整个禅的训练，要在心灵的枢纽开始转向

---

[1]　参见 W. 勒曼（W. Lehmann）所著《迈斯特·艾卡特》（*Meister Eckhart Göttingen*. 1917）一书的第 243 页。鲁道夫·奥托教授（Professor Rudolf Otto）在他所著的《圣意》（*The Idea of the Holy*）中亦曾引用，见第 201 页。

一个更广、更深的世界时,始有意义可言。因为,这个广大而又深切的世界一旦展开之后,每日的平常生活,纵使是微不足道的琐事,也都会变得禅味十足了。因此,开悟一方面是平凡无奇的事,另一方面又是莫测高深的东西——假如没有得到正当认识的话。然而,毕竟说来,生命或人生的本身,难道不就是充满奇迹、神秘、深不可测,而非吾人的推理智识所可得而了解的么?

有一位参禅的僧人请问赵州从谂禅师(778—897):"学人乍入业(禅)林,乞师指示!"赵州问道:"吃粥(早餐)了没有?"僧云:"吃过了。""洗钵盂去!"赵州随即回道。据说,这句话立即使那位僧人开了法眼,当下见到了禅的真理。

这已足以说明开悟是一件多么平常的事了;但是,如果要看出此种人生琐事在禅里面究竟扮演着一个多么重要的角色,还得补充禅师们所说的一些语句,好让读者借以一窥开悟的内涵才行。较赵州稍迟的云门文偃禅师(寂于949年)对这个公案评唱说:"且道有指示?没有指示?若说有指示,赵州向伊道个什么?若说没有指示,这僧为什么悟了?"后来的云峰文悦禅师(997—1062)批驳道:"云门大师这么说,大似与黄门栽须,与蛇画足。"云峰则不然:"这僧如此悟去,入地狱如箭射!"

现在且看看,所有上述这些——赵州令僧洗钵,此僧当下开悟,云门的转语以及云峰的评断——意旨究竟何在?他们是互相反对么?是无事生非么?这就是禅难以理解,更难解说的地方。且让我再提几个问题:赵州所说的话是那样的平常,怎会使那僧人大开法眼呢?难道他的话里含有某种玄机,恰好接上这僧人的心灵频率么?这僧人究竟作了什么样的心理准备,乃至迎合了好似担任按钮工作的赵州给他一个决定性的击发?从洗钵盂这种事情中寻求开悟的形迹,是徒劳无益的;因此我们必须到另一个方面去寻求禅的真理。无论怎样,我们总不能说赵州与这僧人的开悟毫无关系,而云门的话,虽像谜语一般难解,却也深中要害。至于云峰的评语,圈内人称之为"拈弄",意思是将这件事提出来演示给大家看。表面看来,他的话似与云门过意不去,但骨子里却是与他的两位先辈携手并进、共襄盛举。

德山宣鉴禅师（782—865），原是一位专讲《金刚经》的学者，颇有名气。他听说南方的禅者提倡"直指人心"之说而无视经典的研究，心里颇不服气，遂到龙潭崇信禅师那里"讨教"。一天晚上，他站着陪侍龙潭，因夜已深，后者对他说道："更深何不下去？"德山答道："外面漆黑！"龙潭遂点了一盏灯笼给他，但当他伸手去接的时候，龙潭忽然将蜡炬吹灭，而德山也就在这个时候忽然心开意解而大悟。①

百丈怀海禅师（720—814），一天，陪他的老师马祖外出游山，适逢一群野鸭子飞过。马祖问道：

"是什么？"
"野鸭子。"
"到哪里去了？"
"飞过去了。"

这时，马祖忽然抓住百丈的鼻子猛然扭了一下，百丈不禁失声叫道："啊呀呀！啊呀呀！"

"你说已经飞过去了，原来还在这里！"

这使百丈出了一身冷汗而大悟。

洗钵盂、吹蜡炬以及扭鼻子，这些动作之间究竟有没有关系呢？我们得跟云门一样说：如果没有关系的话，他们又怎能悟到禅的真理呢？如果有关系的话，那么，其间究竟有什么内在的关联呢？这里所说的开悟又是

---

① 我们可在克劳德·菲尔德（Claud Field）所著的《伊斯兰教的神秘学者与圣者》（*Mystics and Saints of Islam*）第二十五页哈山·巴斯里项下读到："又有一次，我见一个孩子拿着一支点着的火炬向我走来，于是问他：'你这支火炬从哪里拿来？'他立即将它吹熄对我说道：'啊，哈山，你先告诉它到哪里去了，我再对你说我从哪里拿来！'"不用说，这种相类只是表面而已，因为德山的得悟自有另一个不同的来源，并非只是由于吹灭蜡炬而已。然虽如此，但这个相类的本身亦颇有趣，故而引介于此。

什么呢？这到底是怎样的一种看待事物的新观点呢？我们只要有一天让我们的观察为开眼之前的条件所限，我们就有一天不能完全体会到根本的问题究竟何在。所有这些，都是日常常见的事情，假如禅就这样明明白白地存在它们之间的话，我们每一个人都可在尚未听人说禅之前就成为禅师了。这话的里面含有部分的真理——假如禅的里面没有任何做作的成分的话——但是，假如鼻子真的忽然被扭痛了，蜡炬真的忽然被吹灭了，而其目的在于消除眼翳的话，则我们的注意力就被引向吾人的内在心灵作用，而我们体会存在于飞行的野鸭、洗过的钵盂、吹灭的蜡炬以及其他任何人生事象之间的潜在关系之处，就在这里。

宋代的伟大禅师大慧宗杲（1089—1163）座下，有一位法号道谦的禅僧，已经参禅多年，但尚未得到"入头处"，亦即尚未窥见禅的秘密——假如禅有秘密的话。某次，老师派他到一个遥远的地方去出差，他感到颇为沮丧。因为这差事需要半年的旅程始可完成，而这对于他的参禅，自是障碍，而非助缘，因此不想从命。但他有位叫作宗元的禅友，对他颇为同情，对他带着责备的口气说道："不可在途便参禅不得也！吾与汝俱往，尽我所能助你一臂之力。"没奈何，他也就只好动身了。

他俩上路之后，一天晚上，道谦绝望地哭泣着恳求宗元帮他解答生命的哑谜："我参禅殊无得力处，今又途中奔波，如何得相应去？"宗元答道："途中可替底事我尽替你，只有五件事替你不得，你须自家支当！"道谦问道："五件何事？"宗元答道："着衣，吃饭，屙屎，放尿，驮个死尸（亦即肉身）路上行！"道谦听了这话，当下开了法眼而悟了禅的要旨，真是喜出望外而不知如何表示他的快活。于是宗元向他表示，他的工作已经完毕，不须继续陪他出差了。他俩于此分手，道谦独自前往。事隔半年之后，道谦任务达成返回他的本寺，行至半山，忽遇他的老师大慧，后者见了他立即说道："这汉此回连骨头都换了也！"也许有人要问：他的朋友给他那样平凡的忠告时，掠过他心头的，究竟是什么呢？

香严智闲原是百丈怀海的弟子，但百丈死后，他便去依靠他的师兄沩山灵佑禅师（771—853）。沩山对他说："我闻汝在百丈先师处问一答十，问十答百。但这是你的聪明伶俐、意解识想，是生死根本，对于参禅是没有用的。不过，你也许已有所悟，那么，我且问你：如何是父未生时？试道一句看！"

香严对于这个问题茫然无对。他回到寝室，将平常读过的典籍和笔记翻阅了一遍，想要找出一句答语来，结果毫无所得。不得已，他恳求沩山为他说明。但沩山答道："我若为你说明，你以后会骂我。何况，我说的是我的见地，与你何干？"香严感到非常失望，认为他的师兄不够厚道。最后，他将对他无益的那些经书笔记付之一炬，决心依照佛规退隐山林，以度余生。他在心里说道："此生不再学佛参禅了，且做个长行粥饭僧吧！以免徒劳心神！"遂辞别沩山，前往南阳，在忠国师的墓旁搭了一个茅庵。一天，他拔除杂草，抛瓦片时击着一竿竹子，发出一阵清脆的响声，出其不意地使他的心灵提升到了一种开悟的境地。于是，沩山问他的问题不言自明了；他喜不自胜，好像忽然见到了已经失去的父母一般；同时，他也体会到了他那不肯为他说破的师兄是多么仁慈了。因为他已明白，他的师兄如果为他说破的话，他就不会有今天的大悟了。

下面所录，是他的"悟道偈"，它也许可以给我们透露一点开悟的意味：

　　一击忘所知，更不假修持。
　　动容扬古路，不堕悄然机。
　　处处无踪迹，声色外威仪。
　　诸方达道者，咸言上上机！

四、直指其道的开悟

我们必须承认的是，禅的里面含有某种不容解说的东西，不论多么善巧的禅师，都无法引导他的弟子运用理智的分析求得。香严或德山这两位禅者，对于佛教的三藏经教或祖师的阐述讨论，早已有了足够的认识，但当真正需要它们的时候，它们却完全无能为力，既不能满足他们内在的需要，更不能得到老师的认可。总而言之，开悟并不是一种可用理解求得的东西。但学者一旦得到了要领之后，一切的一切便毫无遮拦地呈现在他的面前了；当此之时，整个世界都现出了一副新的面目。这种内在的变化，唯有识者方知。出差之前的道谦与出差之后的道谦，显然只是同一个人；但大慧刚一看到他，在他还没有来得及开口的时候，就已看出他的内部发生了怎样的变化了。马祖扭了百丈的鼻子之后，百丈忽然变成了一个狂放不羁的人，甚至在他的老师刚刚开始对大众讲课的时候，就卷起他的拜席下课去了（详见后述）。他们亲身证得的这种内证经验，并不是一种非常微妙、复杂以及可以理解的东西；因此，他们之中，没有一个人想用一系列复杂的论述加以解说；他们只是信手拈弄，或说一两句不为局外人所懂的话，而这整个事情的结果却是，无论老师还是弟子，悉皆极其满意，绝无遗憾之处。这种悟境，绝对不是一种空无内容、毫无价值的幻影——尽管它是单纯得不能再单纯的经验，因为它是一切经验的根本基础。

说到开悟，禅师所能做到的一切，只是直指其道，其余的一切皆由学者亲自体验；这也就是说，由学者依照指示而达目标——此事需由当事人身体力行，别人无忙可帮。不论老师多么能干，他也无法帮他的学生去掌握那个东西的本身——除非他的学生已经有了充分的准备。正如吾人不能逆着马的意愿强迫它去饮水一样，究竟实相的证入亦需由学者亲自体会；正如花朵由于内在的需要而开放一样，见自本性亦需是个人内部充盈的结果。这就是禅何以如此亲切和主观的所在——就其内在和创造的意义而言。在《阿含经》或《尼柯耶》中，我们常常碰到如下的语句："Atta-dipā viharatha attā saranā anañña-saranā，"或"sayam abhiñña"（"自觉"），或者"Dittha dhammo patta-dhammo vidita-dhammo pariyogālha-dhammo aparappaccayosatthu sāsane"；这些语句表示：开悟是凭自己内部的能力而非依靠他人觉悟到自己意识之中的一种内在感受——可以使他创造一个永远和谐、美好的世界亦即涅槃住处的感觉。

我曾说过，禅既不给我们任何理解上的帮助，更不在讨论问题上浪费时间；它只是暗示或指陈，这倒不是因为它要含糊其词，而是因为它只能这样做。假如可能的话，它愿意为我们尽一切力量，帮助我们求得一种认识。实在说来，禅师一向在运用每一种可能的手段协助学者，这可从古今一切伟大的禅师对待弟子的态度上看出大概[1]。纵使是在他们一脚将弟子踏倒在地的时候，他们的慈悲心肠也是绝无可疑的。他们只是在等待时机，待弟子的心灵一旦完全成熟，即予最后的一击。时机一旦成熟，开眼悟道的机会随处可见。机会随手可得，在听一种无声之声或难解之言的时候，在观察一朵花开的当口，或在失足跌倒、卷起窗帘、使扇扇风等日常琐事的当中。所有这一切，悉皆足以唤醒个人的内在意识。显然是一种微不足道的事情，但它对于心灵却有无限的效用，实非吾人的想象所可企及。只要一触电线的按钮，即可发生震动地心的爆炸。实在说来，所有一切开悟的成因都在吾人的心中。这就是关头一到，原本按任不动的东西何以像火山一般爆发开来或如雷电一般闪出的原因[2]。禅称这种情况为"回家稳坐"；此盖由于它的信者常会宣布："你已发现自己了；本来圆满，一切无缺。只是你自己闭眼不见。对禅而言，无论讲解什么、教导什么，都不能增加你的认识。除非出自你自己的心中，否则的话，任何知识对你都没有价值——捡来的羽毛不会生长。"

身为儒者诗人政治家的黄山谷，往见晦堂禅师（1024—1100），请求开示入禅之道。晦堂说："只如仲尼道：'二三子以我为隐乎？吾无隐乎尔者。'太史（山谷时任太史之职）居常如何理论？"山谷想要作答，但晦堂马上说道："不是！不是！"使得山谷迷闷不已，真是无话可说。一天，山谷陪同晦堂在山间散步，时值岩桂盛开，幽香扑鼻。晦堂问道："闻木樨花香么？"这位大儒答道："闻。"晦堂说道："吾无隐乎尔！"这位禅师所做的这种暗示，当下使得山谷开了心眼。由此可见，开悟乃是个人内心自生自发的事情，而不是由一个人加给另一个人的东西。这还不够显然么？尽管这事毫无所

---

[1] 参见本书后面所录《禅的实际教学方法》一文。
[2] 《凯那奥义书》中的这种闪电比喻，正如某些学者所想的一样，并非描述不可言喻的敬畏之感，而是举示意识觉醒的爆发性。此中所做的"啊——啊——哦"在这里是有它的特殊意义的。

隐，但要假由开悟才能看清这个事实，进而自信吾人一切圆满自足，根本不需向外寻求。因此，禅所要做的一切，只是宣称世间确有自我启示或自求开悟这样一件事而已。

五、开悟是人生的转折点

正如觉悟可以击中存在的根本事实一样，开悟则可在一个人的一生中造成一个转折点。但此悟必须透彻而又截然，才能形成一种圆满的结果。此种心性的革命，必须彻底到使得个人实实在在地感到他已经受了一次火的洗礼，方是名副其实的开悟。此种感受的强度与他所做的努力成正比。因为，正如吾人所有一切的心窍活动一样，开悟的强度之间亦有一种程度上的差别。不冷不热的省悟，心灵上大概不会发生像临济或佛光禅师那样的革命性变化（例见下）。禅是一种个性而非知性的问题，这也就是说，禅以意志为其成长的首要原则。一种出色的知性也许无法揭开禅的整个奥秘，但一种坚强的灵性却可饱饮不竭的生命之泉。我不知道理智是否肤浅，是否只能触及个人心性的边缘，但事实却是：意志即是其人本身，而禅则须诉诸意志，始有成就的可能。一个人一旦彻底明白了此种动力的作用，便有悟开禅解的情况出现。正如禅师们所形容的一样，小蛇已经变成巨龙了；更富意象一点说，原是在街头摇尾乞怜，被孩子们当皮球踢来踢去的丧家之犬，现在变成一头使人闻风丧胆的金毛狮子了。

因此，临济在唯唯诺诺地接受黄檗的三顿痛棒时，他的样子怎么看都是非常可怜的；但是，一旦到他大悟之后，他就变成了另一个人，因此他脱口而出的第一句话就是："黄檗佛法无多子（没有多少，只是一些些而已，没有什么了不起）！"而当他回头见了骂他的黄檗时，便以巴掌回敬他的老师。黄檗叫道："这疯癫汉多么无礼！"但临济的粗鲁并非无理取闹，故而这位老师亦颇乐意接受这个原甚可怜的弟子的这种礼遇。

德山一旦彻悟了禅的真理之后，立即将他一向极为宝惜，甚至认为不可或缺而随身携带的那些《金刚经》讲录，堆积在法堂之前，举起火炬对大众宣称："穷诸玄辩，若一毫置于太虚！竭世枢机，似一滴投于巨壑！"说罢便将它们烧了。

百丈大悟之后的第二天，马祖升座，准备为大众讲课，大众刚刚集合，百丈便站起身，将拜席①卷了起来。马祖一句话也没有讲，便下座回他的丈室去了。接着，他将百丈找来，问他："我刚才话还未讲，你为什么便将拜席卷了？"

百丈答道："我的鼻子昨日被你扭得好痛！"

"你昨天向什么留心了？"

"鼻子今天又不痛了。"

他的举动真是前后判若两人！他的鼻子被扭前，他对禅的秘密是个门外汉。如今，他已成了一头金毛狮子，成了他自己的主宰，行动自由自在，好像他已拥有了这个世界一般，甚至将他自己的老师都推到舞台的一角去了。

毫无疑问的是，这种大悟已经契入了个人的心性根源之中。由此而来的变化十分显著，这一点，我们已在上面所举的例子之中看到了。

六、投机偈

有些禅师已将他们在心眼大开的时候所感所觉的一切用一种叫作"偈子"（gāthā）的诗歌记录了下来。这种诗偈有一个专门的名称，叫作"投机偈"（tōki-no-ge）②，读者不妨从下面所录的"投机偈"中自作结论：禅者那样推崇的开悟，其性质和内容究竟是什么呢？但我得在此唤起读者注意的一点是：这些偈子的内容，就其文字和可解的意义而言，可谓五花八门，

---

① 此处所说的"拜席"，系指展开在佛像前面，供开讲的老师主持跃跪拜仪式所用的一种垫子，因此，将它卷起自然就表示讲道已经完毕了。
② 所谓"投机偈"，是指师徒两心相合时用以表示彼此感受的诗偈。

不但式样繁多，而且互不相类，往往令人不知如何为这些互异其趣的诙叹做一个比较的研究。由于这些偈子只是禅者对其开悟时的感受所做的描述，故而，除非读者本人亦曾有过这样的内证经验，否则的话，便无从加以分析。然虽如此，但此等诗偈，纵使只是开悟刹那的情绪之言，对于探究佛教神秘学的心理学家，仍然有其难以抗拒的趣味。

下面所录的一首出于长庆慧棱（寂于932年），他在卷起窗帘的时候开了法眼：

也大差！也大差！卷起帘来见天下！
有人问我解何宗？拈起拂子劈口打！①

五祖法演禅师（寂于1104年），是白云守端的法嗣，也是圆悟克勤的老师，在他的心眼初开时作了如下一个偈子：

山前一片闲田地，叉手叮咛问祖翁。
几度卖来还自买？为怜松竹引清风！

著名禅典《碧岩录》的作者圆悟克勤（1063—1135），是宋代最伟大的禅师之一。他的悟道偈与他的老师五祖法演的悟道偈完全异趣；读者若欲从下面所录的一首浪漫之作中发掘禅的真理，将会感到难之又难：

金鸭香销锦绣帏，笙歌丛里醉扶归。
少年一段风流事，只许佳人独自知！

法眼宗下的永明延寿禅师（904—975），是名著《宗镜录》百卷的作者，

---

① 此句之中所说的"拂子"，原是一种驱除蚊虫的用具，但现在已经成了一种宗教权威的象征。它有一根短短的手柄，约长一尺左右，另一端装有较长的尾毛，通常为马尾毛或牦牛毛。

此书曾在宋初盛极一时。他是在听到一捆柴坠落地上之时开悟的：

扑落非他物，纵横不是尘。
山河及大地，全露法王身！

下面所录两首，前者出于宋代的一位政治家杨大年（974—1020），后者出于临济宗杨岐派的开山祖师杨岐方会（992—1049）弟子茶陵郁山主：

八角磨盘空里走，金毛狮子变作狗。
拟欲将身北斗藏，直须合掌南辰后。
我有明珠一颗，久被尘劳关锁。
今朝尘尽光生，照破山河万朵！

上面所举各例，不仅显示了这些偈子之间的差异是多么的大，同时也显示了仅从比较或分析的方式着手，是怎样的无法为开悟的内容做一个可以理解的说明。其中的某些偈子，我想还不难理会，因为它们所表现的只是一种新的启悟之感；但是，至于那种启悟的本身究竟是什么，那就要有相当的亲证认识，才能做一个比较好懂的描述。且不论情况如何，所有这些大师都证明了一个事实：禅的里面确有开悟这样一件事情，可使学者从而证入一种新的精神世界。旧有的观物之道一旦舍弃之后，这个世界便呈现了一种新的意义。他们之中有的宣称从前"错了"（也太差）因而舍旧从新；有的宣称一直不知有一个美好的天地，像清风或明珠一样存在于人世之间。

七、开悟的内省记述

当我们的考索，只像此前所示的一样，只限于开悟的客观面时，如此开眼澈见禅的真理，看来也许算不得一件非常奇特的事情。老师略述三言两语，如果颇合机宜的话，学者也许会当下省悟而见到一种此前从未梦想得到的神秘。看来所有这一切，似乎全视个人当时的心情或心境如何而定。也许有人禁不住要作如是想：毕竟说来，禅悟只是一种可遇而不可求的偶发事件而已。但是，假如我们知道南岳怀让费了八年的工夫才能答复"什么物这么来"这个问题的话，我们就会看出这样一个事实：在这八年的时间当中，他的内部经过了一番很大的心里苦闷和磨难之后，始可获得彻底的解决而这样宣布："说似一物即不中！"（如果说它像个什么东西，那就错了！）对于开悟，我们必须窥探心理的一面，才能略有所见，因为，打开大门进窥人类灵魂的永恒奥秘，其内在的机转就在这里。进窥此种奥秘，最好的办法莫如引证此等禅师本身所做的部分内省的记述。

高峰原妙禅师（1238—1295）是宋代末期的伟大禅师之一。起初，他的老师要他参究"赵州无字"[①]公案时，他便尽其全力去参这个问题。一天，他的老师雪岩祖钦忽问他："阿谁与你拖个死尸来？"他不知如何回答，而这位老师又很严厉，话还未答，就给他一顿狠打。之后，一天夜里，忽在梦中忆起他向另一位老师求教时，那位老师曾要他用功去参"万法归一，一归何处"[②]这个公案，自此疑情顿发，以至一连三天三夜目不交睫。一天，就在这种心理紧张的情形下，偶然抬头看见五祖法演的遗像，上面题着一个偈赞，其中两句有云：

[①] 这是最著名的公案之一，通常都给尚未悟入的初学参究，作为一种开眼之器。有一位参禅的学僧谛问赵州禅师："狗子还有佛性也无？"赵州答道："无！"这个"无"字日文读作"mu"，中文读作"wu"，字面的意思是"没有"。但据今日临济宗下的禅者所知，此"无"并不含有一般所指的否定意味，而是指某种十分确切肯定的东西。而要初学去参的，就是要他自己亲自而非依靠别人参透这个东西。因为，老师分配这个公案时，并不作任何解释，事实上也不能加以说明。这个公案通称"赵州无"，或简称"无字"。所谓"公案"，是给禅生自求解决的一种主题、一种陈述或一个问题，借以引他走上一种精神内视的途径。关于"公案"这个题目将在这套禅学论集的第二系列中作充分的讨论。

[②] 这是提供初学参究的另一个公案。僧问赵州禅师："万法归一，一归何处？"这位禅师答道："我在青州做一领布衫重七斤。"

> 百年三万六千朝,
> 反复原来是这汉!

这使他立即打破了"阿谁与你拖个死尸来"的疑问。他因受了这番洗礼而变成了一个崭新的新人。

他在他的语录里给我们留下了一篇文章,叙述了他在那些日子里面的心理紧张的情形:

> 十五出家,十六为僧,十八习天台教,二十更衣入净慈,立三年死限学禅。遂请益断桥和尚,令参"生从何来?死从何去?"于是意分两路,心不归一;又不曾得断桥和尚做工夫处分晓。看看耽搁一年有余,每日只如个迷路人相似!
>
> 那时高峰原妙正被三年限逼,正在烦恼中,忽见台州净兄,说:"雪岩和尚,常问你做工夫,何不去一转?"于是欣然怀香,诣北涧塔头请益。方问讯插香,被一顿痛拳打出,即关却门。一路垂泪,回至僧堂。次日粥罢,复上,始得亲近,即问以前做处。某一一供吐,当下便蒙剗除日前所积之病,却令看个"无"字,从头开发做工夫一遍,如暗得灯,如悬得解,自此方解用工处。又令"日日上来一转,要见用工次第;如人行路,日日要见工程;不可今日也恁么,明日也恁么!"每日才见入来,便问:"今日工夫如何?"因见说得有绪,后竟不问做处,一入门便问:"阿谁与你拖个死尸来?"声未绝,便以痛拳打出。每日但只恁么问、恁么打!
>
> 正被逼拶有些涯际,值老和尚赴南明请,临行嘱云:"我去入院了,却令人来取你。"后竟绝消息,即与常州泽兄结伴同往,至俗亲处整顿行装,不期俗亲念某等年幼,又不曾涉途。行李、度牒,皆被收却。时二月初,诸方挂搭,皆不可讨。不免挑包上径山,二月半归堂。忽于次月十六日夜梦中,忽忆断桥和尚室中所举"万法归一,一归何处"话。自此疑情顿发,打成一片,直得东西不辨,寝食俱忘!至第六日

辰巳间，在廊下行，见众僧堂内出，不觉混于队中，至三塔阁上诵经：抬头忽见五祖法演和尚真赞，末后两句云："百年三万六千朝，反复原来是这汉！"日前，被老和尚所问"拖死尸"句子蓦然打破！直得魂飞胆丧，绝后再苏！何啻如放下百二十斤担子！乃是辛酉三月廿二日少林忌日也。

其年恰廿四岁，满三年限，便欲造南明求决，那堪逼夏，诸乡人亦不容，直至解夏，方到南明，纳一场败缺！室中虽则累蒙锻炼，明得公案，亦不受人瞒；及乎开口，心下又觉得浑了！于日用中，尚不得自由，如欠人债相似！正欲在彼终身侍奉，不料同行泽兄有他山之行，遽违座下！

至乙丑年，老和尚在道场作挂牌时，又得依附，随侍赴天宁，中间因被诘问："日间浩浩时还作得主么？"答云："作得主。"又问："睡梦中作得主么？"答云："作得主。"又问："正睡着时，无梦无想，无见无闻，主在什么处？"到这里，直得无言可对，无理可伸！和尚却嘱云："从今日去，也不要你学佛学法，也不要你穷古穷今；但只饥来吃饭，困来打眠；才眠觉来，却抖擞精神：我这一觉，主人公毕竟在什么处安身立命？"虽信得及，遵守此语，奈资质迟钝，转见难明！遂有龙须之行。即自誓云："一生做个痴欲汉，定要遮这一著子明白！"

经及五年，一日寓庵宿睡觉，正疑此事，忽同宿道友推枕子坠地作声，蓦然打破疑团，如在罗网中跳出！追忆日前佛祖所疑请讹公案，古今差别因缘，恰如泗州见大圣，远客还故乡！原来只是旧时人，不改旧时行履处！自此安邦定国，天下太平；一念无为，十方坐断！

白隐慧鹤（1685—1768）[①]，是将参禅经验笔之于书的另一位禅师，我们

[①] 他是现代日本临济禅的建立者，所有今日日本此派的禅师，都属于他这一系。

可在他的《远罗天釜》中读到如下的叙述：

> 我二十四岁时，在越后高田英岩寺，力参苦究（当时参的是赵州"无"字公案一）；日夜端坐，几忘食息，忽使心境打成一片①，犹如身处广达数千里之冰野之中，而内心却有一种极度透明之感。我既不向前滑去，亦不向他滑来；如痴如呆，除了赵州的"无"字之外，一无所有。我虽到老师座下听讲，但其讲述，如在远方大厅之中回响一般；有时，我觉得我好似飞行在空中。如此过了数天之后，一天晚上，偶闻远寺钟声传来，忽觉身心脱落，犹如打破冰窟或推倒玉屋一般。我蓦然觉悟，感到自己成了岩头②，虽经时光迁变，而（我自己）毫无所失。从前所有疑惑，自此悉皆瓦解冰消！我高声大叫："奇哉！妙哉！既然生死可避，亦无菩提可求！所有一千七百则古今葛藤③，悉皆不值一述！"

说到佛光国师④，比之白隐禅师，还要突出，而所幸的是，他也留下了详细的记述。且看他写的：

---

① 字面的意思是形成"一大疑团"，但所指并不在此，因为"疑"之一字在此不作通常的解释。它所指的本意，乃是一种最高度的集中状态。
② 岩头全豁（828—887）是唐代的伟大禅师之一，但他为盗匪所杀，据说"大叶一声而终，声闻数十里。"白隐当初习禅时，这位被认为超越一切烦恼的杰出禅师，遇到这样的悲剧事件，使他颇为苦闷，乃至使他对禅有了是否真是救世福音的疑惑。而岩头之喻，系由此而来。值得在此一并提及的是：白隐所发现的，乃是一个活生生的人，既非抽象的理念，亦非概念的东西。禅最后终将我们带向活生生的境地，而这便是所谓的"见性"。
③ 公案有时被称为"葛藤"，意指愈解愈乱、纠缠不清的东西，因为，依据禅师们的说法，就禅的本质而言，根本不该有所谓"公案"这种东西，因此它是一种多余的发明，使得事态变得更加繁复，徒乱人心。禅的真理无须借用公案追求。据说，此类公案有一千七百则，可以用来考验学者的开悟是否真实或彻底。
④ 佛光国师（1226—1286）本名祖元，系于北条氏在镰仓当权时从中国去到日本，作为日本主要禅寺之一的圆觉寺，就是由他创建。他到日本之前，他所住的庙为元兵所侵，在对方威胁着要杀他的时候，他不动神色，作了如下的一首偈子，以见其志：
乾坤无地卓孤筇，且喜人空法亦空。
珍重大元三尺剑，电光影里斩春风！

老僧十四上径山，十七岁发心，参"狗子无佛性"话。自期一年，要了当，竟无所解；又做一年，亦无所解；更做三年，亦无所入。到第六年，虽然无所入，这一个"无"字看熟了：梦里也看，遍天遍地，只是一个"无"字！中间有一个老僧教我："你如今撇掉这'无'字！"我便依他话放下坐地；我虽然撇掉了，这"无"字长长随着我。得年来所，这"无"字不见。坐时，亦不见己身，只见空荡荡地。如此坐得半年，心意识如鸟出笼；或东或西，或南或北；或坐①两日，或坐一日一夜；亦不见辛苦。那时堂中九百来人，做工夫者多。一日坐去，身心相离，不得转来。连单道我死了。有一老僧言："他定中被冻了，神息转不来。你但烘热被覆在他身，他自转来。"果如所言。转来问连单，（他们告诉我，已经）一日一夜了。

自此以后，只管贪坐，夜间亦少得眠；合眼去时，但见空荡荡地，有这一片田地，行得熟了，只管在此游泳，开眼时却不见。一夜，坐到三更，开眼惺在床上，忽然听得首座寮前三下版响，本来面目一槌打得见前，合眼时境界，与开眼时境界一般。即忙跳下床来，月下走出，含晖亭上望空，大笑云："大哉法身！原来如此广大！"

自此以后，欢喜不彻，僧堂里都坐不得，无事只管绕山，东行西行，或在含晖亭上看月出，看日出。又思量佛经中道："日月从东过西，一日经四十亿万里。我所居震旦，指（据说）杨州地分，为之天心；到日出处，也有二十亿里，如何日头一出，光便射在我面？"我又思："我眼之光，到彼日边，又快如他。我眼我心，即是法身。"到这里，历劫关锁，爆然破碎！历劫以来，在蝼蚁窟中坐地；今日十方佛土，在我一毛孔中！我自谓："更不大悟也快活了！"下面所录，是佛光国师开悟时所作的一首偈子，描述了他的内在感受：

一槌打破精灵窟，突出那咤铁面皮！

---

① 此处所谓的"坐"，当系盘腿坐禅的坐。

两耳如聋口如哑，等闲触着火星飞！①

八、打破"大疑"的状态

上面所举各例，已足以说明开悟之前所要经过的心路历程了。当然，这些只是突出的例子，而且都已经过特别强调，并不是每一种开悟之前都有如此高度的集中。但是，任何一种的开悟，尤其是在开始参学之初所得的那种省悟，与此相似的这样一次感受，乃是一种必然的经验。当此之时，此种"心镜"或"意境"似乎已被拂拭得干干净净乃至纤尘不留了。

当所有一切的心理作用均皆暂时停止，甚至连专注目标的一念亦已消除之时——这也就是说，正如禅者所常述及的一样，当此心完全占有它所思念的对象或与之完全合一，乃至连此种合一的念头亦已消失，就如两镜相照一样了无余影时，作为主体的学者，将会觉得好似生活在水晶中一般，而有一种通体透明、十分轻快之感。但最后的目标尚未达到，这只不过是到达开悟极致的一种前奏状态而已。假如此心仍然停滞于这种凝固状态之中的话，那就没有觉悟真理的机会可言了。此种被称为"大疑"的状态，只是所经的一种历程而已，必须予以爆破，才能进入下一个阶段，亦即见性或开悟。

此种爆破通常发生于此种微密的平衡因了某种理由而发生倾侧之时。一枚石子投入了一片完全静止的清水之中，由此而起的波动当然扩及整个

---

① 此种生动的描述，使人想到《凯那奥义书》（IV, 30）所载的一个闪电之喻：
这就是梵的举示之道：
闪电发射之时——
啊——啊——哦！
闪电使眼闭起之际——
啊——啊——哦！
天神来时亦然。
电光的闪烁也是禅师们常用的一个比喻；不期而来的悟境突入平常的意识境域，亦有这种闪电的性质。此悟不仅来得非常突然，而且一旦来到时，整个世界亦都立即得到了照明，透彻而又谐和、完整；而当其一旦消失之后，一切的一切又跌回了旧有的黑暗和混乱之中。

的水面，开悟的道理亦皆类此。紧闭着的意识之门受到了适度的叩击之后，个人的整个生命便立即受到了全面的震撼，而得到了名副其实的觉醒，受到了创造之火的洗礼。他已在上帝的作场中目睹了上帝的工作了，此种场合不一定是听到寺钟的鸣声——也可以是在读诵一节诗句，看到某种活动，或在触觉受到刺激之时，突破一种高度集中的状态而进入大悟的境界。

然而，这种集中的状态不一定像佛光国师那样，持续到近乎异常的程度——也许只是一两秒钟的时间而已，但是，只要那是一种适度的集中且得到老师的适当处理的话，随后的心开意解自是无可避免的事情。定上座问临济："如何是佛法大意？"临济走下禅床，一把抓住对方，随手给了一掌，将他推开。定上座呆住了。旁观的一位僧人提示道："定上座何不礼拜？"定上座刚刚礼拜，忽然大悟而明白了禅的真理。

就以此例而言，定上座的专注或集中似乎并未持续多久；此中的关键是礼拜这个动作，它打破了那种僵住的禁咒而使他清醒过来，但这种清醒并非通常的觉晓，而是他本身的内在意识——意识到了他本身的存在。大致说来，这种悟前的内在作用，由于我们没有记录可资查考，故而往往轻易放过，以为那不过是一种偶然的巧合或知识的玩弄，缺乏深切的根基。当我们阅览此等记载时，我们必须以本身的经验补充突入悟境所需要的一切前奏情况。

九、开悟经验的办法

上来叙述至此，禅宗的所谓"开悟"现象，一直被视为禅的精髓，被视为开眼观待深广世界的关键，被视为自日常生活琐事见得的某种东西，加以评论；并以开悟何以出自个人的内在生命而非出自任何外来的援助（除了纯然的示导利喜之外）为由加以解说。接着，我又描述了开悟对一个人的观念会产生怎样的改变——这也就是说，开悟究竟如何推翻一个人以前对于万事万物的评价，使他完全立足于一个全然不同的立场上。并且，为了举例说明，又引用了一些禅师开悟时所作的诗偈，而这些诗偈所描述的，多半是他们当时所体验到的感受。例如佛光国师、杨大年居士以及圆悟禅师等人所作者，皆是此中的典例，因为，它们的里面几乎没什么知解的活动存在其间。假如有人想以纯粹的分析手法从这些诗偈之中捡取什么东西的话，必然大失所望。由白隐等人仔细叙述的开悟的心理学的一面，对于真正要对禅的经验作心理学探究的学者，自然大有裨益。当然，单凭这些叙述是不够的，因为，此外尚有其他许多问题须加考虑，才能得到透彻的探究，而在这些当中，我也许可以在此提出的，是一般佛教徒对于人生宇宙所持的态度，以及禅者本身所处的历史氛围。

下面，我想以结述佛徒开悟经验的办法略缀数语，作为本文的收尾。

（一）人们往往想象，认为禅的修行，就是以冥想的办法，诱发一种自我暗示的状态。这种说法并不完全正确。我们可从上面所举的各种例子看出，开悟并不是以密集的观想制造某种预定的状态，而是内心之中的一种新力量的觉醒，使它能够从一个新观点看待事物。吾人自有意识以来，一向都以概念与分析的方式被引导着反应里里外外的一切状况。禅的修行就在一举掀翻此种虚构的框架，并在一个新的基础上面予以切实的重建。这个旧的框架叫作"无明"（avidyā），而新的建筑则名"正觉"（sambodhi）。由此可见，观想一个形而上学的或象征的陈述（此系吾人相对意识的一种产物），在禅的里面没有用武之地，关于此点，我已在本书的序说中略予点及。

（二）一个人如不开悟，就无法进窥禅的奥秘。开悟是此前从未想到的一个新的真理的蓦然闪现。开悟是累积许多知识与情感的东西之后突然发生的一种心灵的大变动。这种累积达到最大限度之后，便完全塌倒在地，而一个新的天空于焉尽呈眼底。清水冷到某种程度之后，立刻冰冻起来，液体变成了固体，不能再流动。当你觉得你已竭尽一切时，开悟之事便在不知不觉中降临到你的身上。从宗教上来说，这是一种新的诞生，而从伦理道德上来说，则是个人与世界关系的一种重置。如此一来，这个世界好像着上了另一种不同的衣装，遮掩了二元论的一切丑态，因为，这种二元论是由推论和谬误而来，在佛教的用语中叫作幻妄（māyā）。

（三）开悟是禅宗所存在的理由，因此，没有悟就没有禅。因此，每一种法门，不论是戒行方面还是教理方面的施设，莫不皆以开悟为其最后的目标。禅师们是无法耐着性子等待悟境自动出现的；这也就是说，他们不能完全看它的高兴，让它拖泥带水的来。他们孜孜不倦地寻求某种办法，以使学者从容不迫地或有条不紊地体悟到禅的真理。他们那些谜一样的呈现手段，主要目的在使学者产生一种心境，为禅的悟境铺路或开道。直到现在为止，所有一切宗教领袖和哲学大师所做的理智说明和教诫劝勉都没有产生理想的效果。这些方法使学者走上了岔路并越走越远。这种情形，在当初佛教带着所有的印度装备、高度抽象的玄学以及极其繁复的戒律进入中国之时，尤为显然；当时的中国学者如坠漫天大雾之中，真不知如何才能掌握佛教教理的中心要点。达摩、慧能、马祖以及其他若干大师，注意到了这个事实，其自然的结论便是发布的宣言：以开悟为最高的目标，高于诵经、讲经以及学术的讨论，而有禅即是悟、悟就是禅的结果。因此，没有悟为其心髓的禅，就如没有辣味的胡椒一般。但是，我们不可忽视的一点是：悟味太浓了，也是一种倒人胃口的事情。

（四）禅的以悟为则，使悟高于其他一切，是一个颇有意义的事实。禅宗的禅，既不是印度所修的禅那，也不是大乘佛教其他各宗所习的禅观。一般所说的禅那或禅观，乃是一种观想或思维的法门，亦即使心念专注于性空的教理上面，这在一般大乘佛教里尤为明显。此心受到如此集中的训练，使其能够体会到一种真空的境界，不但没有一丝意识残留下来，甚至连没有意识的感觉也没有了——换句话说，所有一切的心念作用都被扫出了意识的境域，只剩一片广阔的蓝天，好似无云的晴空一般。据说，到此之时，禅那便已达到了它的完美境地。这种情况，也许可以称为奋迅或出神，但并不是禅宗的禅。禅的里面必须有悟，其间须有一种普遍的心灵激变，以便推翻旧有的知性累积，而为一种新的信念奠定坚固的基础；其间须有一种新的感官觉醒过来，以便从一个全新的角度复观旧有的事物。禅那或禅观的里面并没有这些东西，因为那只是一种定心的静修法门而已。毫无疑问的，这样的法门当然有它的长处，但不论如何禅宗的禅总不应与这样的禅那或禅观混为一谈。佛陀当初之所以不满意他的两位数论派老师并舍而去之，就是因为他们所教的禅法里面含有太多自我出神或灰心灭知的阶位。

（五）开悟并非晤见上帝本来的样子，就像基督教某些神秘家可能论证的一样。禅自始就明白地宣布了它的主要命题——透视创造的工作而非晤见创造者本身。等你见到上帝的时候，它也许正在忙于塑造宇宙的事情，而禅可以自行其道，没有上帝也行。禅不必仰赖它的支持。它一旦掌握了人生在世的理由之后，一切也就圆满了。五祖山的法演禅师，曾经举起他自己的一只手，而后询问他的弟子，手何以称之为手。一个人一旦知道了这个原因，他便是开悟而通禅了。神秘教的寻求上帝，必须掌握一个明白的对象，因此，你一旦见了上帝之后，非上帝的部分就被排除了。这是一种自我限制。禅要绝对自由，甚至要摆脱上帝的拘束。所谓"无著"或"应无所住"，即指此点；"念'佛'一声，漱口三日"，亦是此意。这倒不是禅要提倡病态的无神无圣论，而是它知道"名字即空"的道理。因此，有人请药山禅师讲道，他走下讲坛，径归方丈，一句话也没有说。而百丈禅师则前进数步，立定，然后展开两手——这就是他对一种伟大的佛教原理所做的解说。

（六）开悟是最最密切的亲身体验，故而不可以用言语表达，无法以任何方式加以描述。欲将此种经验传达他人，唯一的办法只有暗示或直指，而这亦只是尝试而已。当这一类的指示发出时，已有所悟的人自然不难体会；但是，如果我们想从这些指标一瞥开悟境界的话，那将是一件完全不得其门而入的事情。那样的话，我们便像一个人说他爱上了一位绝世美人，却不知她的出身或社会地位为何，不知她姓甚名谁，不知她的品貌怎样；又像一个人在十字街头架起一座楼梯，欲上一座大厦的顶楼，却不知道那座大厦究竟在东方还是西方，究竟在南方还是北方。佛陀在嘲弄当时那些只谈抽象玄理、空洞传闻以及无益指证的哲学家和空谈家所做的这种比喻，是很中肯而切中要害的。因此，禅要在吾人所要攀登的宫殿正面竖起一道直达目的地的梯级，然后拾级而上。当我们说出"此即其人，此即其居"这句话时，我们便是四目相对地亲悟其境了（Ditthe va dhamme sayam abhiññā sacchikatvā）。

(七)开悟并不是一种适用于变态心理学的病态心境；假如是什么的话，那就是一种完全正常的心境。我所谓的心理激变，也许会引人误会，认为禅是正常人应该敬而远之的东西。这对禅真是一大误解，不幸的是，对禅有成见的人往往持此看法。正如南泉禅师曾宣称的一样，那只是你的"平常心"罢了。后来，有僧问另一位禅师[①]："如何是平常心合道？"这位禅师答道：

吃茶吃饭随时过，
看水看山实畅情！

窗门开向里边还是开向外边，端视铰链如何调节而定。甚至只是一霎间，整个情况即已改变，而你亦已会禅，而你便如往昔一般完美正常了。尤甚于此的是，你已在那一瞬间获得了某种全新的东西。到了此时，你所有的一切心理活动，也都依照另一种不同的基调发生作用了，而这比以前所有的一切，使你感到更加满意、更加熨帖、更加快活。这里面有某种可以使人返老还童的成分存在其间。使得此种境界得以实现的这种主观的革命，是怎么也不能称为反常现象的。假如开悟能使吾人的生活变得更加可喜，而其境界亦变得跟宇宙一般广阔的话，那么，它的里面就会有某种十分健全的东西值得吾人努力追求了。

(八)我们都认为我们生活在同一个世界，但有谁能说位于窗前的这块普通的石头在我们大家眼里都是同样的东西呢？就吾人的观石之道而言，在某些人看来，它已不再是一块石头，而在别的一些人看来，它仍是一块石头，永远是地质学上一个没有价值的标本。而这种观点上的根本差异，更可在吾人的道德与精神生活中引发一连串没有止境的分别。就以吾人的思维方式而言，只要有一丁点儿扭动，最后就会在彼此之间形成一个多么歧异的世界！禅亦如此，开悟就是这种扭动——也许该称之为扭转，但取

[①] 指保福从展的弟子报慈文钦禅师。

其深切、完满而非欠当的意义——结果才有一个具有崭新价值观的世界展现出来。

又如你我都在啜饮一杯茶。此种行为显然并无两样，但又有谁能说明你我之间的主观鸿沟究竟有多大呢？你的啜饮中也许毫无禅意，而我的啜饮中也许禅味十足！其故安在？原因是，一个人老是在逻辑的圈子里面打转，而另一个人则超乎逻辑的限域；这也就是说，一个人由所谓的理智做主，受制于严格的人为规则，纵使是这个行动的人在行动的时候，亦无法摆脱此等理智的束缚；而另一个人则踏了一条新的路径，根本不以二元论的观点看待他的行动，故而他的生命也就不致分裂而成主体与客体或能行与所行了。对他而言，此时此地的啜饮，就是整个的事实，就是完整的世界。禅是活的，故而也是自由的，而吾人的"日常"生活却处于束缚的境地；开悟是迈向自由的第一步。

（九）开悟就是证得正觉（sambodhi）。只要佛教是开悟之教——就像我们所知的一样，从最古至最近的文献看来，莫不皆是——只要禅是以开悟为共最高的极致，我们就可以说开悟是佛教的根本精神。因此，当它宣称它不依赖任何经教的逻辑推理而"传佛心印"时，就其有别于其他各宗的根本特性而言，绝非夸大其词。不论那是什么，但毫无疑问的一点是：禅是东方人民所得的一种最为宝贵，且在许多方面极其卓著的精神财富。即使是在想到普拉丁、艾卡特以及他们的追随者的哲学所不知的这种佛教的不可思识的神秘时，单是从六祖慧能所留存的完整文献，亦值得一般学者和真理的追求者做一番切实的参究。那样的话，这一系列呈示精神觉悟进程的完整公案，便是现今日本禅僧手中的妙宝了。

第五篇

禅的实际教学方法

禅

"什么是禅？"或"禅是什么？"这是最难解答的一个问题。因为，禅这个东西，甚至连作尝试性的界定或描述，都不容许——不论用什么方式，都行之不适。要想认识它，不用说，最好的办法，当然是"学而时习之"，至少要在禅堂里待上几年的工夫。

"什么是禅？"或"禅是什么？"这是最难解答的一个问题——我的意思是指很难使发问者得到一个满意的答案；因为，禅这个东西，甚至连作尝试性的界定或描述，都不容许——不论用什么方式，都行之不适。要想认识它，不用说，最好的办法，当然是"学而时习之"，至少要在禅堂里待上几年的工夫。因此，读者纵使仔细读过这篇文章了，对于禅的真意，仍有摸不着边的可能。实在说来，禅的根本特质，就是不许作任何界定和解说；这也就是说，禅是无法化为理念的东西的，怎么也无法用逻辑性的术语加以描述。禅师们之所以宣称："不立文字""教外别传"，就是因了这个缘故。但本文的主旨并不只是说明禅是一种不可理解的东西，并不只是说明讨论禅的问题是一种毫无益处的事情。相反的是，我的目的却是在于尽我一己的能力，尽可能地使它显得明白易晓——不论这是多么不适当的工作。而做这个工作可有多种方式。对于禅，我们既可从心理学上，亦可从本体论上，更可从认识论上或历史学上加以评论，就像我在本书的第一部分约略涉及的一样。此等方式，莫不皆有其极高的趣味，但所有这些，都是一个重大的工作，非有多年的准备工夫不可。因此，我在这里要做的工作将是：就禅师们开悟学者所用的示导"作略"，提出若干方面，为这个题目做一个实用的阐示。细读此等陈述，将可帮助我

们契会禅的精神——尽其可以理解的最大限度。

一、禅是一切哲学和宗教的究极事实

就我所知而言，禅是一切哲学和宗教的究极事实。每一种理智的努力，皆应以它为顶点，或以它为起点——假如想要求得实际成果的话。每一种宗教信仰，都应从它里面发出——假如想要证明那个信仰对于吾人的精神生活具有实际可行的效用的话。因此，禅并不只是佛教思想和生活的泉源，它在基督教、伊斯兰教、道教乃至重视现实生活的儒教之中，亦颇活跃。所有这些宗教和哲理之所以富于生气和启示性，并保持它们的效果和益处，就是因为它们的里面呈现着不妨称之为禅的要素。只是烦琐哲学或只是祭司主义，都不能造成一种活的信仰，宗教的里面需有某种富于推进力、生发力以及作用的东西才行；理智在它的本位上颇有用处，但它如果企图统摄整个宗教境域的话，它就会使得生命的源泉枯竭。感情或只是信仰实在太盲目了，往往碰到什么就抓什么，且视其为究竟的真理而执着不放。狂热，就其富于爆发性而言，是颇有生机的，但这并不是真正的宗教，因为，它的实际后果将是破坏整个体系，至于它的本身生存的命运，更是不必说了。禅是使得宗教感情顺着适当的河道流动并给理智以生命的东西。

禅做这个工作的办法，是给人一个看待万法的新观点，使人以一个新的方式欣赏人生宇宙的真、善、美，在意识的最内深处揭开一道新的能源，予人以一种圆满自足的感觉。这也就是说，禅行使神通奇迹的办法，是放松个人内在生命的整个系统，展开一个一向没有想到的新世界。这也许可以称之为一种"复活"（resurrection）。因此，禅有强调思辨要素的倾向——虽然，坦白地说，在整个精神革命的历程中，禅最反对此点，因此，就以此点而言，禅是真正的佛教。或者，我们也许还是这样说比较适当——禅运用属于思辨哲学的用语。感情的要素，在禅的里面，显然不像在以"信"为一切的净土宗里那样显而易见；正好相反的是，禅却重视"知"（vidyā）或"见"（darśana）的能力——虽然，此种"知见"并不含有推而知之的意思，而是当下直观或直觉的体会。

依照禅的哲理来说，我们对于彻底二元论的因袭思想方式太过倚赖了，以致成了受它拘束的奴隶。在吾人的日常逻辑生活中，其间绝无化解对立现象的"融通"可言。属于上帝的，就不属于这个世界；因此，凡间的东西就无法与圣界的事物互相调和。黑的不是白的，而白的亦非黑的。虎是虎，猫是猫，永远不能成为一种。河水奔流而高山矗立，这就是事物或观念在这个感官与逻辑的宇宙之中的样子。但是，禅要推翻这种思维模式，并代之一个新的观物之道——在观念上没有逻辑推理，没有二元分裂排列的一种观物之道。我们之所以相信二元论的想法，主要是因为我们受了传统言教的影响。观念是否与事实相符，是需作特别研究的另一个问题。通常，我们并不探究问题，我们只是接受输入吾人心中的东西；因为，接受乃是一种比较方便而又实际的事情。因此，生活也过得比较容易一些——虽然，事实上并非如此。我们本质上都是保守主义者，这倒不是由于我们懒散，而是我们喜爱安逸——虽然只是表面如此而已。若到了传统的逻辑不再真切的时候，我们就开始感到矛盾百出，因而觉得精神不安了。我们失去了可信的安逸，而那正是我们在盲目地追随传统的想法时所体验过的东西。艾卡特曾经表示，我们每一个人都在有意无意之间追求安逸，就像滚动的石头不到平地不会停止一样。显而易见的是，在尚未觉悟到我们的逻辑里面含有矛盾之前，我们享受的那种安逸，似乎并非真正的安逸，因为石头还在继续滚动着，尚未着地。那么，哪里是灵魂真正可以依靠的非二元论的安逸福地呢？再借艾卡特的话说，"单纯的人认为，我们见神，好似它站那一边而我们站在这一边。事实并非如此；神与我是一，在我认知它的当中不二"。禅就是以这种万法一如的观念建立它的哲理基础的。

这种万法一如的观念并非禅家所独占，其他的宗教和哲学亦讲此理，只是说法不同罢了。禅假如也像其他一元论或一神教一样，只是奠立这个原理而无任何可以名之为禅的特别之处的话，那它早就不再以禅这个名目存在于世界了。但禅里面确有某种独特的东西，而这种东西不但使它具有应有的生命，而且可以证明它是东方文化中最为宝贵的遗产。下面所举的

"问答"（亦即发问与作答），将可使我们一窥禅法的种种。有一位参禅的僧人请问中国伟大禅师之一的赵州和尚：

"如何是（究极的）一句？"他没有作任何明确的答话，只是简单地反应道："诺。"这位僧人对于如此简单的反应自然听不出什么意义，于是又重问了一次，而使这位大师吼了起来："我不患聋！"①看，一个如此重要的绝对合一或究极之理的问题，在这里受到怎样的对待！但这正是禅的特色，正是禅之所以超越逻辑而无视观念的暴虐和颠倒之处。正如我曾在前面说过的一样，禅不信赖理智，不倚靠传统二元的推理方法，只是以其自有的办法处理问题。

在进入本题之前，且在此处另举一例。又有人请问赵州禅师："一灯燃百千灯，未审这一灯从什么处发？"②这个问题跟上面所引的一个一样，是含意最深，故而也是最难解答的哲学问题之一。但是，这位大师答复这个问题，既没有浪费多少时间，更没有诉诸任何语言的讨论。他一言不发，只是踢出他的一只鞋子而已。他这样做，意指什么呢？若要明白此点，正如人们所说的一样，我们必须有"第三眼"或"顶门眼"，且学着从一个新的观点看待事物才行。

那么，禅师们如何举示此等新的观物之道呢？不用说，他们所用的方法非常特别，不同寻常、不合逻辑，故而亦非门外人所可得而理解。这篇文章的目标在于阐述下列各种方法：一、言语法，二、直接法。言语法又

---

① 又有一次，僧问赵州："如何是第一句？"赵州咳嗽一声。僧云："莫便是否？"赵州立即答云："老僧咳嗽也不得！"还有一次。赵州表示了他对"一句"的看法。僧问："何如是一句？"赵州云："道什么？"僧又问："如何是一句？"赵州评判云："两句！"（本来是一句，你使它变成两句了！）其次，僧问汝州首山省念禅师："古德云：'今有一语，若人识得，可消无始劫业。'如何是一语？"首山答云："在汝鼻下！""毕竟如何""我只这么道。"这就是这位大师的结语。
② 关于这个意旨的公案很多，出于赵州禅师的一则著名公案，已在别处引过，其他可引者，约如下述：僧问利山和尚："众色归空，空归何处？"利山答云："舌头太短，无法解释。"（译按：《指月录》此处为"舌头不出口。"）又问："为什么太短？"（《指月录》云："为什么不出门？"）利山答云："内外一如故。"僧问径山禅师："众缘俱散，一切归空，空归何处？"师呼："阇黎！"僧云："诺！"师云："空在何处？"僧云："请师直指。"师云："波斯吃胡椒。"就其以起源为出发点而言，那便是一种原因论的问题，但这里所述的问题之所以是目的论的问题，此盖由于这里所要解决的问题，乃是空的究竟归结问题。

可分为：（一）矛盾法，（二）消融法，（三）抵触法，（四）肯定法，（五）复述法，（六）呼喝法。所谓"直接法"，系指以体能作直接的展示，亦可分为数项，例如姿势、打击、演示以及指导他人动作，如此等。不过，我无意在此将禅师们示导学者入门所用的办法做一个彻底而又合乎科学要求的分类说明，故而亦不想在本文中做一个详尽的分析。稍后，我将对"直接法"做一个充分地阐示。在此，假如我能使读者对禅宗的一般倾向和特性得到一点认识的话，我将视我的工作为一种成就。

二、生动的背理之言

众所周知，所有一切的神秘家都喜欢用反论法说明他们的见地。例如，一个基督教神秘家也许会说："上帝是真实的，但它一无所有，只是无限的空性；神国不但真实，而且客观，但也只在我自己里面——我自己就是天堂地狱。"艾卡特所说的"神圣的黑暗"或"不动的动者"，亦是一例。我相信，诸如此类的说法，神秘文学中俯拾皆是，足够编成一本叫作'神秘家的背理之言'的书。禅不属于这方面的概念，但以其如此表现真理的方式而言，其中却有某种可使我们称为禅的特色的东西。它的主要表现方式在于具体生动。它不理会抽象的观念。下面且举数例。傅大士曰：

空手把锄头，步行骑水牛。
人从桥上过，桥流水不流。

这种说法，听来真是完全悖理，然而，实在说来，禅的里面却多的是这种生动的悖理之言。"花不红柳不绿"——是最著名的禅语之一，被认为与它的肯定法"花红柳绿"完全一样。用逻辑的公式来说，这句话的说法将是："A 既是 A，同时亦是非 A。"如此说来，则我是我而你也是我。一位印度哲人宣称：汝即彼（Tat twam asi）。若果如此的话，则天堂即是地狱，而上帝就是魔鬼了。虔诚的正统基督教听了将会禁不住叫道：禅是一种多么令人震惊的教说！张公吃酒李公醉。像无声之雷一般作狮子吼的维摩诘居士说，因为众生皆病，所以他病。所有一切智慧而又慈悲的灵魂都可能是这个伟大宇宙矛盾的具体化身。话已离题了，且言归正传吧。我在此想要表达的是：禅在它的矛盾反语方面，较之其他神秘教义要具体得多，后者只限于与生命、上帝或世间有关的一般陈述，而禅则将它的矛盾肯定推展到日常生活的每一个细节之中。它毫不迟疑地否定吾人最最熟知的经验事实。"我在这里写作，但我一个字也没有写。你也许正在展读这篇文章，然而世间却没有一个人在读。我既盲且聋，但每一种颜色和声音我都看到听到。"禅师们可以这样永无限期地继续下去。9世纪时的一位高丽禅师芭蕉慧清，某次在讲道时宣称："你有拄杖子，我给你拄杖子；你无拄杖子，我夺你拄杖子。"

不时被提到的伟大禅师赵州，某次有人问他，假如有一个赤贫的人来找他，他拿什么救济那个人。赵州禅师回答道："他缺少个什么？"[①] 又有一次，有人问他："一物不将（带）来时如何？"他立即答道："放下着！"我们也许要问：一个一无所有的人，要他放下个什么？一个赤贫如洗的人，怎可说他自给自足呢？他不是什么都缺么？且不论赵州的这些答话究竟含有怎样深切的意义，这些矛盾的反语总是令人感到左右为难而使吾人受过逻辑训练的理智不知所措。"驱耕夫之牛，夺饥人之食"是禅师们喜欢采用的语句，此盖由于他们认为，唯有如此，我们才能耕耘吾人的心灵田地，填满灵魂的物质饥渴。

[①] 又有僧问："贫子来将什么过与？"赵州答云："不贫。"僧云："怎奈觅和尚何？"赵州云："守贫！"南院慧颙禅师的答话比较温暖，僧问："久在贫中，如何得济？"师云："满掬摩尼（珠宝）亲自捧！"这个"贫"的问题，在吾人的宗教经验中至为重要，而这种贫穷不仅是指物质，同时还指精神。苦行或禁欲主义，较之仅仅抑制人欲和激情，必然具有更深一层的意义作为它的根本原理，其中必然具有积极的深切宗教意义。所谓"精神贫困"或"心贫"且不论在基督教里作何解释，但对佛教徒，尤其是对禅者而言，则是一个颇富深意的片语。有一位名叫清税的禅僧，参见中国曹洞宗的曹山大师时说道："清税孤贫，乞师慈悲！"师云："税阇黎，近前来。"税刚近前，师忽喝道："青原白家三盏酒，吃了犹道未沾唇！"关于"贫"的另一面，参见香严智闲禅师的贫穷颂。（颂见《禅堂与僧训的理想目标》第十一节——译者注）

据载，画竹名家大久保紫文（Okubo Shibun），某次受人之托画一幅竹林。他以他的著名技艺画了一幅红色的丛竹。请他画这幅画的人收到他的作品之后，对他的造诣至为敬佩，但此人却跑到他的住处对他说道："大师，我特来感谢你为我画这幅画；可是，对不起，你将竹子画成红色了。"

"嗯，"这位大师说道，"你想画什么颜色的呢？""当然是黑色的了。"雇主答道。"那么，"大师问道，"有谁见过黑色的竹子呢？"一个人一旦完全习惯于某种看待事物的方式之后，就很难调转方向，从另一个新的角度去看了。竹子的真正颜色，也许既非红色，亦非黑色，更非绿色乃至不是吾人所知的其他任何一种颜色。它也许是红的，也许是黑的。有谁知道？这种想象的矛盾，毕竟说来，也许并非真的矛盾哩。

三、对立的否定

禅的另一种表现方式是消融，亦即对立的否定，相当于神秘家所说的"否定之道"（vianegativa）。要点在于避免陷入禅师常说的四个前提。亦即所谓的"四句"（catushkotia）之中的任何一句里面：一、"这是A"（有）；二、"不是A"（无）；三、"是A亦非A"（亦有亦无）；四、"非A亦非非A"（非有非无）。依照印度这种推理方法（因明学）来说，我们只要否定或肯定，必然会陷入这些逻辑公式之一里面。我们的理智只要在这种通常的二元论的沟槽里面活动，就会无可避免地落入这种绝境之中。我们所做的任何陈述，都得如此表现，都不出这种逻辑的范围。但禅认为，真理亦可在既非肯定亦非否定的情形之下求得。这真是人生的难题，但禅师们总会避免这种困境。且让我们看看他们能否逃避这种陷坑。

云门禅师说："宗门七纵八横（绝对自由），杀（否定）活（肯定）临时。"僧问："如何是杀？""冬去春来。""冬去春来时如何？""横担挂杖，东西南北，一任打野榔。"此系中国最伟大的禅师之一云门所示的一种自在之道。下面是另一种。

禅师们通常都携带一根叫作"竹篦"的短棒，至少，古代中国的禅师确曾有过这种习惯。不论那是不是一种竹篦,这都没有关系;实在说来,任何东西都可派上用场。10世纪时的一位著名禅师首山省念,举起竹篦向他的座下说道:"汝等诸人,若唤作竹篦,则触(肯定);不唤作竹篦,则背(否定)。究竟唤作什么?速道!速道!"这里的意旨在于使我们摆脱二元论的对立和哲学的烦琐。这时有一僧人走上前去,夺下竹篦,抛向阶前。这就是答案吗?这就是回答"速道!速道!"的办法么?这就是超越"四句"(思维的逻辑限制)的方式么?简而言之,这就是解脱之道么?禅的里面没有一成不变的东西,因此,别的人大可运用另一种方式来解决我们的难题。这便是禅富于创意的地方。

云门亦表现了这个意思,他举起他的拄杖对大家说:"是什么?若唤作拄杖,入地狱如箭;若不唤作拄杖,唤作什么?"五台山的秘魔岩和尚,与此略有不同。他经常持一木叉,每见僧来礼拜请教,即叉住对方的脖子说道:"那个魔魅教汝出家?那个魔魅教汝行脚?道得也叉下死,道不得也叉下死。速道!速道!"德山宣监是另一位善于行棒的禅师,因为,他常对人说:"道得三十棒,道不得也三十棒!"

南泉禅师会下,有东西两堂的僧人为了一只猫的主权问题而发生争执,南泉(748—834)出来抓住那只猫对大家说道:"道得即救取猫,道不得即斩却也!"所谓"道得",就是说出超越肯定与否定的"一言"——亦即赵州所说的"至理一言"。由于没有一个人提出答话,南泉就把那只猫斩了。由此看来,南泉似是一位心肠狠毒的佛教徒,但是,他的看法却是:说肯定的话,将使我们陷入困境;说否定的话,也使我们陷入困境。我们必须避开此种二元论的说法,才能与真理相契,你将怎样避免这种矛盾呢?假如你不能突破这种困境的话,不仅会牺牲一只猫的生命,而且会牺牲你自己的生命和灵魂。南泉的手段之所以如此激烈,其原因在此。之后,到了晚上,赵州(南泉的一位弟子)从外面回来,南泉便将斩猫的事情向他说了一遍。赵州听了,立即脱下草鞋,戴在头上,向外走去。南泉见了说道:"子(你)若在,即救得猫!"因为,这种奇怪的行为,便是赵州证明超越"有"(sat)与"无"(asat)的二元论的真理的方式。

仰山（804—890）住东平时，他的老师沩山（771—853，师生二人都是唐代的著名禅师）派人送了一面镜子并附一封书信给他。他在课堂上提起那面镜子对大众说道："且道是沩山镜？是东平镜？若道是东平镜，又是沩山送来；若这是沩山镜，又在东平手里——道得则留取，道不得则扑破去也！"他一连问了三次，结果无人答话，他便把这面镜子打破了。这与南泉的斩猫公案略相仿佛。在这两个例子中，大家之所以都没有能够挽救那只无辜的猫或这面宝贵的镜子，只因为他们的心灵都未能摆脱知解的限制而突破南泉或仰山特别设置的葛藤。由此看来，禅门训练僧徒的这种方法，不但似乎完全违背常理，而且可说不近人情。但禅师们的目光总是注视着可在这个万象的世界中证得的绝对真理。如果证得这个绝对真理了，是否打破一面镜子或牺牲一只小动物，又有什么关系？恢复一个人的灵魂难道不比失去一个王国更为紧要么？

沩山的弟子香严禅师，某次对他自己座下的门人说："若论此事，如人上树（树在千尺悬崖上）口衔树枝，脚不踏枝，手不攀枝。树下忽有人问：'如何是祖师西来意？'（菩提达摩从印度到中国来干吗？）不对（答）他，又违他所问；对他，又丧身失命！当恁（这）么时，作么生即得？"（如何是好？）这个公案，以非常鲜活的手法，将对立的消除做了一个具体的举示。悬在悬崖上的人，陷入了生死绝境，而那不是逻辑的论证可以解救的。猫儿或可牺牲于禅的祭坛上面，镜子不妨打破在地上，但涉及一个人本身的生命时，那该怎么办呢？据载，佛陀在前生的某一世中修行时，曾经为了求得另外半个可以使人悟道的偈子而投身于恶魔变成的饿虎口中。实是求是的禅，亦要我们做此决定——为了契悟寂灭之乐的最高真理而牺牲吾人之二元性的生命。因此它向我们表示：我们只要下此决心，契悟之门即可打开。

"有"（asti）与"无"（nāsti）这种逻辑的二分法，禅师们往往以日常用语中的相反语，如"杀"与"活"，"收"与"放"，"即"与"离"以及"与"与"夺"等这些加以表现。某次，云门举起拄杖说："乾坤大地杀活总在这里。"僧问："如何是杀？""七颠八倒！""如何是活？""要做饭头。""不杀不活时如何？"云门从座中起立说道："摩诃般若波罗蜜！"这就是云门对于"至理一言"所做的融会，将正与反都完全统一起来，使得前述四个前提或"四句"都冰消瓦解（离）了。

四、抵触法

现在谈到了第三类，亦即我所说的"抵触法"，指的是禅师对他自己或别人曾说过的话加以或明或暗的反斥。对于同样一个问题，他有时答"是"，有时答"否"。或者，对于某个众所周知且已完全成立的事实，他提出全盘的否定。从一般的观点来看，他可以说是完全不可信赖，但他却认为禅的真理需要此种反斥和否定才能证明；因为禅自有其本身的标准，而这种标准，以吾人的常识眼光来看，就在否定吾人所认为真实不虚的一切。禅的哲理尽管有着此等显然的混乱，但它却有一个彻底的指导原则为其主导，我们一旦掌握了这个原则，它那种七颠八倒的性质就成了再也明白不过的真理。

有人问中国禅宗的六祖慧能（他是在 7 世纪末期与 8 世纪初叶出兴于世的一代宗师）："黄梅意旨什么人得？""黄梅"是他的老师五祖弘忍所住的山名（在此代表五祖弘忍），而六祖慧能曾在他的座下习禅并继承了他的正统衣钵，这已是一个众所周知的事实。因此，这个问题并不是一种探问事实的普通问话；可以说它是别有用心的明知故问。对于这个问题，六祖答道："会佛法的人得。"

"你不是得了么？"

"我没有得。"

"你怎么没有得呢？"

六祖答道："我不会佛法。"[1]

他真的不会佛法？还是不会就是会呢？这也是《凯那奥义书》的哲理。

---

[1] 另有一个与此相类的故事，说到石头希迁禅师（六祖慧能的法孙），已在别处引过。

六祖的这种自我矛盾，比起道吾的自相矛盾来，可说要温和而且间接一些。道吾是药山惟俨（737—834）的法嗣，继承了药山的衣钵，但当五峰问他还识不识药山老宿时，他却冷冷地答道："不识。"但五峰再次问道："为什么不识？"他更明白地答道："不识！不识！"除了有力地否定这个显然为大众常识所知的事实之外，他硬是拒绝说明任何"不识"的原因。

比上面所举之例更为著名，亦更为强烈的一个抵触，出于赵州的弟子"铁觉嘴"（扬州光孝慧觉）。当这位禅师拜访法眼宗创立者法眼文益大师（寂于958）时，后者问他："近离甚处？"

"赵州。"他答道。

"承闻赵州有'柏树子话'，是否？"

铁觉嘴肯定地否认说："无！"

法眼追问道："往来皆言有，上座何得道无？"

至此，铁觉嘴忽然吼道："先师实无此语！和尚（您）莫谤先师好！"

法眼听了，对于赵州禅师的这位弟子所持的这种态度颇为激赏，因此，他赞叹地说道："真狮子儿！"

在禅宗语录中"祖师西来意"（中国禅宗初祖菩提达摩从西方的印度来到华夏的意旨），是一个经常被拿来参问的话题。禅者问及达摩前来中国的真意，指的是佛教的究极真理，与他越洋渡海，来到中国南海某个地点登陆的个人动机，并无直接的关系，因此，此事究竟是不是历史的事实，在此也就不成为必须探究的问题了。但古今对于"西来意"这个无限重要的问题，倒给出了无数的答案，不仅无奇不有，而且大都出人意料，然而，据通达此道的禅师们表示，所有这些答语，个个均表现了禅道的真理。

此等抵触、否定或矛盾的陈述，乃禅的看待人生之道不可避免的结果。此种训练的整个着眼点，完全在于以直观的方式体悟埋藏在吾人深心之处的内在真理。因此，在个人内心之中如此揭示或觉悟的这种真理，是没有办法用理智的手段加以处理的，至少是无法运用任何辩证或论理的公式传授他人的。这种真理必须由个人自证自悟，从自己的胸襟发出，与自己的身心性命打成一片。他人——亦即理念或形象——所可办到的，只是指出通向真理的道路而已，而这便是禅师们所做的工作。因此，他们所提出的指标，自然是无比寻常的自在，而且富于新鲜的创意。他们的眼光既然不离这个究极真理的本身，他们当然就可运用他们所可掌握的任何东西来完成这个目标了——不论它们的逻辑条理和结果如何。此种无视逻辑条理的做法，有时是刻意为之，只是为了要使我们明白禅的真理并非理智或知解所可得而通达的东西。因此，《般若波罗蜜多心经》中有云："无法可说，是名说法。"（Dharmadeśanā dharmadeśaneti subhūte nāsti sa kaścid dharmo yo dharmadeaśana nāmotpalabhyate-the Prajñā-pāramitā-Sūtra.）

唐代的一位相宰裴休，是黄檗禅师座下的一个虔诚禅徒。一天，他带了一篇写着他对禅的理解的文稿，呈给黄檗看。这位禅师接过稿子，置于座位旁边，瞧也不瞧一眼。隔了一会，问道："会么？"（明白了没有？）宰相答道："未测。"禅师说道："若使恁么会去，犹较些子（还算可以），若也形于纸墨，何有吾宗？"与此相类的东西，我们亦可在白隐禅师参见正受老人的过程当中见出。因为禅是一种活的事实，故而亦只有在有生命的事实之处始可加以处理。理智的手段是真的，也是活的——假如它从生命直接发出的话。否则，不论有多大文学成就或做多少理智分析，对于习禅皆无益处。

五、禅的独特道路

说到这里，禅除了是一种否定和矛盾的哲学之外，似乎什么也不是，什么也没有——虽然，实在说来，它确是有它的肯定的一面，而它的独特之处，就在这里。以绝大多数的神秘学或神秘教而言，不论是重理的还是重情的，它们的主张或见地多半是广泛和抽象的，与某些哲理的箴言并无特别的差别。例如，威廉·布莱克（William Blake）吟道：

> 一粒沙中见世界，
> 一朵花里见天堂。
> 无限握在一掌中，
> 永恒只在一时间。

接着，再听听韦德（Wither）用诗句表现的微妙情感：

> 在泉水淙淙之时，
> 在枝叶飒飒之际。
> 在花瓣开放，
> 在日神上床时收起的一株雏菊之旁。
> 或在一株荫凉的灌木或乔木之下——
> 她可灌输于我的大自然之美，多于
> 她可灌输的其他一些智人。

要想理解这些高度敏感的灵魂所表现的这些富于诗趣的神秘之感，并不是一件很难的事——虽然，我们也许无法完全体会他们所感受到的一切。纵然是在艾卡特宣布："我看上帝的眼睛就是上帝看我的眼睛。"或在柏拉丁说到"一旦此心回头就可在它想到自己之前想到一切"时，我们也不会感到它们的意义完全出乎我们的理解之外——就这些神秘的语句所欲表现的理念而言。但是，当我们碰到禅师们所做的陈述时，我们就全然不知所措了。他们所做的断言实在太不相关、太欠妥当、太不合理、太没意义了——至少表面看来如此——对于尚未通晓禅的观物之道的人而言，正如我们常说的一样，连边也摸它不着。

事实是这样的：纵使是羽毛已丰的神秘家，也都因为无法完全摆脱知解的污染而留下他们到达圣殿的"踪迹"。柏拉图所说的"从孤独逃向孤独"，可说是神秘学上的一句伟言，可见他登入吾人内在意识的圣堂何其深切。但是，这里面仍然有着某种意识思维或形而上学的东西存在其间；如果将它与下面所举的禅宗语句并列而观的话，它就像禅师们会说的一样，显出一种表浅的神秘气味。禅师们如果一味地沉湎于否定或矛盾之中，这种意识思维的污点就无法完全冲刷掉。不用说，禅并不反对思维，因为这也是心灵的功能之一。不过，在我看来，在神秘教或神秘学的历史中，禅所走的道路，可说是一条完全与众不同的路径——不论是在东方还是在西方，在基督教还是在佛教的神秘学中，都是如此。我的这个论点，只要略举数例，即可阐明。

僧问赵州："经云：'万法归一。'一归何处？"赵州答道："我在青州做一领布衫重七斤。"僧问香林："如何是祖师西来意？"香林答云："坐久成劳。"（人坐久了，感到累了。）试问：这里的问话与答话之间，究竟有什么逻辑上的关系？是像传说所称的一样，指菩提达摩的九年面壁吗？倘果如此的话，他的传教除了感到疲倦之外，难道是无事自扰或虚张声势么？僧问禾山："如何是佛？"禾山答道："解打鼓。"（我知道如何打鼓，咚咚！咚咚！）马祖道一生病时，他的一名弟子前去问候："和尚（您）今日尊侯如何？"马祖答道："日面佛！月面佛！"又，僧问赵州："百骸俱溃散，一物镇长灵时如何？"赵州答道："今朝风又起！"僧问首山："如何是佛教要意？"他吟了如下的诗句：

　　楚王城畔，

　　鲁水东流。

僧问陆州："如何是诸佛之师？"陆州只是哼了一支小调："钉钉东东，骨低骨董！"又问："如何是禅？"陆州答云："归依佛、法、僧！"（南无喝罗怛那哆罗夜耶—— namo ratna-trayāya）。问者不知所措，陆州叫道："咄！这虾蟆，得与么恶业！"又有人问："如何是禅？"此问如前而答案不同："摩诃般若波罗蜜！"问者不明此语意义为何，陆州继续答道：

　　抖擞多年穿破衲，

　　褴毵一半逐云飞！

再引陆州禅案一例。僧问:"如何是超佛越祖之谈?"陆州忽然拈起拄杖对大众说道:"我唤作拄杖。你唤作什么?"问者无语,陆州复拈拄杖示之,云:"超佛越祖之谈,是你问么?"

有人问南院慧颙禅师:"如何是佛?"他说:"如何不是佛?"又有人问这个问题,他却答道:"我不曾知。"又有一次有人这么问,他说:"待有,即向你道。"直到此处,他的答话似乎还不很难解,但接下去的答语,对于敏锐的知解分析,就是一个重大的挑战了。当发问的僧人紧接着说道:"与么(这么说来),则和尚无佛也?"南院立即答道:"正当好处!""如何是好处?"他却答道:"今日是三十日。"

归宗智常是马祖的大弟子之一。某次,他正在园中除草,有讲僧(讲解佛教哲理的法师)来参,忽见一蛇掠过,归宗立即举起锄头将它斩了。讲僧见了不禁说道:"久向归宗,原来是个粗行沙门!"归宗说道:"你怎么不如同堂吃茶去。"就吾人所知的世间常情而言,归宗在此所做的反斥颇不易解;但据另一个记载说,归宗受到指责后问道:"你粗?我粗?"僧问:"如何是粗?"归宗竖起锄头作答。僧问:"如何是细?"归宗作斩蛇状以答。僧云:"与么则依而行之。"归宗说:"依而行之且置。甚处见我斩蛇?"僧无对。

如上所述,也许已够说明禅师们如何自在地处理人类自有知识以来即绞尽脑汁求解的奥妙玄理了。下面且让我举五祖法演禅师所做的一次讲道,作为本节的一个结述;因为,禅师偶尔——不是偶尔,而是常常——亦不惜眉毛,降至二元论的理解层次,尝试着做一次讲道式的开示,借以训导他的弟子。不过,既然是一种禅的讲道,我们自然就会预料里面有些不同寻常的东西了,法演是12世纪最有才能的禅师之一,是著名的《碧岩录》作者圆悟克勤的老师。下面就是我要引介的讲道记录:

上堂云:"昨日有一则因缘,拟举示大众,却为老僧忘事,都大一时思量不出。"乃沉吟多时,云:"忘却也!忘却也!"复云:"教中有一道真言,号'聪明王',有人念者,忘即记得。"遂云:"唵,阿卢勒继,娑婆诃!"乃拍手大笑云:"记得也!记得也!——觅佛不见佛,讨祖不见祖。甜瓜彻蒂甜,苦瓠连根苦。"下座。

六、复述法

艾卡特在某次讲道中述及神与人之间的关系时曾说:"此事如人在高山前面叫道:'你——在——吗——?'回声就说:'你——在——吗——?'如果你叫:'出——来——吧——!'回声就说:'出——来——吧——!'"诸如此类的情况,亦可在禅师们的答语中——亦即在谈到的"复述法"这个项目中看到。这些鹦鹉样的复述,对于尚未入门的人而言,要想窥见内在的意义,也许感到难之又难。以此而言,语言本身只是没有意义的音声而已,至于它的内在意义,则须在回声的本身当中体会——假如有的话。但这种体会必须出自个人本身的内在生命才行,因为回声只是为真理的热切追求者提供此种自觉的机会罢了。心灵一旦有了适当的转变,以至成熟到足以形成某种曲调时,老师便转动调整节律的键盘,于是,它便发出了本身的和谐旋律——并非跟别人学来,而是在自己内部发现。而这里所说的以复述的方式转动键盘的方法,正是下引各例使我们感兴趣的地方。

长水子璇问琅琊慧觉禅师(11世纪上半期人):"清净本然,云何忽生山河大地?"这个问题出自《首楞严经》富楼那尊者请问佛陀:绝对本体何以会生出森罗万象的世界来?因为这是一个困扰古今伟大心灵的重大哲学问题,在整个思想史中所做的一切解释,没有一个令人感到满意。从某方面来说,长水子璇可说是一位攻究哲理的学者,但攻到此处,也只有请求禅师解答了。但就我们所知的而言,这位禅师的答话根本算不得答案,因为他只是复述道:"清净本然,云何忽生山河大地?"此语译成英文,失去了不少韵味。且让我用日本式的中文写在此处,长水问云:"Shō-jō hon-nen un-ga kos-sho sen-ga dai-ji?"琅琊答道:"Shō-jō hon-nen un-ga kos-sho sen-ga dai-ji？"

不过，这还不够。其后到了 11 世纪，另一位伟大禅师虚堂和尚，以一种更为神秘的方式提唱这个公案。一天，他在上堂时说道："长水问琅琊：'清净本然，云何忽生山河大地？'琅琊云：'清净本然，云何忽生山河大地？'问话还归问者，据云长水因此开眼。且问诸人：道理何在呢？问答不是一般么？长水见了什么道理？今且下个注脚。"说罢，以拂子击椅子一下，云："清净本然，云何忽生山河大地？"他的注解没有使问题变得更简单，反而显得更加复杂了。

这个问题——与多、心与物以及真与俗，如此等——一向是哲学上的一个大疑问。既非理想主义亦非现实主义的禅，就像此处所举的"清净本然"所示的一样，自有其本身的解决办法。下面所引一例，亦以其本身的办法解决了这个难题。僧问长沙景岑禅师："如何转得山河大地归自己？"长沙答道："如何转得自己成山河大地？"问者茫然，而这位禅师却吟了如下的一个偈子：

湖南城下好养民，
米贱柴多足四邻。

唐代的投子大同禅师（寂于 914 年），有人问他："如何是佛？"他答云："佛。"问："如何是道？"答云："道。"问："如何是法子？"答云："法。"

赵州问大慈寰中："般若以何为体？"大慈不答，只是将赵州的问话复述了一遍："般若以何为体？"这使赵州发出了一阵开怀大笑。"般若"（prajñā）一词，也许可以译为"无上智慧"（Supreme Intelligence），因此，大乘学者皆以代表智慧的文殊师利菩萨为般若的化身，但以此处而言，这与文殊师利并无直接的关系。这个问题着眼于般若的实体观念；因为，般若是一般心灵作用，故而需有某种东西住持其间。依照佛教的哲理来说，可以解释存在问题的基本概念约有如下三个："体"（bhāva）、

"相"（lakshana）、"用"（kritya），此在"中论"（Mādhvamika）称为"作者""作业"以及"作用"。般若既是一种智慧作用，其间当有一种动因或实体。故有"般若以何为体"之问。大慈所作的答话或回应，并未说明什么；就其所表现的概念而言，我们不知其意何在。禅师们不给我们任何文字的线索，以免我们猜测表面的意义。当我们用理智的办法去理解它时，它便悄悄地从我们身边离开了。因此，我们必须从另一个无意识的层面予以接近。除非我们进至与禅师们相同的层次，或者我们抛开所谓常识的推理方法，否则的话，便没有桥梁可让我们跨越使我们的理智作用与鹦鹉式的复述隔开的鸿沟。

在此处以及别处所举的例子中，禅师们的目标在于指示如何体验禅的真理，但并非以他们以及我们大家所用的语言作为传达理念的媒介。语言，就其诉诸文字而言，可以表现情感、心绪或内在的境界，但无法传达理念。因此，当我们到禅师的语句中寻求其具现理念的意义时，它就变得完全不可理解了。当然，语言文字，只要能够表现感情和经验，我们就不能完全加以蔑视。明白此点，对于禅的认识，至为重要。

由此可知，对于禅师而言，语言只是直接出自内在精神经验的一种感叹或呼叫。若有意义可寻的话，则意义不在此种表现的本身，而是在觉悟同样经验的吾人的内心之中。因此，当我们了解禅师们的语言时，我们所了解的就是我们自己而不是反映理念的语言的意义和被经验到的感觉本身。因此，要使尚未体验禅境的人了解禅的内容，正如要使从未尝过蜜味的人明白蜜的滋味，是不可能的事情。对于这样的人而言，"蜜"的滋味仍是一个毫无意义的观念；这也就是说，对于他们而言，这个字的里面仍然没有生命可说。

五祖法演禅师起初在成都研究唯识百法论时，读到如下的一段说明："菩萨入见道时，智与理冥，境与神会，不分能证所证。西天外道尝难比丘曰：'既不分能证、所证，却以何为证？'无能对者，外道贬之，命不鸣钟鼓，反披袈裟。（印度古代辩论规则，胜鸣钟鼓，败则反披袈裟）。三藏（玄奘）法师至彼，救此义曰：'如人饮水，冷暖自知。'乃通其难。"五祖读到这里，心里想道："冷暖则可知矣，如何是自知底事？"这使他走上了参禅的道路，因为他的唯识宗的同道都是理论家，无法开导他，因此，他终于去向禅师求教了。

在谈到下一个项目之前，且让我在此再举另一个复述的例子，法眼文益大师，是兴起于10世纪初期的法眼宗的开山祖师。某次，他问修山主："'毫厘有差，天地悬隔！'兄作么生会？"修山主答云："毫厘有差，天地悬隔！"法眼说道："恁么会又争得？"修山主问："和尚（您）如何？"法眼立即答道："毫厘有差，天地悬隔！"[1]

法眼是一位"复述大师"，除此之外，尚有另一个有趣的例子。有一位名叫德韶的禅者（891—972），为追求禅的真理，一连参了五十四位禅师，最后终于来到法眼座下，但他以"遍涉丛林（禅院），但随众而已，无所咨参。"一天，法眼升座，有僧问："如何是曹源[2]一滴水？"法眼答云："是曹源一滴水。"问话者被这句复述语弄得不知所措，而偶然在旁谛听的德韶，则因"大悟于座下"而使"平生疑滞涣若冰释"，乃至脱胎换骨，完全成了另一个人。

诸如此类的例子，不但明白地指出了：禅不可以在观念或语言之中寻求；同时也说明了如果没有观念或语言，禅也就无法传达他人了。体会以语言表现其本身但不可在语言之中寻求禅的妙意，乃是一种伟大的艺术，只有经过多次的废然而返之后始可体悟而得。由于有了这样一次经验而终于体悟了禅的微旨的德韶，其后将他在法眼座下所得的见地作了最大的发挥。他住般若寺的时候，有了如下的一个"问答"和开示。上堂时，僧问："承古有言：'若人见般若，即被般若缚；若人不见般若，亦被般若缚。'既见般若，为什么却被缚？"德韶问云："你道：般若见什么？"僧云："不见般若，

---

[1] 这句话如照字面意义直译而成英文（或白话），就显得过于冗长而失其原有的简劲之力。这句中文韵语只有八个字，音详只有八个音：Hao li yu ch'a t'ien ti hsüan chüeh. 较佳的意译也许是：An inch's difference and heaven and earth are set apart. （文中的译语是：Let the difference be even a tenth of an inch and it will grow as wide as heaven and earth.——译者注）

[2] "曹源"是指曹溪，为禅宗六祖慧能住持之地，也是真正中国禅的诞生地或发源地（有"凡言禅皆本曹溪"的名言——译者注）。

为什么亦被缚？"德韶问云："你道,般若什么处不见？"于是接着说道："若见般若,不名般若;不见般若,亦不名般若。且作么生说见与不见？所以古人道:'若欠一法,不成法身,若剩一法,不成法身;若有一法,不成法身;若无一法,不成法身。'此是般若之真实也。"

如此看来,则此种"复述",亦可变得有几分可解了。

七、直接指陈的直观之道

如上所述,禅师们所用各种教学方法的根本原则,是以使学者直观实相为手段,在学者的心中唤起某种知见。因此,禅师们总是诉诸可以称为"直接作用"(direct action)的手段,而不喜欢运用冗长的讨论。因此,他们的对话总是因为过于简洁而有不合逻辑规则的倾向。此种"复述"的教学方法,亦如其他方法所显示的一样,亦明白地举示出:所谓的答话,实际上并非解释而是直接指陈禅的直观之道。

将禅的真理视为某种外在的客体,由一个认知的主体加以认知,是一种二元论的方法,故而需用理智加以认知,但是,禅的看法则是:吾人都在真理之中,以真理为生,与真理不可分离。玄沙师备禅师上堂云:"汝诸人如在大海里坐,没头浸却了,更展手向人乞水吃!"因此有人问他:"如何是学人自己？"他即答云:"用自己作么？"如果我们用理智的方式加以分析的话,他说这话的意思是指:我们一旦提到自己,自我与非我的二元论即成立,而陷入主知主义的错误,这是不可避免的事情。我们都在水中——这就是事实,因此,禅会如此说:就让我们保持这种状态吧,否则的话,我们一旦向人讨水吃,我们与水便产生了一种内外的关系,而本来是我们自己的东西就此失去了。

下面所引一例,亦可以同样的观点加以解释。僧问:"承闻和尚有言:'尽十方世界,是一颗明珠。'如何得会？"玄沙说:"尽十方世界,是一颗明珠。用会作么？"其僧休去。次日,玄沙却问此僧:"尽十方世界,是一颗明珠。汝作么生会？"僧云:"尽十方世界,是一颗明珠,用会作么？"玄沙云："知汝向鬼窟里做活计！"这节对话，看似"复述法"的另一例，但这里面也有一些不同的地方——含有一些较富知解的成分——可以这么说。

且不论那是什么，禅绝不动吾人的推理能力，但只直接指陈吾人所要达到的目标。某次，玄沙以茶点招待一位姓韦的军官（监军），后者问道："如何是'百姓日用而不知'？"玄沙没有答复这个问题，只是拈起一块饼递与对方。那位军官吃了饼之后，又将上述问题重问了一次。玄沙当即说道："只是日用而不知。"这显然是一种目的的教学。又一次,有位僧人问他："学人乍入丛林，乞师指个入路！"玄沙却问来僧："还闻偃溪水声么？"僧云："闻。"玄沙说道："从这里入！"这就是这位禅师的指示之处。由此可知，玄沙的这种教学方法，就是使得真理的追求者直接体会他自己心里的东西，而不是只使他执取某种转手的知识。"Ein begriffener Gott ist kein Gott."戴斯泰金（Terstegen）如此说。

因此，我们只要明白此点，禅师们对于来问的问题，往往发出一声呼唤或感叹[①]，作为一种回应，而不提出一种可以理解的答案，也就不足为怪了。倘使用到语言，而所用的语言假使可以理解的话，我们或许觉得可以寻到某种线索而了解其中的意义，但是，假如所用的是一种意义不明的呼喝的话，我们就会感到怅然若失而不知所措了——除非我们已有若干事前的认识作为后盾，就像我已为读者所做的某种程度的尝试解说一样。

在所有的禅师中，惯于使用惊叹的宗师，是云门和临济两位大师，前者所用的是"关"，后者所用的是"喝"。某次夏安居（夏季参禅）过后，翠岩令参禅师上堂说："一夏与兄弟东语西话，看翠岩眉毛还在么？"据说，一个人如果以不实的语言谈论佛法,他面部的须发就会脱落。在整个夏季中，翠岩不知为弟子上了多少次课，但不论你讲多少课，总是无法将禅的真理讲个明白，因此，到了此时，他的胡须和眉毛也许已经脱光了。就字面的

[①] 这岂不是使我们想到一位古代神秘家么？因为他曾将上帝形容为"一种说不出的嗟叹"。

意义而言，这就是他谈话的要点——亦即禅的里面可能隐藏着什么。

对于翠岩这几句话，保福禅师评道："做贼人心虚！"另一位禅师长庆说："生也！"（他的眉毛正长得非常茂密哩！）唐末最伟大的禅师之一云门则叫道："关！""关"的字面意义是边区的出入口，是检查来往行人及其行李的地方（例如海关）。但以此处所举的例子而言，此字并没有这一类的意思，它只是"关！"只是一声不容分析或以知识解会的惊叹词。《碧岩录》中偈颂的原作者雪窦重显禅师，对此提出评唱说："失钱遭罪！"（钱被人偷去了，还要被人治罪！）而白隐慧鹤禅师则云："嗔拳不打笑面。"诸如此类的东西，是我们对于像云门所发出的这样一种惊叹所可能做的唯一讲述。对于这样一种话题，我们如果提出一种概念的解说，那时，我们将像中国人会说的一样："白云万里！"（"差之远矣！""毫不相干！"）

临济被视为善于用"喝"的大家，但他并不是第一个用"喝"的人；因为，在他之前，南岳怀让的弟子——一个新纪元的创造者马祖道一，曾在他自己的门人百丈怀海入门再参的时候，发出一声猛烈的大喝，而使他"耳聋三日"，而这是有案可查的。不过，对于这种特别的呼叫，运用得最为得法、最有效果，且在后来成为临济禅的特点之一的，主要还是临济大师。实在说来，这种呼喝，后来曾被他的弟子胡乱使用，以致使他不得不提出如下的警告："汝等总学我喝。我今问汝：有一人从东堂出，一人从西堂出，两人齐喝。这里分得宾主么？汝且作么生分？若分不得，以后不得学老僧（我）喝！"

临济分喝为四种："有时一喝如金刚王宝剑，有时一喝如踞地狮子，有时一喝如探竿影草，有时一喝不作一喝用。"

某次临济问他的弟子乐普："一人行棒，一人行喝，阿那个亲？"乐普答云："总不亲！"临济又问："亲处作么生？"乐普发出一声"喝"临济便举棒打了乐普一下。这种用棒的教学方法，是德山禅师最爱用的手段，与临济的用喝并称于世，名为"德山棒，临济喝"，而"当头棒喝"一语即由此而来；但临济此处的用棒，亦如德山的用捧一样，对他的弟子乐普具有最大的效果。

除了上面所述的七种"善巧方便"或"方便善巧"（upāya-kauśalya）之外，尚有其他数种"方便"，不过，对于这个项目，我无意在此作详尽的说明。

其中之一是下默然或良久。维摩诘居士与文殊师利菩萨对谈，后者问他"如何是你的不二法门"时，维摩诘便以默然相答，这种沉默后来曾被一位禅师称为"震耳欲聋的雷鸣"（一默如雷）。有僧参叩芭蕉慧清禅师："不问二头三首，请师直指本来面目！"芭蕉禅师"默然正座"（一句话也不说）。僧问资福如宝禅师："如何是应机之句？"他一言不发，只是默然。仰山慧寂禅师的法嗣杭州无著文喜禅师，有次问他："如何是自己？"他默然无语；其僧罔措，又问一遍，而他答云："青天蒙昧，不向月边飞。"又，借问曹山木寂禅师："无言如何显？"曹山答云："莫向这里显。"又问："什么处显？"曹山答云："昨夜床头失却三文钱！"

禅师在答话或上堂之间，有时静静地坐上"一会儿"，谓之良久。但这种良久并不一定只是指陈时间的历程，这可从下面的例子里看出端倪：

（僧）问（首山省念禅师）："无弦一曲？请师音韵！"

师良久，云："还闻么？"

僧云："不闻。"

师云："何不高声问着？"

僧问保福（从展禅师）："欲达无生路，应须识本源。如何是'本源'？"

师良久，却问侍者："这僧问什么？"

僧再举，师乃喝出曰："我不患聋！"

下面，我们也许可以一述"反问法"——不答来问，反而逆问的一种教学方法。一般而言，在禅里面的所谓"问话"，并不是通常所谓的请教——

这也就是说,并不只是为了询求资讯而问的问题——因此,通常相当于"答话"的答案,也就不只是答复问题的答语了。某位禅学权威列出了十八种不同的问话,而我们亦可据以开出十八种相当的答语。由此可知,一个反问的问话,以其所示的表达方式而言,其本身就是阐释的答话了。僧问石霜慈明禅师:"如何是祖师西来?"石霜反问道:"汝从何来?"僧问罗山道闲禅师:"如何是三世之师?"罗山云:"还知如何吃饭么?"有人问俱胝之师天龙和尚:"如何出得三世去?"天龙云:"汝即今在什么处?"僧问赵州:"不挂寸丝时如何?"赵州云:"不挂什么?"僧云:"寸丝。"赵州答云:"好个不挂寸丝!"

禅师们为了协助渴求真理的学者而设计的各种"权巧方便",如果照上面那样列举下去,真可说是举不胜举。下面,且让我再举两例,作为本节的结语;这两个例子中运用了一种循环推理的方法,但从另一个观点来看,我们也许可在这里看出一种诸异俱泯的绝对一元论的征兆来。不过,禅师们是否同意此种看法,尚待分晓;因为,即使是在"人我之别"(mneum et tuum)完全消除或统一时,个性化的事实依然不可忽视。

僧问大随法真禅师:"如何是学人自己?"大随答云:"是我(老师)自己。"问:"为什么却是和尚(老师)自己?"答:"是汝自己。"这是究极的真言。倘欲以逻辑的方式了解此点,可以无明或混乱或人心取代"学人自己",而以觉悟、或清静、或圣心取代"和尚自己",我们也许就可瞥见在大众心中呈现的东西了。不过假如没有"是你自己"这样的话,所有这一切就有变成一种泛神哲学或万有神教的可能了。大随禅师的这种思想在三圣慧然与仰山慧寂的公案中得到了更为具体的表现。慧寂问慧然:"汝名什么?慧然答云:"我名慧寂。"慧寂抗议道:"慧寂是我名。"于此,慧然答云:"我名慧然。"这使慧寂发出了一阵舒心的大笑。这些对话,使我们想到了一句印度名言:"Tat tvsm asi!"(你就是它。)但是,"你就是它"与"我名慧寂"之间的差别,就是吠檀多哲学与禅的佛教之间的差别,或者,就是印度人的唯心论与中国人的实在论之间的差别。后者对于没有执着的较高生活层次,既不推理，亦不观想。

依据佛教华严宗的哲理来说，在精神世界中，一个个别的东西含融其他每一个个别的东西，而不只是所有个别的东西均摄于"大全"而已。这种情形在这个世间亦然，当你举起一束花或指向一块石头时，整个世间的森罗万象也都反映其中了。既然如此，则禅师们也就可以说是活动于悟道（成正等觉）时披露秘密的这种神秘境界之中了。

八、禅宗的特点

现在，我们谈到禅宗最最特别的特点了，而这不仅使它有别于佛教的其他各宗，同时也是它不同于吾人所知的各种神秘学的地方。到现在为止，此前所说的禅的真理，皆以有声或无声的语言加以表示，而这些语言，不论多么暧昧难解，看来仍然非常表浅；不过，我们现在就要说到禅师们诉诸更为直接的方法而不只是运用语言媒介的地方了。实在说来，禅的真理就是生命的实相，而生命的意思就是生活，就是活动，就是实行，而不只是反映而已。因此，禅的发展朝向实行或践履的真理，而不只是用语言，亦即用理念举示或说明它的真理，岂不是一种非常自然的事情？实际的生活践履里面没有逻辑，因为生命是超于理论的。我们假定逻辑影响人生，但就我们所知的情形而言，实际上，人并不是一种纯粹的理性生物；不错，人会推理，是讲理的，但他的行动并非完全取决于纯然的推论结果。这里面有一个强于推论的东西。我们既可以称之为冲动，亦可以称之为本能，或者更广义一点说，称之为意志。哪里有这个意志活动，哪里就有禅，但是，假如有人问我禅是不是一种意志哲学的话，我将不会贸然地给出一个肯定的答语。禅，假如应该解释的话，应从动力的而非静态的观点加以解释。我如此一举手，这里面便有禅。但是，当我声明我已举手时，禅便不再存在其间了。当我假想某种可以称为意志或其他什么的存在状态时，这里面也没有禅可言。这倒不是声明或假定有什么不对，而是，当你一经声明或假定之后，被称为禅的那个东西已经不在了——正如人们所说的一样，已到三千里外去了。一个肯定，只有在它是一种行动的本身而不是指被它声明的任何东西时，才是禅。指月的指头里面没有禅，但当我们体会此指的本身而不涉及任何外缘时，便有禅了。

生命将它本身画在名为时间的画布上面，而时间永不重复——一去永不复返；行为亦然——覆水难收。生命犹如墨绘，必须一气呵成，不得迟疑，不容思虑，不许亦不能修正。人生不似油画，不可擦掉重来，直到完全满意。以墨绘而言，任何重画的一笔，都会造成一种损伤；生命已经离它而去了。墨汁一干，所有修改的痕迹全都露出来了。生命亦然，一言既出，驷马难追；行为亦然，凡事一经于心，永远擦不掉它。因此，禅应在它活动的时刻当场捉住，稍前稍后皆无用处。这是一种刹那的作用，稍纵即逝。据传，达摩离华返印之前，曾要他的弟子报告习禅心得，其中有位名叫总持的尼师答云："此事如庆喜（阿难尊者）见阿閦佛国，一见便不再见。"对于这种不息飞跃、无法重复、不可把捉的生命特性，禅师们有一个生动的描述："如击石火，如闪电光。"

禅师们采用直接的方法，目的就在掌握这种飞跃的生命于其飞跃的当中而非于其飞逝之后。在它正在飞跃的时候，其间没有追忆或建立理念的余地。这里不容你做推理的活动。语言也许可以运用，但因它与观念的关系由来已久而失去了直接性。我们一旦使用语言，语言就表现了指点和推理的功能，就表现了不属于语言本身的东西，就与生命没有了直接的关系——除了作为某种已经不再存在的东西的微弱回声或残影之外。这就是禅师们之所以经常避免运用以任何逻辑方式理解此类表现或陈述的原因。他们的目的在于使学者的注意力直接集中于他想掌握的那个东西本身，而不是专注于与这个目标关系遥远，且可扰乱他的任何东西上面。是以，当我们企图在真言密咒、惊叹呼喝或没有意义可寻的弦音之中寻求意义时，我们便已远离禅的真理了。我们必须直接进入作为生命泉源的心灵本身里面才行，因为，所有一切的语言悉皆来自这个地方。舞动拄杖，猛然一喝或者踢球，皆应如此理解；这也就是说，作为最最直接的生命表现——岂止如此，乃至作为生命的本身，加以体会。由此可见，这种直接的方法，并不一定总是生命的猛烈表现——轻轻地活动身体，回应一声呼唤，谛听喃喃低吟的溪水或在歌唱的小鸟，乃至日常的任何生活细节，凡是显示生命之处，亦莫不皆是。

僧问灵云志勤禅师："佛未出世时如何？"灵云竖起拂子。僧又问："佛出世后如何？"灵云又竖起了拂子。这种竖起拂子的动作，是许多禅师举示禅的真理颇为常用的一种方法。正如我曾在别处说过的一样，拂子和拄杖乃是禅师的一种宗教权柄，因此，一旦有僧来问，以之作为一种答话的表示，自是再也自然不过的事。黄檗希运禅师某次升座说法，大众刚刚集合，他就拿起拄杖，将他们全部赶出去。而当他们即将完全跑出去之际，他向他们呼唤了一声，而他就在他们回过头来的时候说道："月似弯弓，少雨多风。"禅师们就这样挥舞他们的拄杖，非常有效，但有谁曾想到用一根手杖作为指陈宗教至理的道具呢？

赵州是位机锋迅捷的宗师，但他也是一位善用直接法的高手。一天，他刚升座，有僧出众向他礼拜，他随即拱手作了一个告别礼。百丈惟政（指月录作"涅槃"）禅师与此略有不同。他向大众说道："汝等与我开田，我与汝说（禅的）大义。"大众开田了，归来请他说"大义"，而他只是展开两手，一句话也没有讲。

僧问盐官齐安国师："如何是本身卢舍那（佛）？"国师云："与老僧过净瓶来。"该僧遵示将净瓶递了给他。他又说："却安旧处着！"僧将净瓶放回原处，因还不知什么是本身卢舍那佛，遂又问了一遍，而这位国师说道："古佛过去久矣！"（你早就错过他了！）就本例而言，这里的直接法系在禅师的指导下由弟子本人亲自执行，但可惜的是，这位弟子的心灵尚未成熟到足以体会到他自己施行的"直接法"的真意，以致将"古佛"白白地放过了！与此相似的例子，可见于下面所引的一则公案之中。

石霜广诸参药山惟俨的弟子道吾宗智，问："师百年后，如有人问'如何是极则事？'如何只对？"①道吾不对，却唤沙弥，沙弥应诺。道吾对沙弥说："添净瓶水著。"说罢，沉默了良久，却问石霜："汝适来（刚才）问什么？"石霜准备再问一遍，而道吾便在这个时候下座走了开去。

正如某些禅师所说的一样，禅就是吾人的"平常心"；这也就是说，禅的里面没有任何超于我们日常生活的超自然、不寻常，或富于高度思辨的东西。困了就睡，饿了就吃，就像空中的飞鸟，田里的百合一样，"既不要为生命忧虑吃什么、喝什么，也不要为身体忧虑穿什么"，这就是禅的精神。因此，习禅的时候，对于逻辑或辩证的教学，皆没有特别的需要——除了下面所引天皇道悟用以开导龙潭崇信的那些。

龙潭是天皇道悟的弟子，以侍者的身份服侍天皇。隔了一段时间之后，某天，他带着近乎哀怨的口气对他的老师说："某（我）自到来，不（未）蒙指示心要。"天皇说道："自汝到来，吾未尝不指示心要。"龙潭问云："何处指示了？"天皇答道："汝擎茶来，吾为汝接；汝行食来，吾为汝受；汝和南时，吾便低头。何处不指示心要？"龙潭低头寻思，天皇对他说道："见则直下便见，拟思即差！"

一天，道吾宗智与云岩云晟二人侍立于药山惟俨禅师两旁。药山对道吾说："智不到处，切忌道着，道着即头角生！汝如何话会？"道吾听了，随即走了开去。云岩问药山："师弟何不只对和尚？"药山说道："我今日背痛。何不去问他自己？他会也。"云岩去问道吾："师弟何不只对和尚？"道吾说道："师兄何不去问和尚？"②

此外尚有一种活动，为禅师们所常用，那就是呼唤问话者或其他人。此中一例，已在别处为别的要旨举示过。下面所引是一些典型的例子。南阳慧忠国师，一连三次呼唤他的侍者，而他的侍者亦一连答应三次。于是，

---

① 译按：《指月录》与《五灯会元》，此处皆作："如何是触目菩提？"
② 译按：此处所引对话，与《指月录》及《五灯会元》所载略有出入，唯似不碍大旨。

这位国师对他的这位侍者说道："将谓吾孤（辜）负汝，却是汝孤负吾！"①此种三呼三应的事情，麻谷宝彻与寿州良遂之间亦曾有过，而使前者终于叫道："这痴呆汉！"这种呼应的诀窍被用的频数颇大，下面所举，是其著名的例子：

---

① 僧问玄沙："国师三唤侍者，意旨如何？"玄沙云："侍者却会。"云居锡云："且道：侍者会不会？若会，国师又道：'汝辜负我！'若道不会，玄沙又道：'却是侍者会。'且道：如何话会？"玄觉征问僧云："甚处是侍者作么生？"僧云："若不会，怎解恁么道？"觉云："汝少会在！"僧问法眼："侍者意作么生？"眼云："且去，别时来！"云居锡云："法眼怎么道，为复明国师意？不明国师意？"僧问赵州："国师三唤侍者，意旨如何？"州云："如人暗中书字，字虽不成，文采已彰！"译按：有关这个公案的问答不但很多，而且评者后面还有评者，好似古今禅师聚众于一堂"门嘴"一般，甚是热闹，煞是有趣！但这在禅宗史上叫作"提唱"或"拈评"，别有深意，绝非闲得无聊，妄论他人是非，更不是揭人之短，炫己之长！上面所录名条，系本书作者抽样介绍，读来不免有欠连贯之感！译者不避添足之讥，特将宋代大慧宗杲（在此称为"妙善"，因其曾住"妙善庵"）就此公案对其座下所做的一次"总评"转录于此，与读者"共赏"或"同参"。（下面所录，与上面作者所介绍者略有重复之处，为免割裂其连贯性，故未略去，读者谅之！）南阳慧忠国师，一日唤侍者，侍者应："诺。"如是三唤三应，师曰："将谓吾孤负汝，却是汝孤负吾云：丛林中唤作'国师三唤侍者话，自此便有一络索，惟雪窦见透古人骨髓，云：国师三唤侍者：点即不到。"喜云："灼然！"侍者三应：到即不点。喜云："却不恁么！"将谓吾孤负汝，谁知汝孤负吾：护雪窦不得。喜云："谁道？"复召大众云："好个'谩雪窦不得！'虽然如是，雪窦亦谩妙喜不得，妙喜亦谩诸人不得，诸人亦谩露柱不得。"玄沙云：'侍者却会。'雪窦云：'停囚长智：'喜云：'两彩一赛！'云门道：'作么生是国师孤负侍者处？会得也无端！'雪窦云：'元来不会！'喜云：'雪峰道底！'云门又云：'作么生是侍者孤负国师处？粉骨碎身未报得！'雪窦云：'无端，无端，'喜云：'垛生招箭！'"

"法眼云：'且去，别时来：'雪窦云：'谩我不得，'喜云：'却是法眼会！'兴化云：'一盲引众盲！'雪窦云：'端的瞎！'喜云：'亲言出亲口！'玄觉征问僧云：'甚处是侍者会处，'僧云：'若不会，怎解恁么应？'觉云：'汝少会在！'又云：'若于此见得去，便识玄沙！'喜云：'惭惶杀人！'"

"翠岩芝云：'国师、侍者，总欠会在。'喜云：'犹较些子！'"

投子云：'抑逼人作么？'雪窦云：'垛根汉！'喜云：'理长即就。'复云：'唯有赵州多口阿师，下得注脚，令人疑着。'僧问：'国师三唤侍者，意旨如何？'州云：'如人暗中书字，字虽不成，文采已彰。'雪窦便喝！喜云：'且道：这一喝在国师、侍者分上？赵州分上？'随后喝一喝，复云：'若不是命根五色索子断，如何透得这里过？'雪窦：'若有人问雪窦，雪窦便打。也要诸方检点。'喜云：'做贼人心虚！'雪窦复有一颂云：'师资会遇意非轻。'喜云：'此语有两负门。''无事相将草里行。'喜云：'普州人送贼。''负汝负吾人莫问，'喜云：'放侍冷来看。''任从天下竞头争。'喜云：'只今休去便休去，若觅了时无了时！'复云：'你若求玄妙解会，只管理会国师三唤侍者计：那里是国师孤负侍者处？那里是侍者孤负国师处？有什么交涉？鹅王择乳，素非鸭类！这个便是国师别剑刃上事。'又云：'国师还见侍者么？侍者还者国师么？'"（此外尚有其他许多禅师"评唱"这个公案，恐繁，不录。）

有一位高官拜访云居道膺禅师，问云："世尊有密语，迦叶不复藏。'如何是'世尊密语'？"云居高呼高官之名，高官答云："诺！"云居问云："会么？"答云："不会。"云居说道："汝若不会，（就是）'世尊有密语'；汝若会，（就是）'迦叶不复藏'！"

裴休在入相之前，是一位地方首长。一天，他进洪州开元寺，见壁间画像，便问寺主："这是什么？"寺主答云："高僧真仪。"裴休又问："真仪可观，高僧何在？"寺主无言以对，裴休问云："此间有禅人否？"有僧答云："近有一僧，投寺执役，颇似禅者。"裴休遂请禅者相见，遂云："适有一问，诸德吝辞，今请上人代酬一语！"禅者云："请相公垂问。"裴休遂将前问复述了一遍，而禅者接着大声叫云："裴休！"裴休答云："诺！"禅者反问云："（高僧）在什么处？"这使这位长官当下开了法眼，立即明白了问题的答案。

沩山灵佑与仰山慧寂师生之间的一则公案，较之这种纯然的呼应来，似乎要富知性一些，故而亦较易解一些。仰山是沩山的上首弟子，而此派的一个特色，便是师生合作举示禅的真理。

一天，他们到茶园采茶。沩山对仰山说："终日摘茶，只闻子声，不见子形。"仰山便撼动茶树，表示答话。沩山说道："子只得其用，不得其体！"仰山问云："未审和尚如何？"沩山良久（静默了一会），而他的这位弟子却说："和尚只得其体，不得其用！"沩山则云："放子三十棒！"仰山云："和尚棒某甲吃，某甲棒教谁吃？"沩山云："放子三十棒！"

前面曾经提过，佛教的本体论分为三层，亦即"体""相""用"。所谓"体"，相当于实质；"相"，相当于形色；"用"，相当于力量或作用。佛教学者认为，大凡实际，都可以分为这三个层次。不过，此中第二个项目，亦即"相"，亦可并入"体"之中，而成"体与用"二者。无"用"即无"体"

可言，但如没有作用的东西，则这种作用也就无从显示了。据佛教学者说，此二者互相依存，不可分离，对于吾人的体会宇宙，至为重要，缺一不可。唯仰山与沩山并非玄学家或形而上学家，故而不会讨论这个问题。他们一个撼动茶树，另一个则默然立定。我们虽不能从哲理的观点说这种撼动与立定当中有禅，但我们不妨从他们所说的"体"与"用"以及他们所用的直接法中嗅出某种禅味来。

到现在为止，我们这里所说的直接法，还没有猛烈到使身体受到伤害或使神经受到震荡的程度，但是，禅师们只要认为有其必要，纵使是出手粗暴，他们也会毫不踌躇、毫不迟疑的。临济就是以施行直接而迅捷的手段知名于世的一位禅师，他会毫不犹豫地以他的"金刚王宝剑"直刺对方的要害。有一位被称为"定上座"的禅僧，是他的弟子之一，他从别的地方来参临济时问道："如何是佛法大意？"临济走下绳床，一把将他抓住，打了一个巴掌，随即将他推开。定上座被这种举动惊住了，定定地站立在那里，不知如何是好，旁边有位禅僧说："定上座，何不礼拜？"而正当他礼拜时，忽然契悟了禅的真理。定上座悟后，某次斋回，在桥上遇到三位座主（讲经的法师），其中一人问云："如何是禅河深处须穷到底？"临济的这位弟子定上座，一把抓住问话的僧人，就要抛向桥下去，另两位座主忙向定上座求情云："莫怪，触忤上座，且望慈悲！"定上座这才放开说："若不是这两位朋友说情，直教他穷到底去！"对于这些，禅者绝不是闹着玩的，绝非只是观念游戏而已；相反的，这是一件非常严肃的事情，他们往往不惜搭上生命。

临济是黄檗希运的一位弟子，但他在这位大师处学禅时，并未受到任何特别的教导。他每次问黄檗"如何是佛法大意"时，总是挨黄檗一顿痛棒，三度发问，三度如此。但是，使得临济顿开法眼、澈见禅的真理，并说"黄檗佛法无多子"（没有多少）的，就是这些痛棒。如今中国和韩国所传的某些禅，多半属于临济宗；只有日本，才有曹洞宗与临济宗并驾齐驱。如今仍在日本临济宗展现的禅的活力与生命，就是出自慈悲的黄檗对这个可怜的弟子临济所赐的三顿痛棒。究实说来，比之拖泥带水的逻辑讨论，还是棒打或呵斥这种直接教学法较为实在。且不论如何，只要有人请求举示禅的真理，不论何时，禅师们总会认真得要命的。且看下引一例：

> 师（邓隐峰禅师）推车次，马祖展脚在路上坐。
> 师曰："请师收足！"
> 祖曰："已展不收！"
> 师曰："已进不退！"乃推车碾损祖脚。
> 祖归法堂，执斧子曰："适来碾损老僧脚底出来！"
> 师便出，于祖前引颈。
> 祖乃置斧。

邓隐峰为了重新肯定他损伤老师的行为无违真理而准备放弃他的生命。出于效颦或伪装的例子随处皆是，因此马祖要考验隐峰的悟处是否确实。大凡逢到抉择的时候，禅师们都会毫不迟疑地牺牲任何东西。南泉为此斩了一只猫；仰山为此打破一面镜子；一位老太太为此焚毁一座茅庵；还有一位妇女将她的孩子投入河中。最后一例是一个极端，也许只是禅录所载的唯一例子。至如前述打破镜子一类的例子，不但非常之多，而且是几乎被禅师们视为当然的事情。

九、看待万法的新观点

对于各宗禅师们举示或体会禅的真理所用的种种方法，我虽未曾打算做详尽的描述，但至此所做的种种陈述，也许已经足以使我们能够一窥禅的某些特色了。且不论批评家或学者们对于禅的哲理究做如何的解释，我们首先应该求得一种看待万法的新观点，但这却不是一般的意识境界所能达到的。这种新的观点，要在我们达到理解的最大限度，达到自以为总是不能挣脱、突破的境地时，始可求得。绝大多数的人只到这个界限为止，认为至此再也不能更进一步了。但有些人，其心眼的视力特强，故能看穿对比和对立的障幕，而豁然贯通。他们在极端的绝望中敲墙叩壁，然而，看呀，障碍忽然消除了，一个全新的世界于焉展开。在此之前一直被视为平凡无味，乃至拘限吾人的东西，如今忽然以一种新的姿态呈现了。旧有的感官世界消失不见了，已由某种全新的东西取代了。我们似乎仍然处在同样的客观环境之中，但在主观上我们已经恢复青春了——我们已经更生了。

吴道子是中国最伟大的画家之一，生活在唐朝的玄宗时代。他所作的最后一幅画，据说是玄宗皇帝所订的一幅山水画，准备用来装饰宫殿的一面墙壁。这位画家用一面布幕将他的这幅作品完全遮掩起来，直到皇帝驾临，才将帷幕揭开，露出他的巨作。这位皇帝带着欣赏的神情凝视一幅美妙的风景：森林、高山、远在天边的白云以及站在山上的人物，飞行在空中的鸟雀。"你看，"吴道子说道，"山脚下的这个洞穴中住着一个精灵。"接着，他拍了一下手，那个洞穴的门便打了开来。"里面很美，难以言喻，"他继续说道，"且让我带路观看。"说罢，他便走了进去，而洞门随即关上了。皇帝看得目瞪口呆，还没来得及开口说话，所有这一切就全部消退了，只见一面白墙浮在他的眼前，一丝笔墨的痕迹都没有。吴道子也不复再见了。

这位艺术家已经消失了，而整个的景象也都消失了；但这片空无中却出现了一个新的精神世界，而禅师们就在这个世界里扮演各种趣剧，断言种种荒诞不经之事。所有这些，与万事万物的本性却又不相违背，而一个剥除一切虚假、俗套、伪装以及曲解的世界，就在这些里面运行着。吾人除非进入这个实相的世界，否则的话，禅的真理将是一本永远封闭着的书。这就是我所说的求得一个超于逻辑与知解推理的新观点的意思。

艾默生以其特有的方式表现了与此相同的看法："在这些活动里面（亦即数字上的组合，庞大的抽象出神之力，想象的变现乃至才艺与专注），主要的是以想象做成的翻筋斗、念咒语以及起尸等。此点一旦觉醒，一个人似乎就会增加十倍乃至千倍的能力。这不但可以展开无限的美妙之感，而且可以唤起一种大胆的心灵习惯。我们跟火药瓦斯一般富于反弹性，因此，一本书中的一句话，或投入对话之中的一个字，都可放开吾人的想象，而使我们当下头沐星辉而脚踏大地。而这种益处之所以真实不虚，乃因为我们有资格如此扩大，而我们一旦超越了此等界限，就不再是可怜的空谈之人了。"

这里有一个很好的范例，可以用来说明"可怜的空谈之人"与"超越界限的人"之间的不同之处。

> 10世纪初期的法眼大师麾下，有一位名叫玄则的禅僧，他虽在法眼麾下，却不向法眼参问，因此，某日，法眼问他："何不参问？"玄则答云："学人在青峰会下已有悟处。"法眼又问道："什么是你悟处？"玄则云："我在青峰时问'什么是佛？'他说：'丙丁童子来求火。'""好句，"法眼云，"恐你错会。你试道看。"玄则解释云："'丙丁'属'火'，而更求'火'，如将自己求自己——如自己本来是佛，而问如何是佛。无须再问，因为自己已经是佛。""看吧！"法眼叫道，"果然不出所料，你完全错了！——与么会又怎得？"玄则不服，拂袖便行。玄则走后，法眼对众云："他如返回，尚可有救，否则便失！"玄则走了一段路程，心想："他是五百人善知识（善于指导学者的大导师），必不我欺！"因此返回悔罪，并请求开示。法眼云："你问我，我来答。"于是，玄则问道："如何是佛？"法眼答云："丙丁童子来求火！"

这使玄则于言下顿悟了禅的真理，与他以前的悟处大为不同。现在，他已不再是一个搬弄二手货的"空谈家"而是一个有生命、有创意的灵魂了。我不必复述"禅不可解"这句话，但我得再说一句："禅须实证。"如无实证，一切言语，皆是观念的搬弄，皆是十足的戏论，毫无实益可言。

下面所引的另一个故事，可以举示禅的契会不同于通常知解的地方，因为，所谓"知解"，只是以观念和表象为其建立基础的东西而已。如以上所述，如将同样的语句复述于此，并以它的字面意义来看的话，我们将没有理由相信它对听者会产生不同的效果。正如我曾在别处说过的一样，禅由某种外在的偶发事件揭开个人的内在意识；而这种外在的偶发事件也许只是纯粹的物理事实，但它却可促成某种心灵的运作。由此可知，这种心灵的开放，有作为局外人（不属于个人内在生命）的我们所无法预知的作用，我们只有在它开放时才有所知；但禅师们似乎不但知道此种作用何时即将发生，而且知道如何以他们的经验促其实现。研究禅的心理学的学者，在此找到了一个值得研究的问题。

翠岩可真禅师，是石霜慈明楚圆（986—1039）的一个弟子，而慈明则是宋代最伟大的禅师之一，而临济宗到他手中又出了黄龙与杨岐两个支派。且让我们看看下面所引有关他的一节文字：

洪州翠岩可真禅师，福州人也，尝参慈明，因之金銮，同善侍者坐夏（夏季坐禅）。善乃慈明高弟，道吾真、杨岐会皆推伏之。

师自负亲见慈明，天下无可意者。善与语，知其未彻，笑之。一日山行，举论锋发，善拈一片瓦砾，置磐石上，曰："若向这里下得一转语，许你亲见慈明！"

师左右视，拟对之，善叱曰："伫（zhù，伫）思停机，情识未透，何曾梦见！"

师自愧悚，即还石霜。慈明见来，叱曰："本色行脚人，必知时节。有甚急事，夏未了，早已至此？"

师泣曰："被善兄毒心，窒碍塞人！故来见和尚。"明远问："如何是佛法大意？"师（以偈答）曰：

无云生岭上，

有月落波心！

明瞋目喝曰："头白齿豁，犹作这个见解！如何脱离生死？"师悚然求指示，明曰："汝问我。"师理前语问之，明震声曰：

无云生岭上，

有月落波心！

师于言下大悟（开了法眼，自此爽气逸出，机辩迅捷，几乎成了另一个人）。

且让我以前面已述及的五祖法演所做的一个比喻,作为本文的结语:

我这里禅似个什么?如人家会做贼。有一儿子,一日云:"我爷老后,我却如何养家产须学个事业始得!"遂白其爷。

爷云:"好得!"一夜,引至巨室,穿窬入宅,开柜,乃教儿子入其中取衣帛,儿才入柜,爷便闭却,复锁了,故于厅上扣打,令其家惊觉,乃先寻穿窬而去。

其家人即时起来,点火烛之,知有贼,但已去了。

其贼儿在柜中,私自语曰:"我爷何故如此?"正郁闷中,却得一计:作鼠咬声。其家遣婢点灯开柜。柜才开了,贼儿耸身,吹灭灯,推倒婢,走出。

其家人赶至中路,贼儿忽见一井,乃推巨石投井中。其人却于井中觅贼。

儿直走归家,问爷,爷云:"你且说你怎生得出!"

儿具说上件意,爷云:"你恁(这)么尽做得!"

第六篇

禅堂与僧训的理想目标

禅

"禅堂"是禅宗特有的一种教育制度，属于此宗的主要寺院，多半设有此种禅堂。禅师和学生在禅堂内进行种种修行。禅是一种特别重视亲身体验的东西，如果世上有任何事物可以称之为极端的经验主义的话，那就是禅了。禅堂里面的每一样东西以及其中修行课目的每一个细节，都是以呈现禅为其最高着眼点。

一、禅堂——禅宗特有的教育制度

若欲一窥禅的实际修行方面，我们必须研究一下所谓"禅堂"这种场所。此系禅宗特有的一种教育制度。属于此宗的主要寺院，多半设有此种禅堂，而禅僧的生活最能使我们想到印度的"僧伽"——佛教僧侣的社团。这种制度系由中国的一位伟大禅师百丈怀海所创，迄今已有一千多年的时间。在此之前，僧侣多居律寺（律宗的寺院），而此种律寺，精神上与禅的原则颇不相合。后因禅风愈来愈盛，习者愈来愈多，而它的影响亦愈来愈深，为了推行它的宗旨，也就不得不建立属于它自己的体制了。据百丈怀海阐述："吾所宗非局大、小乘，非异大、小乘，当博约折中，设于制范，务其宜也。"因此，他依照历代祖师的构想，以实现禅的理想为目，而"别立禅居"。

百丈怀海大师所编的《丛林清规》，原书已经散失。现存的一种，系于元代依照当时的寺院生活情形编制而成，据说是对旧制所做的一种忠实的追随，当然，为了适应当时的实际情况，自然免不了要做一些修改。现存的这部规范是在仁宗昭皇帝当政时编纂而成,名为《敕修百丈清规》。在日本,禅寺建立的规模,从来没有中国那么恢宏,故而也就没有完全依照这册《敕修百丈清规》所制订的细节加以实行。不过,这些细节的内在精神以及适于日本人生活环境的一切,也就被接受采用了;不论你到何处,禅的生活理想总是呈现在你的眼前。因此,在做进一步讨论之前,我想一述置于一切禅僧目前的此等理想之中的一个,因为,这在禅院生活中,是一个至为重要、值得注意的特点。

实在说来,这确是使得禅宗不同于中国佛教其他各宗的地方,不仅被视为禅的最大特色,同时也是它之所以长寿的原因。我指的是禅者劳动或服务的观念。百丈禅师留下的一句名言:"一日不作,一日不食。"不仅是他本人的生活指导原则,同时也是禅堂生活的高尚精神。当他年老时,他的忠实弟子以为他已不能再工作了,而屡次劝他不必工作,他又不听,于是弟子便将他劳动的工具藏起来,借以使他无法工作而好好休息。但这是他教导僧徒习禅以外的日常工作,因此他拒绝饮食,并说出了如上所引的名言,成了后生的生活规范。

在所有一切的禅堂生活中,工作都被这样视为禅僧的一种重要生活要素。这不但是一种实际的工作,而且以手劳动为主,例如洒扫、擦拭、掌厨、砍柴、耕作或到远近村落托钵行乞。他们不但不以任何工作为耻,而且有一种手足之谊和民主气氛流动其间。不论工作多么艰难或卑微(从一般人的观点来看),他们都不回避,他们信奉"劳动神圣"的箴言。他们在行、住、坐、卧四威仪中保持其精勤不懈的精神;他们绝不是无所事事的懒散之人,就像一般所谓的"云游僧人"——至少是不像印度那种沿门托钵的僧人。

我们可在这种劳动神圣的观念中看出中国人的实际态度。当我说"禅是中国人对于开悟之教所做的一种解释"这句话时,我尚未将禅的这种劳动观念列入我的结论之中——无论是实质上还是理论上,都是如此。但是从实际的观点看来,劳动已是如今的禅人生活之中一个不可或缺的部分——二者相辅相成,缺一不可。在印度,僧侣都是以乞食为生的行人;他们在要打坐观想的时候避开世间的纷扰,退至幽静的处所;因此,只要得到在家信徒的支持，他们就不像中国和日本的禅僧所做的一样，从事任何卑微的工作。使得禅宗没有堕入纯粹的寂静主义或知解活动（这正是或多或少落入佛教其他诸宗身上的命运）的，实在就是这种劳动的教训。这种劳动的福音，除开心理学的价值不说，对保持禅宗的健全，使它得以通过悠久的发展历史而不致衰亡，也是一种有效的因子。

且不论这种劳动的历史意义为何，百丈怀海大师在使工作成为寺院生活的主导精神时，他对人类的心理必然具有一种深刻的认识。他的"不作不食"①这个观念，不一定出于对生活经济或伦理的评估。他的主要动机并不只是反对不劳而获或坐享其成而已。实在说来，不吃闲饭乃是一种美德，因此，自从佛教传入以来，就有不少佛徒认为，依靠他人的血汗和积蓄为生，乃是一种奇耻大辱，是极不体面的事；故而，百丈的目的，虽然也许是在不知不觉中想出，但它的里面却也具有一种心理上的意义——尽管他曾公开宣称"不作不食"。他的目的在于使他的僧徒避开精神涣散或心灵发展失去平衡的陷坑，因为，此系僧侣静坐常见的一种偏差。

筋骨如果不为追求精神的真理而运用时，或者心灵与肉体不能同时接受实际的考验时，则其间的分离或失调就会形成不良的后果。禅的哲理既然是超越精神与肉体的二元论观念，那么，借用二元论的方式来说，它的实际运用，自然就是使得神经、肌肉以及骨骼随时随地完全服从心灵的指挥，而不是使我们有理由说：精神确已健全，但肉体尚未成熟。且不论这句话的宗教意义为何，但从心理学上来说，这种情形的成因，系出于心身之间缺乏一种顺利的沟通。除非双手受过适当的训练，能够习惯成自然地去做大脑要做的工作，否则的话，血液的循环便难以均衡地通过全身，某些部分便会产生壅塞的现象，这在脑部尤其明显，通常被叫作脑血栓；而其结果便是：不仅全身状况失调，就连心灵也会变得迟钝或昏沉，致使内在的

---

① 直译的意思是："一日不工作，一日不吃饭。"参见《帖撒罗尼迦后书》第三章第十节："若有人不肯工作，就不可吃饭。"亚西西的圣佛兰西斯（St.Francis of Assisi）以此为其方济会的首要规则，值得注意。

念头犹如浮云一般飘动。如此，则一个人尽管外表上清醒，但内心里却充满了与生命真相毫无关系的梦幻泡影。妄想是禅悟的大敌，学者如果将它视为一种禅定，免不了要招致这种怨敌的欺骗。百丈怀海大师坚持这种手工劳动，将禅救出了唯心主义以及虚幻妄想的陷阱。

除了上述种种心理学的考虑之外，还有一个道德教训，是我们在评估百丈怀海大师将劳动视为禅修生活的一个必要部分所具的智慧时，不可忽视的一点。因为，观念或想法是否健全，必须以其实用的结果作为最后的考验。如果经不起这种考验——这也就是说，如果不能用于日常生活，不能使人获得持久的和谐、满足以及真正的利益（自利以及利人），不论什么想法或观念，都算不上实际和健全。虽然，有形的力量不能作为批判观念价值的标准，但是，就观念的本身而言，如果不能与生活打成一片，就没有实际利益可言——纵使在逻辑上能够言之成理。这种情形，尤其是在禅的里面，不能在实际生活上令人信服的抽象观念，都无任何价值可言。信心须在实际经验而非抽象概念之中求得才行；这也就是说，信心没有真正实在的依凭——除非是在吾人实际有效的生活之中得到考验。精神上的肯定或"亲证"应当涵盖且高于理智上的判断；这也就是说，真理必须是在生活经验之中证得的东西。懒散的梦想不是他们的事情——禅者们会如此主张。当然，他们也会静坐，修习所谓"坐禅"①的课程；因为，他们要反观劳动时所得的教训。但是，他们既然反对经常咀嚼某样东西，也就将他们在静坐时所得的观照付诸实践，借以考验其在实际场合的适当性。我有一个坚强的信念：禅，如果不是将信心放在实践它的理念上面，早就沦为一种纯然昏睡和诱导出神的体制，而使中国和日本的大师所护惜的这整个家宝被当作一堆破烂予以抛弃了。

---

① "坐禅"（Tso-ch'an）一词是由梵、汉两种文字合成的佛教术语之一。Tso 的中文意思是"坐"，而 Ch'an 则是梵文 dhyāna 或巴利文 jhāna 的音译——全部音译应为 ch'anna（禅那），但为求简单起见，遂单取前面一个音节而略去后面一个。"坐禅"这个复合语，系由一个事实而来：禅那的修习，多半以盘腿打坐为之。印度学者一直认为这种姿势是坐禅最好的方式。据日本某些医生说，以这种姿势习禅，可使全身的重心稳定地安置于身体的下部，当头部的充血情形一旦解除之后，全身的循环作用即可完全改善，使学者的心灵进入宜于契会真理的境界。

也许就是在这些原因支持之下，这种劳动或服务的价值观念才被所有的禅徒视为他们的宗教理想之一。毫无疑问的是，建立禅宗的中国人民所特有的精勤和实际，大大的助长了这个观念。假如有任何一件事情被禅师们当作信仰的实际表现而加以极度的强调和坚持的话，实在说来，那就是服务他人或为他人工作了；当然，并非大张旗鼓地去做，而是静悄悄地，在不为他人所知的情形之下去做。艾卡特曾说："一个人在默想中取得的一切，必须在慈爱当中倾泻出去。"禅者也许会这样说："在劳动之中倾泻而出。"亦即在工作之中积极而又具体地实现慈悲喜舍的宗旨。约翰内斯·陶勒（Johannes Tauler, 1330—1361）以纺织、制鞋以及其他家务作为圣灵的赋能；劳伦斯修士以烹调为圣事；乔治·赫伯特（George Herbert）写道：

依您的律法打扫房间的人，
使得这件工作和行动美善。

所有这一切，就其实际的一面而言，莫不皆可表现禅的精神。由此可见，所有一切的神秘家莫不皆是切合实际的人；他们绝不是完全沉迷于神圣事物或另一个世界以致忽视日常生活的幻想家。一般人认为神秘家都是梦想家，那是一种没有事实根据的想法，应予纠正。诚然，从心理学上来说，在实际的心灵转变与某种神秘主义之间，确有一种极其密切的关系；这种关系并不纯是观念上或玄学上的关系。一种神秘学如果真实不虚的话，它的真理，必然是一种实际的真理，可从吾人的每一种活动证明它的本身，而更确实的，绝不是一种逻辑上的真理，只可在吾人的辩证法中证明为真。一位被称为庞居士[①]的禅家诗人如此歌颂道：

---

① 庞居士是马祖道一禅师的一位儒门弟子，他的妻子和女儿也是虔诚的禅者。一天，他自知入灭时至，对他的女儿灵照说："视日早晚，及午以报。"灵照到屋外看了一下，立即回来报告说："日已中矣，而有蚀也！"居士出门观看，灵照即登父座，合掌坐化。居士返回见了笑道："我女锋捷矣！"于是更延七日，将头枕在一位朋友的膝上逝去。

> 神通并妙用,
>
> 担水及搬柴!

二、简朴和守贫原则的内在意念

禅堂(the Meditation Hall,日文读作"zendō",中文读作"chan tang"),就日本所见者而言,多半是一种长方形的建筑物,大小不一,视所住僧侣多寡而定。位于日本镰仓圆觉寺①中的一座禅堂,长约六十五尺,宽约三十六尺,地板升起于纵长的两边,宽约八尺,高约三尺,全堂中央留置一个空白的空间,作为"经行"(sutra-waking,日文读作"kinhin"),中文读作"jing xing")之用。每僧所占榻榻米地面,以不超过一席(三尺宽,六尺长)为限,打坐、参禅以及夜间睡眠。每人的铺位,不论冬夏,皆不超过一条大棉被的面积。僧徒没有正规的枕头——除了睡前以自己的东西临时作成枕头外。但所谓自己的东西,几乎等于没有——只有袈裟和僧袍,经书数册,剃刀一把,钵盂一组(上列各件,悉皆置于一只长约十三寸、高约三寸半的盒子里面,出外参访时,以一带子系于颈上,悬在胸前,随身携带,而这就是僧人的全部家当了)。"一衣一钵,树下石上",是为印度古代僧侣生活的生动写照。与此相较,现代禅僧可说已有充分的供应了。虽然,这样的需要也是减少到了最低限度,但是,不论何人,只要以禅僧的生活为楷模,都不至于去过一种简朴乃至至简的生活。

佛教认为,占有的欲望是凡夫较易陷入的最糟执着之一。实在说来,这个世间之所以变得如此悲惨,可说就是由于这种有所得的强烈贪欲所造成。正如人贪权力而强者总是箝制弱者一样,人贪财物则贫富总是干戈相向。除非把这种贪念和执着的欲望连根拔除,否则的话,国际战争永远不停,社会动荡永无了期。我们的社会,不能依照历史初期所见的那种基础完全重建么?难道我们不能希望遏止只是为了门人发达或国家扩张而生的聚集

---

① 这座具有历史意义的寺院,不幸于1923年与其他许多建筑一起被地震摧毁了。

财富和滥用权力的欲望么？对于人间这种荒谬已经绝望了的佛教僧侣，走向了另一个极端，甚至连合理而又清净的人生享受也都完全割舍了。然而，禅僧之将全部财物置于一只小小的盒子之中，却也是他们对于现在的社会秩序所做的一种无言的抗议——虽然，直到现在为止，还没有什么效果可见。

就这点而言，读读大灯国师（1282—1337）留给门人的遗诫，也许不无益处。他是日本京都大德寺（1325 年）的开山祖师。据说，他在短短的一生（享年只有 55 岁）里，曾以三分之一的寿命，在五条桥下的低层社会中乞食，干着各种卑微的工作，受到当时所谓的高尚人士的鄙视。他对当时大多数佛教僧侣所过的那种富裕、体面而又受到高度敬重的寺院生活，不仅没有放在心上，就是对他们那些表面虔诚和圣洁的行为（那只能证明他们的宗教生活非常肤浅）也没有给予太多的注意。他留心的是至简的生活和至高的思想。他的"遗诫"约如下引：

汝等诸人，来此山中，为道聚头，莫为衣食；有肩无不著，有口无不食。只须十二时中，向无理会处究来究去！光阴如箭，莫杂用心，看取！看取！

老僧行脚后，或寺门繁兴，佛阁经卷缕金银，多众热闹；或诵经讽咒，长坐不卧，一食卯斋，六时行道。直饶恁么去，不以佛祖不传妙道挂在胸间，拨无因果，真风坠地，皆是邪魔种族也！老僧去世久矣，不许称儿孙！

或有一人，绵亘野外，一把茅匠（一把茅草盖成的茅庵或茅棚），折脚铛（折了脚的锅炉）儿内，煮野菜根吃过日，专一究明己事，与老僧日日相见，报恩底人也。谁敢轻忽？勉旃！勉旃！ [1]

在印度，一旦过了中午，僧侣就绝对不吃东西了。他们一天只吃一餐，因为他们的早餐不同于英国人或美国人所用的那种早餐，实际上算不得一

---

[1] 与此遗诫作者具有某种关系的寺院，多在上堂或提唱之前读诵这篇遗文。

餐。禅僧亦然，过了中午也不吃东西。但在中国和日本，风土的需要亦不可忽视，故而亦可吃些东西；但是，为了减少良心上的不安，他们称晚餐（或点心）为"药石"（意在治疗"饥肠"或"饥病"而已）。天尚未亮，黎明前所吃的早餐，只是稀饭或麦粥和咸菜或酱菜（渍物）而已。

在上午十点钟食用的主餐，是米饭（或米与大麦合煮的饭）、菜汤和腌菜。到了午后四点钟，他们只吃午餐的剩余——不另煮饭。除了应大户施主之邀或受到特别待遇之外，他们一年到头都吃上面所述的东西。守贫和简朴是他们的座右铭。

虽然如此，但我们不可将苦行或禁欲主义视为禅的理想生活。就禅的究极意义而言，它既不是苦行或禁欲主义，亦不是其他任何伦理或修身主义。假如它看来好像主张抑制之论或提倡无著之说的话，此一推定的事实亦只是表面看来如此而已；这是因为，禅作为佛教的一宗而言，自然或多或少承受了印度佛教修持上的某些可厌之处。但僧侣生活的中心意念，并非浪费，而是尽量利用所得到的东西，而这也是整个佛教的精神。实在说来，理智作用、想象能力以及其他一切心灵功能，乃至吾人周遭的一切物品，包括吾人的肉身在内，莫不皆可展开和强化作为精神实质的最高力量，并不只是满足我们个人的贪心或欲望而已，因为就后一点而言，这也是会侵犯乃至伤害到他人所有的权利的。此系支持僧侣生活的简朴和守贫原则的部分内在意念。

三、僧侣的饮食仪式

由于僧侣饮食仪式中具有禅所特有的东西，不妨在此做一个简略的描述。

用餐时间一到，锣声一响，僧侣便从禅堂中走出来，各自持钵，依序进入餐室。班首鸣磬一声，大家即行就坐，将钵盂（木制或纸造，并加护漆，每套四件或五件，互相叠合在一起）放下。就在放置钵盂的侍僧装添菜汤和米饭之时，他们吟诵《般若波罗蜜多心经》①，接着诵念《五观偈文》：

一、解功多少，量彼来处；
二、忖己德行，全阙应供；
三、防心离过，贪等为宗；
四、正事良药，为疗形枯；
五、为成道业，应受此食。

诵罢《五观偈文》之后，接着思念佛教要义，并诵《三匙之偈》：

一口为断一切恶，
二口为修一切善，
三口为度诸众生，
有情皆共成佛道。

诵念至此，他们已经准备妥当，就要举箸取食了，但在实际取食之前，还会想到十方三世一切鬼神，因此，各人皆从钵中取出米饭七粒，施与那些目不可见的众生，并念《施食偈文》云：

汝等鬼神众，我今施汝供。
此食遍十方，一切鬼神共！
唵，穆力陵，娑婆诃！

食时一片寂静。钵盂轻轻取放，没有人吭声，更没有人交谈。对于僧

---

① 我必须在此一提的是，念罢《心经》之后，须念如下所列的佛菩萨名号：一、清净法身毗卢遮那佛；二、圆满报身卢舍那佛；三、千百亿化身释迦牟尼佛；四、当来下生弥勒尊佛；五、十方三世一切诸佛；六、大圣文殊师利菩萨；七、大行普行菩萨；八、大悲观世音菩萨；九、诸尊菩萨摩诃萨；十、摩诃般若波罗蜜。

侣而言，饮食是一种严肃的事情。待到需要添饭时，便将两手合起，置于胸前；服务的僧人见了，便携着"饭柜"（饭桶或饭盆）前来，坐在需要添饭者的前面；后者拿起钵盂，先以一手在底部轻轻抹过，然后递给侍者。这样做的意思，是表示将可能沾在钵上的污秽拭去，以免弄脏侍僧的手。侍僧将饭添入钵中时，食者双手合十，等到添至需要的饭量时，即轻轻搓动两手，表示"够了，谢谢你"。食毕之后，一物不剩。他们吃完所添的饮食之后，立即"收拾残余"。这就是他们的信仰。通常添四次饭后，这餐饮食便告一个段落。班头敲响木梆，侍僧便将热水提来，让每个人取一大钵水，以便将大小钵盂一起洗净，并以各人所带的一块布加以擦拭。接着，便由侍僧提着木桶绕场一周，收取洗钵之后的膡水①。各人叠起钵盂，再度收藏起来，并诵《食毕偈文》云：

饭食已毕色力充，威震十方三世雄。
间因转果不在念，一切众生获神通！

至此，餐桌上面，除了食前施给鬼神的饭粒之外，可说又如未食以前一样空无一物了。木梆再度响起，众僧表示谢意之后，仍如进入时一样，依序鱼贯走出食堂。

四、劳动精神

他们的勤勉是众所周知的事实，逢到不在室内研习的日子，到了早餐之后不久（夏季约在清晨五点半，冬季约在上午六点半），通常，他们不是到院子里打扫清洁，就是到附近的村落中乞食或到属于禅堂的田间耕作。他们将禅院的里里外外，都整理得干干净净、有条不紊。有时，我们说，"这

---

① 侍僧提着收取剩水的水桶绕行经桌时，大众复诵《洗钵偈文》云："以此洗钵水，如天甘露味，施与鬼神众，悉令获饱满！唵，摩修罗细，娑婆诃！"

里好像禅院一般"，这话的意思是指这个地方收拾得实在太整洁了。行乞时，他们往往要走若干里的路程。一般而言，大凡禅堂，都有一些施主的支持，而禅僧们前去拜访，都会得到白米或蔬菜的供应。我们常在乡村的路上看到他们推着一辆木车，上面装载着许多南瓜或地瓜。他们像一般劳工一样辛勤工作。他们有时亦到林中捡木柴或引火材料。并且，他们对农事亦略有所知。他们既以这些方式维持本身的生活，自然也就身兼农夫、劳工以及技工了。因为，他们往往在建筑师的指导之下建造他们自己的禅堂。

这些僧侣是一种自治团体，他们有自己的厨司、监督、经理、执事、司仪等。在百丈时代，此等职位似乎曾有十个之多，但因他亲手厘定的清规已经散失，详情究竟如何，如今也就不甚了然了。老师或禅师是禅堂的灵魂，但他们和禅堂的管理事务没有直接的关系。此等工作留给了这个社团的资深成员，而这些成员的为人多半受过严格的考验。一旦谈到了禅的原理，人们也许会对他们那种深密的玄理大感意外，因而想到这班僧侣是怎样组成一个严肃不苟、板着面孔、忘怀世俗的思想家集团的。但在日常生活中，他们却跟从事劳动的普通的凡夫一样，但他们快快乐乐的互相协助，绝不轻视一般知识分子所不屑的任何工作。百丈禅师的劳动精神可在他们身上见出。

不仅是一般的僧侣要劳动，就连禅师本人，也要参与其中。此系百丈的遗意，不分阶位、一律平等、互助合作。因此，老师经常与弟子一起耕田、种树、除草、采茶以及从事其他一切劳动工作。禅师们往往利用工作的机会教导他们的门人，而弟子们亦颇能够领略老师的启导。

    某次赵州正在院中扫地，一名学者前来问道："和尚是大善知识，为什么扫地？"赵州答云："尘从外来！"又问："既是清净伽蓝，为什么有尘？"赵州答云："又一点也！"①

---

① 这个关于"尘"的问题，使我们想到了柏克莱（Berkeley）的话："我们刚才惹起一粒尘埃，而后却说我们视而不见。"

赵州在南泉做炉头（伙夫），某次，正当大家在园中择菜时，他在僧堂里大叫："救火！救火！"大家一起赶到僧堂前面，他却将僧堂门关起，说道："道得即开门！"大家不知如何回答。但他的老师南泉，却将钥匙从窗中抛了进来，赵州见了便开门。

大家正在锄地时，一僧碰巧将蚯蚓斩为两段。于是请问老师长沙景岑云："蚯蚓斩为两段，两头俱动，未审佛性在哪头？"长沙答云："莫妄想！"僧云："怎奈动何？"长沙答云："会即风火未散。"子湖与胜光在园中工作时，亦发生了同样的事情，于是胜光问他的老师子湖云："某甲今日镢断一条蚯蚓，两头俱动，未审性命在哪头？"子湖提起镢头，向蚯蚓左头打一下，右头打一下，中间空处打一下，一言不发，掷下镢钻头，便归方丈。

某日，大家到园中工作，临济走在后面，他的老师黄檗回头见他未带工具，于是问他："镢头在什么处？"

临济答云："有一人将（拿）去了也。"

黄檗云："近前来，共汝商量个事。"

临济近前，黄檗竖起镢头云："只这个，天下人拈掇不起！"

临济就手夺过镢头竖起云："为什么却在某甲（我临济）手里？"

黄檗云："今日大有人普请！"（今日有人要做一件大大的工作！）

说罢，掉头便回去了。

又有一次，大家正在田间工作，临济见黄檗走过来，便拄着镢头而立。黄檗见了问道："这汉困耶？"

临济云："镢也未举，困个什么？"

黄檗听了便拿棒要打临济，临济接任棒一推，将他的老师推倒在地。

黄檗唤维那云："扶我起来！"

维那近前扶起云："和尚争（怎）容得这疯癫汉无礼？"

黄檗刚一站起，举棒便打维那。

临济镢地云："诸方火葬，我这里一时活埋！"

沩山和仰山师徒在田间采茶的故事，已在前面一篇文章中说过了。实在说来，禅宗史传中，像这里所引，用以举示禅师们如何抓住每一个机会训练弟子的公案，多得真是不胜枚举。有关日常生活的这类事情，尽管表面看来微不足道，但一经禅师点拨之后，便有了无穷的妙意。不论如何，这些"问答"总是非常令人信服地举示了古代禅院生活的整个趋向，说明了劳动服务的精神如何彻底而又和谐地与高深的精神思维打成一片的情形。

五、修行的功课

禅僧们就是这样随处开发他们的智能。他们得不到文字上，亦即形式上的教育。因为，这种教育，多半要从书本上和抽象的思维推理中求得。但他们所得的训练和认识，不但实际，而且有效；因为，禅堂生活的根本原则，就在"以做为学"或"在工作中学习"。他们轻视所谓的软性教育，认为那是"嚼饭喂人"的事情。据说，母狮生了幼狮，过了三天之后，就将它的子女推落悬崖之中，看看它们能否爬回它的身边；凡是经不起这种考验的小家伙，它就不再理会。不论此说是否属实，这却是以一种似乎不太仁慈的手段对待学僧的禅师所要达到的目标。学僧们既然无足够衣服好穿，亦无足够的饮食好贪，更无足够的时间好睡，而尤甚于此的是，他们却有大量的工作要做——修行的功课与劳动的工作。

外在的需要与内在的志向，如能调配得宜，最后必将造就俊秀的角色，在禅与实际生活事务上均受到良好的训练。这种教育制度，如今虽然仍在每一个禅堂奉行，但在一般的教育界中还不被清楚地了解，纵使是在日本，也不例外。而现代的商业主义潮流，却毫不容情地侵犯每一个干净的角落，在唯物主义的污秽波涛冲击之下，禅的这座孤岛，要不了多久，恐怕也要跟其他种种东西一样遭受没顶的命运了。如今的禅僧，对于历代祖师的那种伟大精神，已经开始不甚了解。虽然，寺院的教育方面仍有一些可以改进的地方，但是，如果要使禅的生命延续下去的话，它那高度的宗教情操和崇敬的情感就非得加以保存不可了。

从理论上来说，禅的哲理不但超越整个推理的范围，而且不受二分对待的规则所限。但是这是一个很易令人滑倒的地方，不能挺胸而过的人不知凡几；而当其一旦吃跤之后，结果往往不堪设想。跟中世纪的若干神秘家一样，禅徒亦可因失去自制之力而变成放浪之人。不但历史可以为此作证，就是心理学亦不难说明此种堕落的历程。因此，某位禅师这才说道："一个人的理想不妨与毗卢遮那（最高的神性）之顶等高，但他的生活却须至谦至卑，乃至能够屈膝于婴儿的足前。"这话的意思是说，凡是想得第一的人，不但要在众人之后，而且要做众人之仆。因此，寺院的生活不但要有精确的调节，就是所有的细节，亦得朝向绝对服从上面所述的精神方面推进。谦卑、守贫以及内在的贡献或圣化——所有这些禅的理想，都是使得禅者没有落入中世纪道德废除论窠臼的有力因子。由此可见，禅堂的训练在禅的教学及其在日常生活中的实际运用方面担任了多么重大的任务。

> 唐代的邓州丹霞天然禅师，某次路过位于首都的慧林寺，适值天气严寒，无以取暖，遂取寺中木佛烧之。管理寺院的院主见了，颇为生气地苛责道："何得烧我木佛？"
> 丹霞以杖子拨灰作搜寻状云："吾烧取舍利①。"
> 院主责问云："木佛何有舍利？"
> 丹霞立即答道："既无舍利，更取两尊来烧！"

据说，这位院主因了斥责丹霞的表面不敬而遭到须眉脱落的果报，而佛陀的责罚却未降到丹霞的身上。

虽然，我们也许会怀疑这件事情的真实性，但它不仅是一个著名的公案，而且，所有的禅师都一致同意，这位貌似渎佛的丹霞有着颇高的禅境。

后来，有僧请问一位禅师："丹霞烧木佛，意旨如何？"

---

① 所谓舍利，是一种不可破坏的东西，多为透明的水晶体，见于圣者火化之后的遗体之中。

这位禅师答道:"寒即炉边取暖。"
又问:"有过无过?"
禅师答云:"热即竹下乘凉。"
既于这则公案,我禁不住要引另一个评语,因为此系学禅的一个最有意义的课题。

丹霞的弟子翠微无学禅师,设供供养罗汉(也许是木刻罗汉吧?)时,有僧上前问道:"丹霞烧木佛,和尚为什么供养罗汉?"
翠微答云:"烧也烧不着,供养亦一任供养。"
又问:"供养罗汉,罗汉还来也无(么)?"
翠微答云:"汝每日还吃饭么?"
其僧无语,翠微咄云:"少有伶俐的!"
且不论丹霞的功过如何,从纯粹的禅的观点来说,可以确定的一点是,像他这样的行为,凡是虔诚的佛教徒,都会视之为亵渎而极力避免的。由于对禅尚未获得彻悟的人,也许会假禅的名义去为非作歹,罔顾一切,因此,禅院这才订有严格的规定,<u>丝毫不苟</u>。

明代的云栖袾宏,某次写了一册讨论比丘十种善行的书,一位自许甚高的僧人问他:"吾法一尘不立,十善何施?"(还写此书作么?)
云栖答云:"五蕴纷纭,四大丛沓,何谓无尘?"
其僧进云:"四大本空,五蕴非有。"
云栖给他一掌,云:"学语之流,如庇似栗!未在,更道!"(汝尚未到,另下一语来看!)
其僧无对,艴然而起,而这位大师却微笑着说:"蔽面尘埃,子何不拭?"

就习禅而言,透彻的悟力须与深切的谦逊并驾齐驱才行。
且让我以一名新到进入禅堂之前的经历,作为教导谦逊的例子。新到也许已经依照规定带了资格证明文件和前述各项僧侣必须用品,但禅堂执事不会就这样轻易让他入伙。通常,他们都会找些借口,不是对他说该堂已经客满,就是对他说他们财源不足,无法接受新人。这位新到如果就此知难而退的话,他就找不到入学之处了,不仅不能进入他最初所选的那座禅堂,连其他任何禅堂也都无法进入了。因为,不论到哪里,他都会吃到同样的闭门羹。假如他果真要学禅的话,他就不应被此类的借口难倒。

那么,究竟该怎么办呢?假如他坚持不懈、百折不挠的话,他会坐在入口处的门廊上,将头搁在他所携带的小盒子上面,沉着而又耐心地在那儿等待。有时候,在晴朗的早晨或午后,会有一道强烈的阳光照射在他身上,但他继续保持着这种态度,不为所动。到了午餐时分,他可以请求准许,进入用餐。这是被容许的,因为,大凡佛教寺院,对于游方僧人,都不会拒绝供给食宿的。但吃罢之后,他得再度回到门廊上面,继续他的申请姿态。没有人理他,直至夜晚来临,他请求住宿之时,这个请求也像午餐一样,得到允许,而他便脱下行脚所穿的草鞋,把脚洗干净,由引导者带入留宿的房间。在多数情形下,他没有铺盖可用,这是因为,一般情况下,作为一名禅僧,当在深三昧中过夜。因此,他整夜正襟危坐,好像在专究一则公案①一般。到了次日清晨,他仍以头一天一样,回到门廊下,恢复之前的姿态,表现出恳求准许的样子。如此周而复始,也许要经三天、五天乃至七天的时间。禅堂的当局者们,就这样毫不徇情地考验着这位新到的耐性和谦逊,直到最后终于为他的恳切和坚韧打动,才尝试着让他加入他们。

这种历程如今已经有了形式主义的成分,但在此事尚未成为纯粹老套做法的古代,新到僧人确有一段够受的时间,他们往往被强拉活拖地赶到山门之外。我们可在古代大师们的传记中读到比这还要无情的冷酷待遇。

禅堂运用军训一般严格的生活管理规则,使得禅僧养成谦下、服从、朴

---

① 所谓"公案",系供学者参悟求决的一种问题。其有此名称的原因,乃因它是一种"公共案例",可以用来审断学者悟处的真假和程度。此词早于唐代禅宗初期即已采用。所谓的"古则"或"问答",通常亦作"公案"运用。关于此点,这部论丛的第二系列已有专章讨论,此处不赘。

实以及恳切等美德，若非不分彼此地仿效古代大师的突出范例，就是生吞活剥地实践性空哲学的上乘教说，例如大乘经典般若部类所阐述的教理。对于这种生活的大概情形，我们在前面描述餐饮的仪式时，已经窥见一斑了。

六、接心——严肃的课程

在寺院生活中，有一个时期，专门用以修持，除了绝对需要的事情之外，不插入任何劳务的工作。这个时期叫作接心①（日文读作"Sesshin"，中文读作"jie xin"），为期一周（中国俗称"禅七"或"打七"——译者），在"夏季安居"（四月至八月间）与"冬季安居"（十月至次年二月）期间举行，每月一次。所谓接心，含有摄心、收心或专心办理一件事情的意思。在此接心（有时称大接心）期间，学僧的生活大多在禅堂之中度过，不但起身的时间要较平常为早，而且打坐的时间亦要延至深夜。在此期间，每天要上一堂课（上堂），所用的教本为最流行的《碧岩录》和《临济录》，此二者被视为临济宗的基本教科书。《临济录》是临济宗的开山祖师临济义玄的传教语录，而《碧岩录》则如已在别处提过的一样，乃是一本附有评述和偈注的百则"公案"或"题旨"选集。不用说，可用于此种场合的禅籍尚有其他多种。对于一般读者而言，此类的典籍可说是一种"以僻解僻"（obscurum per obscurius）的读本，等他听过了一系列的讲述之后，仍然如堕五里雾中，连边也摸它不着。这倒不一定是因这些读物深奥难解，而是因为读者对禅的真理尚未契入。

这是一种非常严肃的课程。开始之前必须鸣磬恭请老师，直到老师进入举行"提唱"②的地方。而在老师向佛陀及其先师上香的当中，僧众则念

---

① "接心"一词，不知起于何时，此语不见于《勅修百丈清规》，亦非始于中国，而是出于日本，也许是在白隐之后。"接心"多在僧侣不外出云游，只在寺院里面专心习禅的"安居"期间举行，是习禅最为密集、最为用功的时候。
② 所谓提唱，提即提起、提示或者举示；唱即列举、温习或者复述。可知提唱即是在大众面前复演一位宗师的教示，故而多或少有些生动的展示，并不只是解释或评述课文而已。

诵一种名为《大悲咒》的陀罗尼①。由于此咒只是梵文原本的一种中文翻译，只是念诵并不产生任何可解的意义。以此而言，咒文的意义也许无关宏旨；相信它的里面含有某种消灾降福、有利清修的东西也就够了。更为重要的是诵念的方式。它那种单调的韵味，配以一种名叫木鱼的节拍，可使听者对于即将上演的戏剧产生一种期待的心情。大众念陀罗尼（三遍）之后，通常要复诵本寺开山祖师所留的遗诫。如今的某些寺院往往吟诵白隐禅师的"坐禅和赞"。下面所引，便是白隐禅师与梦窗国师②遗作的译语，后者的遗诫可说是最流行的文章之一。

> 我有三等弟子，所谓：猛烈放下诸缘，专一究明已事（自己的精神事业），是为上等；修行不纯，驳杂好学，谓之中等；自昧已露光辉，只嗜佛祖涎唾，此名下等。
>
> 如其醉心于外书、立业于文笔者，此是剃头俗人也，不足以作下等！矧乎饱食安眠、放逸过时者，谓之缁流耶？古人唤作饭囊衣架！既是非僧，不许称我弟子、出入寺中及塔头！暂时出入尚且不容，何况来求挂褡乎！
>
> 老僧作如是说，莫言欠博爱之慈，只要他知非改过，堪为祖门之种草耳！

白隐禅师坐禅和赞

众生本来是佛，犹如水之与冰。

离水无冰可得，生外何处觅佛？

---

① 陀罗尼（Dharāni）是梵文术语，系由字根 dhri 变化而来，意为总持、能遮。在佛教用语中，它是感叹语的一种串集，有长有短，但皆不可译为其他语言。因此，当僧侣们在寺院中（例如在中国和日本的寺院中诵读此种语句时，它的意义便不甚可解，但学者相信，它的里面含有不可思议的功德，具有不可思议的力量，故而可以驱邪降福。到了后来，陀罗尼便与"曼怛罗"（Mantrams——意为真言、神咒、秘密语）混在一起了。

② 梦窗国师（1275—1351），系日本京都天龙寺的开山祖师，有"七帝之师"（Tegcher of Seven Emperos）之称。

众生不晓道近，远处寻求可惜！
譬如身居水中，向人哀叫口渴！
一似富家之子，迷于贫里乞食！
六道轮回之因，自迷愚痴闇路。
不离愚痴闇路，何时得脱死生？

说起大乘禅定，至再称叹不足。
布施持戒诸度，念佛忏悔修行。
以及其他诸善，莫不皆归其中。
纵只一座之功，无量罪业消融。
恶趣无处可讨，净土即在目前。
若有恭敬之心，一回闻之于耳。
复加赞叹随喜，定然获福无穷！

如此返观自己，直证自性之理。
自性即是无性，即得离诸戏论！
因果一如门开，直道无二无三。
相于无相之相，来去如如不动。
念于无念之念，步步皆闻法音。
三昧无碍空阔！四智圆明月澄！
此时复有何求？寂灭既已现前。
当处即是莲邦，此身即是佛身！

　　此种种讲每次为时约有一个钟头，与一般宗教讲述大为不同的是：既然不加解说，更不提出研讨、辩驳以及论证。一般认为，老师在此的工作，只是以言语复述教本之中所处理的课题。此讲告一段落之后，大众即行复诵"四弘誓愿"三遍，完了即行各还本处。"四弘誓愿"的全文如下：
　　众生无边誓愿度，

> 烦恼无尽誓愿断,
> 法门无量誓愿学,
> 佛道无上誓愿成。

七、参禅——入室叩见老师

在接心期间,除了上面所述的讲课之外,尚有一种名为参禅(sanzen or san ch'an)①的活动。所谓参禅,狭义地说,就是入室叩见老师,呈示对于某个公案参究所得的见解,请求老师做一次严格的甄试,并加指示。在平常的日子里,学僧平均每天参见老师两次,但在接心期间,每天要见老师四次或五次之多。此种参禅的活动,并非公开举行②,学者必须逐个进入老师室中,以一种非常正式、非常严肃的方式进行问答。学僧在入室之前,必须五体投地,连叩三拜;然后才能起立,两手合十当胸,进入室中;而当他到达老师跟前坐下之时,仍须再行叩头一次。学者一旦入室之后,一切世俗的老套即须省却。从禅的观点来说,如有绝对必要,彼此掌掴乃至棒击,亦无不可。到了此时,唯一关注的事,乃是以至诚之心举示禅的真理,其他种种,皆属次要。因此,这才非常注重仪式。问答完毕之后,仍如入主之时一样,行礼如仪,而检退出。每次参禅,如以三十人计算,大约需要九十多分钟的时间,因此,对于主持的禅师而言,这也是一个极为紧张的时辰。每天如此来个四五次,对于禅师本人而言,如果没有健全的体魄,倒也是一种令人难耐的考验。

作为一位禅师,就其对禅的认识而言,当然非有绝对的信心不可。但

---

① 所谓参禅,直译的意思是参究或习禅。此系此词在今日日本的通俗用意,但除了这个一般用意之外,尚有一个特指的意思,那就是本文此处断取的意思。

② 在从前,这本是一件公开的事,所有的问答大都在大众面前进行,就像《敕修百丈清规》中所阐述的一样。但是,到了后来,种种不当的弊端,例如纯粹的形式主义、学嘴学舌的模仿以及其他许多没有意义的胡闹,悉皆跟踪而至。因了这个缘故,到了现代,大凡"参禅"的活动,一律私下或个别举行——除了在某些正式的场合之外。

是，学僧如有足够的理由怀疑老师的能力，却也不妨在参禅的时候来一个当面解决。由此可见，此种"呈见"的事情，对于双方而言，都不是一种闲玩的儿戏。实在说来，这真是一件极其严肃的事情，也正因为如此，禅的训练才在它的哲学意义之外另有一种重大的德育价值。欲知此事究竟有怎样的严肃性，也许可从日本现代禅之父白隐慧鹤参见正受老人的经过见出大概。

某个夏日的黄昏，白隐向他那正在游廊上乘凉的老师呈其见解，而他的这位老师却向他喝道："放屁！"白隐听了，亦大声而且语带嘲讽地回嘴道："放屁！"他的老师一把将他抓住，打了他一顿，然后将他推到游廊之外。那时雨季刚刚过去不久，因此，这可怜的白隐在泥水之中打了一个滚，隔了好一会儿工夫，才喘过气来，起身，恭恭敬敬向他的老师叩首，但他的老师却向他骂道："这个鬼窟里的死禅和！"

又有一天，白隐认为他的老师不知他对禅的认识究竟有多深，因此决定要跟老师来个对决。时间一到，白隐立即入室，拿出他的浑身解数，要与老师一较高下，并拿定主意这回绝对寸步不让。老师极为震怒，将他抓住，打了他几掌，再度将他推到廊外。他跌落在数尺之外的石墙下面，待了好一阵子。老师俯视着这个可怜的家伙，对他哈哈大笑了起来。这使白隐清醒了过来。他爬将起来，出了一身冷汗。但他的老师还不放过他，仍像以前一般骂道："这个鬼窟里的死禅和！"

白隐变得非常绝望，很想离开这位老师。一天，当他正在村中行乞时，一件意外的事情[①]忽然开了他的心眼，使他澈见了一直未曾亲见

[①] 他在沿门托钵的时候，来到了一户人家，而那户人家有位老太太，硬是不肯给他任何施舍，但他却一直站在那家门口，就像根本没有听到对方说些什么似的。实在说来，他的心已经完全集中在他当时所最关切的一个话头上了。那位老太太以为他只管我行我素，完全不理会她的意思，因此十分生气，便抄起扫地的扫把狠狠地打了他一下，叫他赶快滚开。这一扫把打得很重，不但打破了他的斗笠，连斗笠下面的人也被打倒在地上了。他倒在地上好一会儿，等到他清醒过来时，所有的一切都在他的眼前变得清楚而又透明起来了。

的真理。他可真是喜不自胜，立即带着极度得意的心情走了回来。他尚未跨进大门，他的老师就看出了他的变化，立即向他招手说道："今天有什么好消息带回家来？快进来！快进来！"白隐将所体验到的情形一五一十地告诉了他的老师。他的老师慈和地抚摸他的肩头说道："现在你会了，你现在会了！"自此以后，白隐就没有再挨过骂。

这就是这位现代日本禅之父所必须接受的磨炼。正受老人一把将他推倒在石头墙根下面，那是多么可怕的做法！但当这名弟子经过这许多折磨而一旦彻悟自性之后，这位老师又是多么慈爱！禅的里面是没有温温吞吞、不冷不热的东西的。它期待我们一直进入真理的深处，但是，除非我们避开知解等的一切外壳，回过头来返观毫无遮拦的自性，否则的话，怎么也不会掌握到禅的真理。正受老人所掴出的每一个巴掌，都打落白隐的一分虚饰。我们全都活在多层的包装纸中，而这与我们的根本自性却无任何关联。因此，禅师们为了要使我们得见我们的根本自性，使我们彻悟自己的本来面目，这才采用看来好像很不人道的手段。但是，就以本例而言，学者对禅的真理以及对老师的彻悟，都要有百分之百的信心才行。缺乏此种信心，那就等于不相信自己具有这种精神的潜能。因此，临济大师这才吼道："少信根人，终无了日！"又云："若人不信，徒劳百年！"

八、长养圣胎——过一种"行解相应"的生活

在禅堂的生活中，没有像学校教育那样固定的毕业期限。对于某些人而言，甚至要寄居二十年的时光，才能结束其在禅堂的学业。不过，如有中等根基，加上坚韧不拔的毅力，可在十年的时间之内，参透禅宗教学的每一个细微之处。但是，在人生的每一个瞬间实践禅的原则，亦即完全浸淫于禅的精神之中，则是另一回事。就以此点而言，即使把一辈子的时光都奉献上去，也许还嫌不够哩！因为，据传从某一方面来说，纵然是释迦

牟尼和弥勒他们本身，至今仍在自修之中哩。

　　作为一位完全合格的禅师，只是领会禅的真理，仍是不够的。他必须通过一段名叫"长养圣胎"的时期才行。"长养圣胎"这个术语大概是出于道教，就其在今日禅中的意义而言，就是过一种"行解相应"的生活。作为一名禅僧，在一位禅师指导之下，就算终于彻底了知了禅的所有奥秘，但这种了知或多或少仍是一种知识的解悟——尽管那是最高意义的了知也是亦然。他必须在实际生活中，与这种解悟完全打成一片、结为一体、融洽无间才行。若要达到这个目的，他必须去做更深一层的进修；因为，他在禅堂里面所得的一切，只是求得一个指标而已；因为，那是他不得不全力以赴的事情。但是，到了这个时候，如果继续留在禅堂，亦非必要。与此相反的是，他必须与世间作真正的接触，让他的知识解悟接受更进一步的试炼。这种"长养"的工夫，并无一定的规则可循；人人际遇不同，不妨各适其适。他既可以退入深山僻谷，去过一种弧绝的隐居生活，亦可进入闹市之中，积极参与世间的各种活动。据传，六祖离开他的老师五祖之后，就曾混在山地同胞之间，历时十五年之久，直到出山偶听印宗法师讲经，一直不为世人所知。

　　南阳慧忠国师，在南阳山谷居住四十年的时间，不曾下山。但他的梵行已为远近所知，在皇帝的恳切请求下，他才离开他的茅庵，到首都教化众生。沩山曾在山野度过多年的时光，与猿猴和麋鹿为友，以野果实为生。但他终于被人发现，人们在他的庵居之处建立巨寺，他成了一千五百名禅僧的大导师。京都妙心寺的开山祖师关山，曾经隐居美浓的乡野之间，为村民做工人所做的活儿。没有人知道他是谁，直到有一天，一件意外使他暴露了身份，朝廷这才坚持要他到首都创建寺院[①]。白隐曾到骏河一所荒废的寺庙当住持，而这座寺庙便是他在人间的唯一产物。我们可从下面所引的一篇文字构想它的荒废情形，"由于没有屋顶，夜间星光可以直透。地板亦无，落雨时，如果有事须到佛殿，必须戴上雨帽，穿上高跟木屐。庙

---

① 关于他的老师大灯国师的生平，已在别处提及了。

中财物皆在债主手中，僧用之物皆已押给商人。"——而这就是白隐一生事业的开端。

著名的例子尚有许多，禅宗史传中随处可见。但他们之所以如此做，目的不在实行苦行，而是长养个人的德行——正如人们所适当地指称的一样。门廊上面有许多蛇蝎窥伺着，你如果不将它们完全踩住，它们就会抬起头来，使你苦心建立的德育大厦倾于一旦。道德废弃论也是一大陷阱，禅者必须时加戒备，小心提防。因此，故有"长养"之教。

九、阴德——禅修的最大特色

从某些方面看来，禅堂所行的这种教育，可说已经不合时代要求了。但是，与它相关的若干指导原则，例如生活的简化、时光的珍惜、完全的自主以及人们所说的"阴德"，都是可以用于任何时代的指标。尤其是最后一项，是禅修的最大特色之一。所谓阴德，就是行善而不求闻达，不但不希望要他人知道，连自己也不要挂在心上。基督徒也许可以称这种德行为行使"您的意旨"。一个孩子灭顶了，有人跳下水去，他便得救了。行所当行了，心无所系。我走了开去，不再回顾。一片白云飘过了，天空恢复湛蓝，空阔依旧。禅家称此种行为为"无功用行"，好比"担雪填井"，不求任何回报。

此系阴德的心理的一面。如从宗教的一面看来，则是对这个人间抱持恭敬和感激之情，好像要以一肩担负天下的罪恶一般。一位老婆婆请问赵州禅师："婆是五障之身，如何免得？"赵州答云："愿一切人升天，愿老身永沉苦海！（查《古尊宿语录》此句为："愿婆婆永沉苦海！"——译者）这就是真正禅者的精神。此外还有一个公案，可以阐明此种永远受苦的精神。赵州和尚所住的赵州境内（他的称号即由此而来），有一座著名的石桥。某日，一僧前来问道："久向赵州石桥，到来只见略彴（老朽的木桥）。"赵州答道："你只见略彴，且不见赵州石桥。"僧问："如何是赵州石桥？""度驴度马！"赵州停顿了一下，接着从容坚定地说，"度一切众生！"

上面所引的这个故事，看来好像是对桥梁所做的一种无关宏旨的闲扯，但从看待此等公案的内在方式看来，其间却含有一种重大的真理，触及了吾人精神生活的核心。我们也许要问：这里所呈现的，究竟是怎样的一种桥梁呢？赵州所说的，只是赵州禅院境内一座力可负载各种过客的石桥么？且让我们每一个人收视返观看看，我们有没有一座不仅可以度驴度马、度男度女、度大小车辆，而且可以济度整个世界及其烦恼病痛，不仅可让这些过客如此度过，而且往往受到践踏甚至受到诅咒的桥梁———一座不仅耐心，而且毫无怨言地忍受着这一切善良和轻视待遇的桥梁？赵州所指，就是这种桥梁么？不论怎样，我们总可在上举诸例中读出此类的东西。

但是，禅的这种自愿受苦的精神，不可从基督徒所说的，人类必须把全部的时间用于祈祷和灵修，以求消除罪恶这句话所含的意义加以理解。为什么？因为，禅僧并没有消除自己罪业的愿望；这是一种过于自私的想法，而禅是不以自我为中心的。禅僧只想拯救世人，免除罪业所带来的不幸，对于他自己的罪业，他不妨听其自然，因为他知道，所谓罪业，并不是他的自性本有的一种东西。因此，他有理由和可能被形容为"哭如未哭，笑如未笑，买如未买乃至用如未用"的人。

基督说："你在行善的时候，不要让你的左手知道右手所做的事情；你的施舍可在暗中进行。"此种在暗中行善的美德，就是佛教所说的阴德。但当基督说到"你那在暗中注视的天父将会补偿你"这句话时，我们就可看出佛教与基督教之间具有一条很深的鸿沟了。只要想到有人（不论他是上帝还是魔鬼）知道你的善行，禅都会对你说："你还没有成为我们之一。"（"你还早哩！"）仍有此类心念相随的行为，仍然没有称得上"无功用行"，仍然是形迹未忘，犹有影在。如此，倘有鬼神追寻你的踪迹，他就可以随时抓住你，使你道出你所做的事情。完美的衣服（天衣）没有缝隙可寻，里外莫不皆然；那是一件无懈可击的作品，谁也不能看出它的针线究竟从哪儿开始，到底是怎样缝制而成的。因此，以禅而言，一个人一旦做了布施之后，不但不会在心中留下任何痕迹，就是对于上帝的补偿，也不会加以丝毫的系念。禅者的理想境界是：风儿随着意思吹，你听见它的声音，却不知道它从哪里来，又往哪里去。

中国古代的一位哲人列子，在下面所引的一节文字中，以一种象喻的笔法描述了这种心境："……横心之所念，横口之所言，亦不知我之是、非、利、害欤？亦不知彼之是、非、利、害欤尹亦不知夫子之为师，若人之为我友，内外进矣。(注云：心既无念，口既无违，故能恣其所念，纵其所言；体道穷宗，为世津梁；终日念而非我念，终日言而非我言。若以无念为念，无言为言，未造于极。所谓"无为而无不为"者，加斯则彼此之灾于何求？师资之义将何所施？故曰："内外尽矣。")而后眼如耳，耳如鼻，鼻如口，无不同也；心凝形释，骨肉都融；不觉形之所倚，足之所履，随风东西，犹木叶干壳；竟不知风乘我邪？我乘风乎？"(注云：夫眼、耳、鼻、口，各有攸司。今神凝形废，无待于外，则视、听不资眼、耳，臭味不赖鼻、口；故六藏、七孔、四支、百节，块然尸居，同为一物，则形奚所倚户足奚所履？我之乘风？风之乘我？孰能辨也？）①

十、自我与思念对象彻底合一

如前所述，禅者之所以不太赞同基督教徒乃至基督教的神秘学者，乃因为基督教徒乃至基督教的神秘学者对于上帝太过介意了，视之为一切生命和万物的创造者和倚靠者。禅者对于佛和禅的态度，犹如列子之乘风，不予过分的思辨；自我与思念的对象（能念与所念）彻底合一，乃是赵州、云门以及其他禅宗大师的弟子们所追求的理想目标。这就是他们何以在说

---

① "风"也许是使我们理会"无著"或"性空"哲学意念的最佳形象之一。《新约圣经》至少有一个风的比喻，它说，"风儿随着意思吹"。由此可见，中国的这些禅学家用风描述的内在绝对合一意境，也是佛家的空观之境。现在，且与下引艾卡特的话做个比较：Darum ruft die Braue auch weiter：'Weiche von mir mein Geliebter, weiche von mir'：Alles, was irgend der Darstellung fähig ist, das halte ich nicht fur Gott. Und so fliehe ich vor Gott, Gottes wegeh！'——Ei, wo ist dann der Seele Bleiben？'——Auf den Fittichen der Winde！'（Büttner, Meister Eckeharts Schriften und Predigten, Erster Band, p.189）这里面的 So Fiecle ich vor Gott, Gottes wegen！令我们想到一位禅宗祖师的话："'佛'之一字，吾不喜闻！"从禅的观点来说，这里面的 Gottes wegen，大可略去。

佛禅的时候不喜欢听到"佛"字和"禅"字的原因,这倒不是他们都是反佛反禅的分子,而是因为他们已经将佛和禅完全融入他们的生命之中了。下面且听五祖山法演禅师与他的弟子圆悟克勤所做的一节婆心问答:

> 师谓圆悟曰:"你也尽好,只是有些病!"
> 悟再三请问:"不知某(我)有什么病?"
> 师云:"只是禅忒(太)多!"
> 悟云:"本为参禅,因甚却嫌人说禅?"
> 师云:"只似寻常说话时,多少好!"
> 时有僧便问:因甚嫌人说禅?
> 师云:"恶情悰!"(使我反胃!)

对于此点,临济的表现,不但十分激烈,而且极富革命性。假使我们不明禅宗教学方法的话,如下所录的言辞,必然可使我们直打哆嗦而汗毛直竖。读者也许认为作者危言耸听,但我们全都知道,他对世间的虚伪不但极为认真,而且毫不畏惧地挺身而出,硬要打破这种混乱的局面。在摧毁偶像和破灭假象方面,他的一双手跟耶和华一般地狠毒,试读下面所引的语句,即可知道他在剥除吾人心灵上的虚假外衣方面是多么认真:

> 道流,你欲得如法见解,但莫受人惑!向里向外,逢着便杀:逢佛杀佛,逢祖杀祖,逢罗汉杀罗汉,逢父母杀父母,逢亲眷杀亲眷,始得解脱;不与物拘,透脱自在。如诸方学道流,未有不依物出来底。山僧向此间从头打:手上出来手上打,口里出来口里打!眼里出来眼里打!未有一个独脱出来底,皆是上他古人闲机境!山僧无一法与人,只是治病解缚。
>
> 你诸方道流,试不依物出来,我要共你商量。十年五岁,并无一人!皆是依草附叶、竹木精灵、野狐精魅。向一切粪块上乱咬!瞎汉!枉消他十方信施!道,"我是出家儿",作如是见解!向你道:无佛无法,无修无证!只与么傍家走,拟求什么物?瞎汉!头上安头!是你欠少

什么？道流，是你目前用底，与佛祖不别，只么不信，便向外求！莫错！向外无法，内亦不可得！你取山僧口里语，不如休息无事去……

这便是临济要使真理的追求者消除心中所有一切上帝意识（God-consciousness）的态度。他如此作大狮子吼，真有雷霆万钧之势！

十一、一切意识形迹悉皆扫除

所有一切意识形迹悉皆扫除的此种心境，基督教的神秘家们称之为"贫穷"（poverty），而陶勒的定义则是：当你已经不复记得你是否尚欠别人或别人是否欠你任何东西时，就像你在踏上最后的死亡旅程时，把所有一切事物皆忘得一干二净一般，那时，你便是绝对贫穷的时候。

禅师们在表现他们的贫穷之感方面，不但比较富于诗意，而且亦较乐观积极；他们大都不会直接述及世俗的事务。宋朝的无门慧开禅师吟云：

春有百花秋有月，夏有凉风冬有雪；
若无闲事挂心头？便是人间好时节！

又如守庵禅师吟云：

南台静坐一炉香，镇日凝然万虑忘；
不是住心除妄想，只缘无事好商量！

这并非表示他在那儿闲坐，什么事也不做；也不是说他在晨光中欣赏樱花或在晚间欣赏银色的孤月，别无他事可做；他也许正在工作、教学、看经、打扫或者耕作，就像所有的禅师们都曾做过的一样，但他的心中却充溢着超然的喜悦和宁静。他，就像基督徒可能会说的一样，活在神的里面。心中的种种渴欲既已消除，也就没有懒散的念头阻滞生命的流动了，因此，他是空无所有或一贫如洗了。他即一贫如洗，也就毫无牵挂了；既然毫无牵挂，也就可以欣赏"春花"和"秋月"了。心中如果塞满世俗的财富，就没有容纳此种妙乐的余地了。禅师们惯以积极的态度诉述内心的满足和精神的富裕。他们不说他们两手空空，而说一切本来圆满，自然无缺。但杨岐方会禅师却说他所住的地方是个被弃的破屋。一天，他上堂升座，诵了他的一首诗，云：

杨岐乍住星壁疏，满床皆布雪真珠。
缩却项，暗嗟吁——
顿了一会，接着续完最后一句云：
翻忆古人树下居！
香严智闲禅师，在譬喻他的贫穷方面，说得比较直接：
去年贫，未是贫，
今年贫，始是贫；
去年贫，犹有卓锥之地；
今年贫，锥也无！
后来，有一位叫作枯木元（雁山元）的禅师，针对香严的这支贫穷歌，吟了如下的一首：
无地无锥未是贫，知无尚有守无身。
侬家近日贫来甚，不见当初贫底人！

云门虽不贫穷，却很瘦弱；因为，有僧问他："如何是和尚家风？"他即答云："皮枯骨瘦。"富裕与性灵从来无缘——至少是在东方。实在说来，这些并不是不可调和的观念，但在我们这种经济情况之下，聚集财富总是造成与圣贤理想不相为谋的人物。其所以如此的原因，也许是我们过于反对唯物主义了。因此，一物不蓄、身无长物甚至连智慧与功德也不顾惜，这才成了佛徒生活的理想景致——虽然，这并不表示轻视此等东西。轻视的里面含有大量不纯的东西，尚未得到彻底的净化；因为，真正的菩萨甚至连清净和功德也要超越的，实在说来，他们超越凡夫之人的此等虚弱之处实在太多了！佛教徒一旦涤除了所有这一切东西之后，可就真的变得一贫如洗，瘦得通体透明了。

习禅的目的在于达到佛教术语所说的"心不可得"（cittam nopalabhyate），亦即心无所着的境地，所有一切的知识学问，皆是一种所得和累积，而禅则主张涤除吾人所有、所著的一切。要点在于使人贫穷和谦下——彻底淘汰内在的不净。与此相反的是学问，可以使人变得富而愰慢。因为，学即有得，越学越富，结果是："知多忧多，识增愁增。"总而言之，毕竟说来，这是一种"捕风捉影"的事情，禅完全同意这一点。老子有言："为学日益，为道日损。"[①]此种损失的极致便是"心无所得"，亦即此处所说的贫穷。贫的另一个同义字是空（sūnyatā）。心灵一旦荡尽了无始以来所累积的污秽之后，它便寸丝不挂、毫无遮拦地呈现了。如此，它便恢复了本有的权威：空无所系、自在无拘、真实不伪。这里自然有一种快乐，但此种快乐并不是可被相对的悲哀推翻的快乐，而是"神赐"或"天赋"的一种绝对快乐——可以使人"苦中得乐"、减之不损、加之不增、永恒不变的快乐。由此可知，所谓"心无所得"，以禅而言，乃是一种积极的观念，并不只是纯然的消极否定而已。佛家的思想方式有时与西方不同，因此，基督徒的读者看到"空"的观念以及太无条件的唯心主张，往往吓一跳。但是，奇怪的是，所有一切的神秘学家，不论是否属于佛教，莫不皆以"贫"的理念作为培养性灵的目标。

在基督教中，我们对于上帝似乎都太明白了——尽管我们口口声声地表示：我们活在它的里面，在它里面活动并享有我们的生命。禅则甚至要将这上帝意识的这个最后形迹也一并抹掉——唯恐不能。这就是禅者何以要劝我们不要逗留在有佛的地方，赶快离开无佛的地方（有佛处勿停步，无佛处急走过）的原因。僧侣们在禅室中所受的一切训练，不论是在理论上还是在实际上，莫不皆以"无功用行"（meritless deed）这个观念，为其建立的基础。此一观念，用诗的方式表现，约如下述：

[①] 这句话的全文是："为学日益，为道日损。损之又损，以至于无为。无为而无听不为。"（《老子》第四十八章）。

竹影扫堦尘不动，

月穿潭底水无痕。

这种看法，如果采用比较印度化的《楞伽经》的专门用语加以表现的话，则如下引：

习气不离心，亦非合于心；虽有习气覆，心无差别迹。
习气如污衣，意识之所造，令心无光耀，心本如法服。
藏识如虚空，非有亦非无；有无不涉故，我作如是说。
心因意识转，而得去污垢；悟了知一切，我作如是说。[①]

十二、中文——最宜于表现禅道的文字

寺院生活并非整日工作和打坐参禅；除此之外，亦有一些属于知解的

---

① 这节文字，经查《楞伽经会译》中宋译、魏译以及唐译三种译本，反复多遍，未能找到相当的中文译语。但该节引文之下，有一附注，所附文字，似为该节经文的梵文原语（罗马拼读），因想此节经文或为中文译本所无，或依原本另译较合作者引用之意，故而粗译如上，但恐有违原意，特将英、梵两种文字抄附于下，以供高明参正——译者。

Habit-energy is not separated from mind, nor is it together with mind; though enveloped in habit-energy, mind has no marks of difference.

Habit-energy, which is like a soiled garment prodiced by manovijñāna, keeps mind from shining forth, thought mind itself is a robe of the utmost purity. I state that the ālaya is like empty space, which is neither existent nor non existent; for the ālaya has nothing to do with being or no-being.

Through the transformation of manovijñāna, mind is cleansed of foulness; it isenlightened as it now thoroughly understands all things: this I preach.

Na vāsanair bhidyate cit na cittam vāsanaih saha, Abhinnalakshanam cittam vāsanaih pariveshtitam.

Malavad vāsanā yasya manovijñāna-sambhāvā,
pata-suklopamam cittam vāsanairna virājate.
Yathā na bhāvo nābhāvo gaganam kathyate mayā, Ālayam hi tathā kāya bhāvābhāva-vivarjitam.
Manovijñāna vyāvrittam cittam kālushya varjitam,
Sarvadharmāvabodhena cittam buddham vadāmyaham.
The Laṅkāvatāra, p.296

活动，以前面所述的上堂或上课方式进行之。不过古时候并没有定规的"接心"，所有一切的上堂或说法，都在节度日、纪念日或在吉祥时节，例如迎接嘉宾、欢送师长或完成定期工程之际举行。总之，利用每一个可能的机会上堂说法，以便开示真理的追求者。所有这些讲道、说法、劝勉以及极富禅宗特色的示众或提唱，悉皆载于它的典籍之中；其中大部材料，都是这些东西。禅宗虽然标榜不立文字，但它的里面却也充满了语言文字，几乎可以说是过满了。在举示此等上堂说法之例以前，且让我暂时岔开本题，略述一下作为禅道运载工具的中国语言。

在我看来，中国语言是最宜于表现禅道的文字；就其文字的一面来说，也许是传递禅意的最佳媒介了。它是一种单音节文字，故而极其简明而又富于活力，因此一个字可以传达多重的意义。虽然，意义的含混，也许是由于这些优点而有难以避免的缺点，但禅却善于利用此点，因此，语意的含混一旦到了禅师的手中，就成了威力无比的武器。禅师不但不愿含糊其词，更是不愿被人误解，但一个选择适当的单音，一旦从他口中说出之后，就成了一个极富含意的字眼而传达了整个的禅学体系。一般认为，云门是这方面最拿手的一位禅师。为了举示他的语句多么简洁有力，且引下面各节为例：

僧问："如何是云门剑？"门云："祖！"

问："如何是云门一路？"答："亲！"

问："佛有三身，哪一身说法？"答："要！"

问："承古有言：'了即业障本来空，未了应须偿宿债。'未审二祖是了不了？"答："确！"

问："如何是正法眼？"答："普！"

问："杀父母，向佛前忏悔：杀佛杀祖，向什么处忏悔？"答："露！"

问："如何是道？"答："得！"

问："父母不听不得出家。如何得出家？"答："浅！"进云："学人不会。"答云："深！"

问:"如何是无影句?"答:"举!"

问:"如何是问里有眼?"①答:"瞎!"

只用一个简单的单音,种种繁难的问题即可迎刃而解。一般而言,禅师说话大都不喜欢转弯抹角;世上假如有说话真正直接明白的人的话,那么,禅师要算是最直接、最明白的人了;他们出语的特色是:斩钉截铁,绝不拖泥带水。表现此等特色——简洁有力,是中国语言的特长,因为,一个音节,不仅就是一个字,有时就是一个完整的句子;少数几个名词放在一起,无须动词或连接词,往往就可以表明一个复杂的意念。不用说,中国文学作品中随处可见鲜明的警句和韵味无穷的格言。单字颇为弯扭,而且互不相连,但一经结合之后,它们就像许多岩石嵌在一起一样,且没有嵌接的缝隙可寻。虽然,它们看来不似有机组织,每一个环节皆是一个独立的存在,但当每一个音节均皆发出之后,无懈可击的整个效果即行产生。中文真是一种绝妙的神秘语言。

禅的生命既然在于它的简洁性和直接性,它的文献里面也就充满了俗语和方言的表现。众所周知,中华民族是一个酷爱古典形式的民族,学者和哲人只知运用高度典雅的文体表达自己的见地,因此,古代中国文学所传给我们的,就是这种古典文体,可说没有什么通俗的方言作品传至后代——除了在唐宋时代的禅宗语录中所可寻到者之外。说来真是一种命运的反讽,那样喜欢直接诉诸直观认识而不曾运用语言作为真理传达工具的人,竟然成了古代方言俗语的传承者,而这正是被古代作家视为俚俗和不堪采用而加以抛弃的东西。不过,理由却也简单。佛陀当初说法,所用的

---

① 这并不是一个普通的求悟问题,而是一个表示问者已有某种见解或已得某种要点的问话。所有以上所引各种问话,都不可取其表面或字面的意义。一般而言,它们都是一些暗喻。例如,当一个人请问一个"无影句"的问题时,他的本意并非在于任何此类文句的字面意思,而是意指每一个理性造物一听即知的一种绝对前提,因为它的真实是超于任何疑影的。又,语录所说"杀祖杀佛",与此类可怖的罪行并无任何关系,此点我们已在别处引用的临济上堂法语中见过了,总而言之,所谓的"杀",就是超越一种现象世界的相对性之意。因此,说到最后,这个问题相当于下面所引的问话:"万法归一,一归何处?"

是大众通行的口语，基督传教亦然。希腊文、梵文（乃至巴利文）的经典，都是因为人们信心开始消退而烦琐哲学得以抬头之后所做的精心努力。如此，活生生的宗教既然变成了一种知识的体系，也就不得不被翻译而成一种高度典雅但颇做作，故而多少有些扭曲的形式。这是禅自始就极端反对的做法，因此，禅所采取的语言，自然就是最投合大众胃口的语言——亦即最能使得一般大众打开心扉迎接一种新的生命之光的语言。

大凡是禅师，只要可能，都尽量避免使用佛教哲学所用的专门语汇；他们不仅在谈论这类话题时犹如面对普通人一样，而且采用普通人日常所用的言辞。因为，这种言辞不但为一般大众所可领会，同时亦最宜于表现禅的要义。禅的文学就这样成了古人智慧的独特宝库。这种情形，在日本也是一样；白隐在推行禅的现代化时，不但采用了大量的俚语方言，甚至连流行歌曲也被用上了。禅的这种采用新语的倾向，可以说是无法避免的事情，因为禅是富于生命和创意的东西，自然不愿采用文人学者和文学家所用的那种陈腐不堪、了无生气的语言。因了这个缘故，连研究中国文学的饱学之士，也看不懂禅家的著述，至于其中的精神意义，更是不用说了。因此，禅宗文学可说已在中国文学中独树一帜，完全独立于整个的古典文学主体之外。

正如我曾在别处说过的一样，禅因在中国文化史中形成了一种如此独特的影响而成中国心灵的真正产物。禅，只要有一天不脱离印度的影响，就有一天不能从佛教哲学的思维推理之中解脱出来；这也就是说，禅如果不离它的专门术语，就不成其为禅了。有些学者认为，所谓的原始佛教里面，并没有禅可言；究竟说来，佛陀并不是禅的创立者。但我们必须晓得的是，诸如此类的评述，忽视了如下的一个事实，就是：大凡宗教，一经移植之后，就会入境问俗，适应当地人民的精神需要，否则的话，就会因为缺乏赋予生命的灵魂而逐渐枯萎。禅到中国，一开始就宣布它所传的是佛的精神，而不是文字；这也就是说，不依倚传统佛教哲学及其专门术语和思维方式的禅，从它本身的里面织出它自己的衣装，正如蚕之自行编织属于它自己的茧一样。由此可知，禅的外衣是完全自制的，不但完全适合它自己的身材，而且，既无补缀的痕迹可见，更无丝毫缝隙可寻——实在说来，禅就是传说中所说的真正天衣了。

十三、上堂示众之种种

在结束本文之前，且让我从《传灯录》中列举若干禅师上堂示众的例子：

赵州禅师示众云："此事如明珠在掌：胡（胡人，外国人）来，胡现；汉（汉人，中国人）来，汉现。老僧拈一枝草作丈六金身[1]用，将丈六金身作一枝草用。佛即是烦恼，烦恼即是佛。"有僧出问[2]："未审佛与谁人为烦恼？"

师曰："与一切人为烦恼。"

僧云："如何免得？"

师曰："用免作么？"

另有一次，赵州示众云："迦叶传（法）与阿难。且道：达摩传与什么人？"

有僧出问："且如二祖得髓，又作么生？"[3]

师云："莫谤二祖！"

师又云："达摩也有语在：在外者得皮，在里者得骨。且道：更在里者，得什么？"

僧问："如何是得髓底道理？"

师云："但识取皮。老僧这里髓也不立。"

僧问："如何是髓？"

师云："与么，皮也未摸着！"

---

[1] 此指佛陀——佛教徒认为他有一丈六尺高的金色身体。
[2] 禅师上堂讲罢之后，通常总有禅僧提出种种与讲题有关的问题，不过，与讲题没有关系的问题往往亦常提出。
[3] 参见本书《禅的历史》一文。

又问:"与么堂堂,岂不是和尚正位?"

师云:"还知有不肯者么?"

僧云:"与么即别有位也。"

师云:"谁是别者?"

僧云:"谁是不别者?"

师云:"一任叫唤!"

上堂问答,大都如此简短,外人听来,不是不知所云,就觉得是胡言乱语。但对禅师而言,所有这些,莫不皆是对于真理所做的最明白、最直截的阐释。当形式逻辑的思维方式不敷应用,却有人要他将他内心深处的东西表达出来之时,他除了运用在门外人听来如此难解的象征方式加以说明之外,别无他法可施。然而,禅师们都很认真,你对他们的话如有些微的不满,他们马上就给你三十棒。

下面的例子出于云门。

某次,云门禅师上堂云:"诸和尚子:莫妄想!天是天,地是地,山是山,水是水,僧是僧,俗是俗。"良久云:"与我拈案山来看!"

时有僧出问:"学人见山是山,见水是水时如何?"

师云:"三门为什么从这里过?"

僧云:"与么,则不妄想去也。"

师云:"还我话头来!"

又一次上堂云:"天亲菩萨无端变作一条柳栎拄杖。"乃划地一下云:"尘沙诸佛尽在这里说葛藤去。"便下座。

一天,云门像往常一样上堂说法时,有僧出礼拜云:"请师答话!"

师召大众;大众举头;师便下座。

某日上堂,良久,有僧出礼拜。

师云:"太迟生!"

僧应："诺！"

师云："这漆桶！"

他们说的话，有时对他的教主颇为不敬；某次，他上堂说道："天帝释与释迦老子在中庭里相争佛法，甚闹！"说罢便下座。

又有一次，他说："从上来且是个什么事？如今抑不得已，且向汝诸人道。尽大地，有什么物与汝为对为缘？若有针锋，与汝为隔为碍，与我拈将来！唤什么作佛作祖？唤什么作山河大地、日月星辰？将什么为四大五蕴？我与么道，唤作三家村里，老婆说话。忽然遇着本色行脚汉，闻与么道，把脚搜向阶下，有什么罪过？虽然如此，据个什么道理，便与么莫趁口快，向这里乱道，须是个汉始得！忽然被老汉，脚跟下寻著，没去处，打脚折，有什么罪过？既与么，如今还有问宗乘中话么？待老汉答一转了，东行西行。"有僧拟问次，师以拄杖劈口打，便下座。

某日上堂，因闻钟鸣，乃云："世界与么广阔，为什么向钟声里披七条？"（"七条"，僧衣的一种。）

又上堂云："不可雪上加霜去也！珍重！"便下座。

一日示众云："看！看！佛殿入僧堂里去也！"隔了一会儿自代云："罗浮打鼓韶州舞。"

一日上堂，大众集，师良久云："久雨不晴！"接着代云："一槌两当，盖覆将来。"

一日示众云："看！看！杀了也！"便作倒势，云："会么？若不会，且向拄杖上头会取！"代云："龙头蛇尾，蛇尾龙头！"又代：作倒势。

11世纪时的宋代大师杨岐方会，某次，刚一登上讲座，便"哈哈"大笑云："阿呵呵，是什么？僧堂里吃茶去！"便下座。

某次上堂，众才集，师以拄杖掷下来，随后跳下讲座；众拟散，师乃召："大众！"众回首，师乃云："为老汉收取拄杖！"说罢便归方丈。

著名的药山禅师（737—834），久不升座说法，一日院主白云："大众久思和尚示诲。"

师曰："打钟著！"

大众闻钟集合才定，师便下座归方丈。

院主随后问云："和尚许为大众说法，为什么一言不措？"

师曰："经有经师，律有律师，争怪得老僧？"（"讲经有讲经的法师，说戒有说戒的律师，我是禅师，而禅是不能讲的，讲也没有用。这怎能怪我呢？"）

五祖山的法演禅师，某日上堂，显示禅床左右，遂拈拄杖在手中云："只长一尺！"说罢便下座。

上面所录云门、赵州以及其他禅师上堂示众的情形，已使读者足以明白禅院之中用以引导学僧的知识或超知识的讲授究竟是怎样的一种东西了。这些法语大都很短。禅师们不想在说禅方面浪费太多的时间，不仅是因禅非人类的推理智识所可企及，同时也是因为此类的解说，对于学者的精神启发不会产生任何实际而又持久的影响。因此，祖师们的上堂法语自然也就非常简洁了；不仅如此，有时候，他们甚至连语言的探讨或陈述都不愿进行，只是举起拄杖，摇动拂子，或发一喝，或颂一偈——仅此而已。不过，有些祖师似乎也有他们喜用的举示办法，例如，临济以"喝"著称，德山以"棒"闻名，而俱胝则竖一指，秘魔则以叉叉之，关山则以鼓击之，如此等等，不胜枚举。[①]看到这许多如此奇特、十分巧妙、极富创意的教学方法出现于世，真是妙不可言，而所有这些，却是为了使得学者体会同一真理而设，以使这个真理显现于世间的无限面目，能为种种不同的人，个个按其自身的根性和因缘得而悟之。

总而言之一句话，禅是一种特别重视亲身体验的东西；世上假如有任何事物可以称之为极端的经验主义的话，那就是禅了。不论阅读多少东

[①] 欲知其详，不妨参见本书《禅的实际教学方法》一文。

西，不论教授多少课程，不论做多少观想或冥想，都不能使一个人变成禅师。对于生命本身，我们必须在它流动的时候加以体会，使它静止下来加以检视和分析，无疑是将它杀了而拥抱它那冰冷的尸体。因此，凡是禅堂里面的每一样东西，以及其中修行课目的每一个细节，莫不皆以呈现此意为其最高的着眼点。在整个远东佛教史中，禅宗之所以能在其他各种大乘宗派中占有如此独特的地位，毫无疑问的，就在于它有名叫"禅堂"（the Meditation Hall or Zendō）的这种设置。

附录三则

一

大慧宗杲禅师在写给他的一位在家弟子陈明仲的信中如此说道：

佛说一切法，为度一切心。我无一切心，何用一切法？法本无法，心亦无心；心、法两空，是真实相。

而今学者之士多怕落空。作如是解者，错认方便，执病为乐，深可怜悯！故庞居士有言："汝勿嫌落空；落空亦不恶。"又云："但愿空诸所有，切勿实诸所无！"若觑得这一句子，破无边恶业，无明当下瓦解冰消，如来所说一大藏教，亦注解这一句子不出。

当人若决定信，知得有如是大解脱法，只在知得处拨转上头关捩子，则庞公一句与佛说一大藏教无异无别，无前无后，无古无今，无少余剩；亦不见有一切法，亦不见有一切心；十方世界空荡荡地，亦莫作空荡荡地见——若作是见，则便有说空者，便有闻说空者；便有一切法可听，便有一切心可证；既可听、可证，则内有能证之心，外有所证之法！此病不除，教中谓之"以我说法"，亦谓之"谤佛、法、僧"。又教中云："若取法相，即著我、人、众生，寿者。"前所云"内有能证之心，外有所证之法"，便是这个道理也。

佛弟子陈惇,知身是妄,知法是幻,于幻妄中看个赵字狗子无佛性话,忽然洗面摸着鼻孔,有书来呈见解,试手说禅,如虎生三日,气已食牛!其间通消息处,虽似撩棒打地;有着处则入地数寸,不着处则全无巴鼻;然大体基本已正,而大法未明,亦初心入道之常病耳。苟能知是般事,拨向一边,却把诸佛诸祖要妙门一时塞断,向威音那畔(亦即未有世界之前)讨个生涯处,方于法得自在矣!

释迦老子云:"若但赞佛乘,众生没在苦!"信知如是事,以我所证扩而充之,然后不被法缚,不求法脱;怎么也得,不怎么也得,怎么不怎么总得。凡有言句,凡所受用,如壮士展臂,不借他力;箭既离弦,无返回势;非是强为,法如是故。得如此了,始可言无善无恶、无佛无众生等事!

而今大法未明,若便说怎么话,恐堕在永嘉所谓"豁达空,拨因果,莽莽荡荡招殃祸"中,不可不知也。但得本,莫愁末,久久淹浸得熟,不愁不成一片。勉之!勉之!①

二

日本曹洞宗的时宗开山祖师一遍上人(1239—1289),已在本书中提及数次了。他虽曾在禅门参禅,但他的传教活动却在宣扬念佛法门,一生以此奔走全国各地。这种不断浪游的习惯,后来竟成了他的所有法嗣遵行的规范。如此,他们所遵行的,不仅是他们的这位祖师,同时也是释迦牟尼佛本人的足迹了。一遍即将去世时,曾令他的门人将他所著的书和文章全部烧掉,因为他认为他死后可以流传下去的,只有一句"南无阿弥陀佛",其他皆不值得。下面所引,是被留存下来的少数几封书信之一。②

承询念佛应如何用心。念佛行人所需者只是念"南无阿弥陀佛",除此

---

① 以上录自《大意语录》卷第二十三。
② 见于《一遍上人语录》,辑于一七六三。

之外，别无其他指示。若念"南无阿弥陀佛"，即得心安。

先达所传的一切言教，只是消除吾人妄想的指标，只是一期方便法药，并非真正念佛行人所需。不论在何情况之下，只要念佛，足矣。

有人问空也上人："如何念佛？"上人答云："放下着！"①

此外更无他说。此语见于西行诗集中，在我看来，真是金玉良言。念佛行人所需的一切，只是一个"放下着"！那就让他放下学问、智慧以及无明吧；要他放下一切善恶、贫富、贵贱、天堂、地狱以及各宗各派所传所叙的种种省悟观念吧。放弃所有这一切的颠倒乱想和欲求，一心一意念个"南无阿弥陀佛"！此与弥陀本愿完全相合，那就反复一心念佛吧。时节一旦来到，自知如此称念"南无阿弥陀佛"时无佛无我，无理可申。不论身在何处，善与不善，悉皆不离净土；当此之时，无物可求，无事可避。

每一个有生之物，乃至山河大地、草木丛林、风吹波涌，悉皆同声念佛，不但是人领受弥陀本愿而已。

如果觉得我的话难以明白，不必烦恼、不要管它，只与其他一切一时放下，不用焦虑、不用计虑，只要信赖弥陀本愿，一心念佛就好。念时不论心情如何，满与不满，称念"南无阿弥陀佛"，皆与弥陀智慧发出的本愿不相违背，皆与弥陀本愿之量相应。除此之外，别无挂心之物。唯愿念佛，重获本有纯朴和天真。"南无阿弥陀佛！"

三

归宗志芝禅师，是庐山一座茅庵的庵主，他在参禅初悟时，作了如下的一首偈子：

---

① 一遍有偈如下：
　　放身之心一旦放，此世不再分我心。
　　如此凡我所住处，皆披僧人黑袈裟。

未到应须到，到了令人笑。
眉毛本无用，无渠底波俏！

此外，他还作了另一首偈子，表示他对"空"的领略，但我们不可将他这首偈子只是解释为他对他与云门共住的那座孤绝的茅庵所做的描述而已：

千峰顶上一间屋，老僧半间云半间。
昨夜云随风雨去，到头不似老僧闲！①

---

① 详见《续高僧传》卷第十六。

铃木大拙年谱

1870年　1岁　10月18日，出生于石川县金泽市。原名铃木贞太郎。

1875年　5岁　入本多町小学。

1876年　6岁　11月16日，父铃木良准殁（54岁）。

1877年　7岁　6月2日，兄利太郎殁（11岁）。

1882年　12岁　本多町小学肄业，转入数田顺私塾。同年4月，入石川县专科学校附属初等中学科。

1885年　15岁　1月，跟藤冈作太郎、福岛淳吉等创办《明治余滴》杂志。

1887年　17岁　2月，石川县专科学校附属初等中学科毕业。同年9月，石川县专科学校改称为第四高等中学校，编入同校预科三年。

1888年　18岁　9月，入第四高等中学校本科一年（中途辍学）。

1889年　19岁　在石川县珠洲郡饭田町饭田小学高等科任英文教师。

1890年　20岁　4月8日，母亲铃木增殁（61岁）。取得小学英文教师文凭。同年5月，任职于石川县石川郡高等科美川小学。

1891年　21岁　入东京帝国大学。利用余暇在镰仓圆觉寺修行。

1893年　23岁　为出席芝加哥总教大会的释宗演老禅师英译演讲稿。

1895年　25岁　将保罗·克拉斯的《佛陀的福音》(Paul Carus: Cospel of Buddha) 译为日文。

1896年　26岁　写第一本著作《新宗教论》。

1897年　27岁　赴美，住在伊利诺伊州拉萨尔市，翻译中国古代文献，担任奥本考特出版公司编辑。

1900年　30岁　出版《大乘起信论》英译本。

1905年　35岁　随同镰仓圆觉寺释宗演老禅师作美国巡回之行，担任翻译。后来编辑当时老禅师的演讲，出版《一个佛教老禅师的讲录》(The Sermos of a Buddhist Abbot)。

1906年　36岁　跟保罗·克拉斯共同英译《太上感应篇》和《阴骘文》。同年日译保罗·克拉斯的《阿弥陀佛》(Amitabha)。

1907年　37岁　在《一元论者》杂志写一系列有关中国古代历史的论文。在缅因州开始有关佛教的讲义。同年编辑这些讲义，在伦敦出版第一本英文著作《大乘佛教概论》(Outlines of Mahayana Buddhism)。

1908年　38岁　受伦敦的斯威登堡协会之邀赴欧。日译斯威登堡的著作。他以两个月的时间译完《天堂与地狱》(Heaven and Hell)。

1909年　39岁　在外国14年之后，首次回日本。在学习院和东京帝大担任英文讲师。

1910年　40岁　任学习院教授《禅道》杂志编辑。出版《天堂与地狱》，斯威登堡的佛学第一次被介绍到日本。英译《真宗教义》。

1911年　41岁　写有关净土宗教理的论文《自力与他力》。跟比阿德丽丝结婚。

1912年　42岁　第二次应斯威登堡协会之邀旅行英国，日译《神爱和神智》(The Divine love and the Divine Wisdom)、《新耶路撒冷》(The New Jerusalem)、《神意论》(The Divine Providence)。2个月后回到日本。

1913年　43岁　出版《斯威登堡》《禅学大要》。辞掉东京帝大的讲师职位。

1914 年　44 岁　为史考特（Robertson Scott）所编辑的《新东方》杂志写一系列有关禅的书。出版《禅的第一义》。

1915 年　45 岁　出版《上进的铁锤》。

1916 年　46 岁　就任学习院的舍监。率领学习院学生的中国旅行团。出版《禅的研究》《众禅的观点》《关于宗教经验》。

1921 年　51 岁　编辑《东方佛徒》(The Eastern Buddhist) 季刊，铃木夫人助编，继续到 1939 年。辞去学习院职务，就任京都大谷大学教授。

1925 年　55 岁　出版《百丑千拙》。

1927 年　57 岁　出版《禅学随笔》和《有关禅的小论文集第一集》(Essays in Zen Buddhism Vol.I)。

1929 年　59 岁　为爱护动物在镰仓创设慈悲园。

1930 年　60 岁　出版《禅是什么》以及《楞伽经的研究》(Studies in The LanKāvatāra Sūtra)。

1932 年　62 岁　出版英译《楞伽经》(The LanKāvatāra Sūtra)、《神会录》《禅的精粹》、《六祖坛经》(兴正寺版)。

1933 年　63 岁　以《楞伽经的研究》得到大谷大学的文学士学位。出版《有关禅的小论文集第二集》、《楞伽经引用句索引》(Index Verborum to The LanKāvatāra Sūtra)。

1934 年　64 岁　旅行韩国、中国等地。出版《有关禅的小论文集第三集》、《禅僧的修行》(The Training of the Zen Buddhist Monk)、《楞伽经引用句索引增订版》(Index Verborum to The LanKāvatāra Sūtra)、《禅佛教概说》(An Introduction to Zen Buddhism)、《佛教印象记》。

1935 年　65 岁　协同泉芳璟校订梵本《华严经入法界品》(The Gandavyuha Sutra)。出版《悟道禅》、《禅堂的修行和生活》、《少室逸书》(传说是菩提达摩撰述的文集)、《禅与日本人的性格》、《禅佛教手册》(Manual of Zen Buddhism)。

1936 年　66 岁　出席杨格赫斯本（Francis Younghusband）在伦敦召

开的世界宗教会议（the World Congress of Faiths）。由日本外务省赞助，以交换教授的身份在各大学讲授禅和日本文化等课程。回日本的途中，在美国中部和东部各大学演讲同一题目。出版《佛教哲学对日本人生活和思想的影响》（Buddhist Philosophy and its Effects on the Life and Thought of the Japanese People）和《少室逸书及解说》。

1937 年　67 岁　出版《禅与念佛心理学的基础》《宗教浅说》。

1938 年　68 岁　出版《日本佛教》（Japanese Buddhism）、《禅与日本文化》（Zen Buddhism and its Influence on Japanese Culture）的日译本、《禅的各种问题》。

1939 年　69 岁　铃木夫人去世。出版《无心》。

1940 年　70 岁　出版《禅堂的教育》、《盘圭的不生禅》、《禅学入门》、《六祖坛经》（大乘寺版）。

1941 年　71 岁　出版《禅问答和领悟》《佛教的核心》《盘圭禅师语录》《一个真实的世界》。

1942 年　72 岁　出版《盘圭禅的研究》《东方的"一"》《碧岩录》（Hekigan Roku）、《净土系的思想论》。

1943 年　73 岁　出版《文化与佛教》《一个禅者的思索》《宗教的经验事实》《禅思想史研究》《禅的思想》《盘圭禅师说法》《拔队禅师法语》。

1944 年　74 岁　出版《日本的灵性》《大灯百二十则》《月庵和尚法语》。

1945 年　75 岁　出版《绝观论》。

1946 年　76 岁　在镰仓创设松冈文库，收藏有关禅的古今文献以及铃木个人的藏书。与白莱斯（R.H.Blyth）编辑英文定期刊物《文化上的东方》（Cultural East）。出版《今北洪川》《关于宗教》《关于宗教的信件》《日本灵性的自觉》《建设灵性的日本》。

1947 年　77 岁　出版《宗教与生活》、《自主的思考》、《佛教简论》、《佛教的本质》（the Essence of Buddhism）、《神秘主义与禅》。

1948 年　78 岁　出版《驴鞍桥》、《妙好上人》（Myokonin）、《给青年》、

《东方和西方》、《宗教和近代人》、《禅一拶》、《日本的灵性化》、《禅堂生活》《宗教与文化》。

1949年　79岁　被日本学士院选为会员，天皇授予文化勋章，文化年金捐给松冈文库作为维持费。出席在檀香山举行的第二届东西哲学者会议。在夏威夷大学讲解禅，由文松真一编辑出版庆祝七十大寿的纪念论文集。出版《禅的无心之说》(The Zen Doctrine of No-Mind)、《真宗杂录》(A Miscellany on the Shin Teaching of Buddhism)、《以禅为生》(Living by Zen)、《佛教和基督教》、《临济的基本思想》(The Fundamental Thought of Rinzai)。

1950年　80岁　在加州的克里蒙特大学（Claremont College）讲解日本文化和佛教。并由洛克菲勒财团赞助，到耶鲁、哈佛、普林斯顿、哥伦比亚、芝加哥等各大学演讲佛教哲学。

1951年　81岁　在哥伦比亚大学讲授华严哲学。同年秋天，回到克里蒙特大学讲学。出版《禅思想史研究》第二卷。

1952年　82岁　以客座教授的资格，在哥伦比亚大学讲授佛教哲学。出版《宗教入门》《有关宗教的基本疑问》《宗教论集》。

1953年　83岁　夏天，参加瑞士的阿司柯诺（Ascona）佛拉诺斯会议（The Franos Conference）。旅行欧洲诸国，在伦敦、慕尼黑、罗马、马堡（Marburg）、斯图加特（Stuttgart）讲学。

1954年　84岁　在哥伦比亚大学哲学系讲授"禅的哲学和宗教"。整个夏天都在欧洲出席瑞士的佛拉诺斯会议。9月回到日本，停留了5个月。出版《宗教》《复苏的东方》。

1955年　85岁　获得朝日新闻文化奖。继续在哥伦比亚大学讲学。出版《禅的研究》(Stu dies in Zen)。

1956年　86岁　夏天到墨西哥旅行，在墨西哥市立大学演讲。出版《禅佛教》(Zen Buddhism)，由威廉·巴雷特（William Barrett）编成论文集。

1957年　87岁　6月辞掉哥伦比亚大学的职位。夏天，到墨西哥克那娃卡（Cuernavaca）和弗洛姆博士（Dr.Erich Fromm）讨论有关禅和精神分析。后来在墨西哥大学讲学。出席伊利诺伊州秘鲁市的保罗·克拉斯纪念会（Paul Carus Memorial Symposium）。此后的7个月住在马萨诸塞州。在麻省理工学院、韦尔斯利大学（Wellesley College）、布兰迪斯大学（Brandeis Univevsity）、拉德克利夫学院（Raddcliffe Colllege）、艾姆赫斯特学院（Amherst College）等各大学演讲。出版《基督教和佛教的神秘主义》(*My sticism: Christian and Buddhist*)。

1958年　88岁　以远东代表的身份，参加在布鲁塞尔的世界博览会，以灵性（Spirituality）为题演讲。11月回日本。出版《神与日本文化》(*Zen and Japanese Culture*)、《宗教和现代生活》。

1959年　89岁　出席在檀香山举行的第三届东西哲学家会议。夏威夷大学授予他法学博士名誉学位。出版了《禅和日本文化》(*Zen and Japanese Culture*)。

1960年　90岁　以国宾的身份访问印度。庆祝90岁的生日，出版《佛教与文化》纪念论文集。在弗洛姆和马尔蒂诺（Richard De Martino）的协助下，出版了《禅与精神分析》(*Zen Buddhism and Psychoanalysis*)。

1961年　91岁　从印度回日本。住进轻井泽出光兴产宿舍。因全身检查在东京圣路加医院住院。

1962年　92岁　这一年，由伯纳德·菲利普斯（Bernard Phillips）编辑出版《禅的要点》(*Essentials of Zen Buddhism*)。并在秋月龙珉的协助下，出版了《赵州禅师语录》。

1964年　94岁　4月，接受印度亚细亚协会颁赠泰戈尔诞生一百年纪念奖。6月，赴美（最后的赴美），住在纽约，月底经洛杉矶往夏威夷。7月出席夏威夷大学第四届东西哲学家会议，月底回国。

1965年　95岁　英文杂志《东方佛教徒》复刊。

1966年　96岁　7月11日下午住进东京圣路加医院，于12日上午5时5分因肠间膜动脉血栓症逝世。